JN294813

会計制度
改革の視座

五十嵐邦正 [著]

千倉書房

はしがき

　本書はドイツ現行会計制度を中心に取り上げながら、それとの関連でわが国の会計制度の問題点とその改革に対する指針を考察したものである。2009年5月にドイツにおいていわゆる貸借対照表法現代化法が成立した。その結果、新たに商事貸借対照表法及び税務貸借対照表法が改正された。その改正プロセスの途中段階で2008年にリーマン・ショックによる世界的な金融不安が発生した。その影響を受けて制定されたドイツ新会計制度はわが国の現行会計制度とかなり相違する内容を示している。

　わが国では平成17年に会社法が制定されてからすでに10年近くを迎えようとしている。その制定過程及び成立直後の段階ではその内容に関してたしかにかなり活発な議論があった。しかし、現在ではほとんど影を潜めてしまった感が強い。そこに大きな難点がなければ特に問題はない。わが国ではいったん制度化されてしまうと、実務はそれに従わざるを得ないため、それに対する異論をあまり唱えない傾向がある。

　しかし、ドイツ会計制度とわが国のそれを詳細に比較すると、わが国の会計制度を堅持し改正しないままで放置していいのだろうかという疑問が生じる。筆者はその問題意識から平成24年に『ドイツ会計制度論』（森山書店刊）を上梓した。そのなかでドイツの新会計制度の動向を分析するとともに、わが国の会計制度における問題点をいくつか指摘した。ただ、そこでは紙数の制約から除外せざるをえない領域が少なからず存在していた。

　そこで、本書はわが国の会計制度改革に資する分野に焦点を絞って検討し、前書の補完としての役割を果たすのが大きな狙いである。その構成内容は、大きく第1編の会計処理に関する領域と、第2編の会計報告に関する領域から成る。

　まず会計処理に関する第1編はおよそ次の4つのグループに大別できる。
　第1グループは税効果会計に関係する。第1章「税効果会計」はドイツにお

ける税効果会計について論じる。従来の収益費用アプローチによる期間差異中心の税効果会計から資産負債法に基づく一時差異による税効果会計に変更となった。ただ、この一時差異の種類とその取扱いがわが国と相違する。第2章「貸方繰延税金と不確定債務引当金」は、貸方の一時差異を果たして商法第249条1項で規定する不確定債務引当金として計上すべきか否かについて論じる。

　第2グループは負債会計に関係する。第3章「引当金会計」は会計上特に議論がある引当金問題を改正商法及び税法に関連づけて検討する。特に問題となるのは費用性引当金計上の是非である。併せてわが国及びIFRSの引当金についても比較検討する。第4章「ドイツ原子力事業の会計」は、平成23年に起きた東日本大震災以降、最近非常に関心の高い原子力事業におけるドイツ会計を取り上げる。そこでの中心テーマは原子力発電所施設の除去及び使用済核燃料棒の除去に関する会計処理である。それはIAS第16号及びわが国の資産除去債務会計基準とは異なる。第5章「補助金の会計」は、ドイツにおける商法及び税法の補助金処理について論じる。かつてわが国でも国庫補助金等の取扱いが旧企業会計原則における企業主体観と商法・税法の株主主体観との対比において大きく取り上げられた時期があった。しかし、現在では株主主体観の立場が中心であるため、この分野についてはほとんど議論されなくなった。このような事情を背景として、ドイツ補助金会計を概括する。

　第3グループは資本会計に関係する。第6章「商法会計制度における資本取引」及び第7章「税務会計制度における資本取引」はいずれも資本取引の内容に関して資本と利益の区別の意味と、負債と資本の区別の意味に分けて検討する。その考え方はわが国の資本取引とかなり相違する。第8章「会社・出資者間の取引」は、会社と出資者との間で行われる種々の取引の適切な処理法について考察する。そこでは債務法上の取引と会社関係に基づく取引とによる区別がベースとなり、前者ではとりわけ一般市場条件による取引とそれ以外の取引との区別が重要となる。

　第4グループは会社再生に関係する。第9章「債権放棄の会計」は会社再生に際して一つの有力な手法である債権放棄による会計処理について商法及び税

法に分けて考察する。そのなかで注目すべき財務改善条項付債権放棄は、会社再生に成功すれば債権者及び債務者双方にメリットがある債権放棄のタイプであり、わが国においても制度化への方向が望ましい。第10章「分割会計」は企業の分割に関して組織変更法及び組織変更税法と関連づけて検討する。そこでは組織再編の実態に応じた処理を前提とするわが国及びIFRSとは違って、組織再編に対してドイツは国家戦略からできるだけ中立的立場に立ち、ドイツ企業の国際競争力を支援する方向を示す。

会計報告に関する第2編は、まず第11章「状況報告書の発展」において年次決算書を構成しないが、会計情報面できわめて重要な状況報告書を概観する。かつての営業報告書を再構成した状況報告書は将来情報及び非財務的業績指標も開示し、またコーポレート・ガバナンスの手段としても範囲を拡大し進展しているプロセスを考察する。さらにこの状況報告書とわが国の事業報告とを比較する。第12章「状況報告書と持続可能性規準」では、会計報告の更なる充実・拡大の面から企業の社会的責任や環境情報などを中心とした持続的可能性情報を状況報告書のなかに盛り込む動向を検討する。

第13章「結論」はこれまでの論旨を整理するともに、各章に関してわが国の会計制度改革に向けて筆者の率直な意見を述べる。

「至道有りと雖も、学ばざれば其の善きを知らざるなり。是の故に学びて然る後に足らざるを知り、教えて後に困むを知る。」これは有名な礼記にある言葉である。研究していくなかでいろいろ新たな疑問が生じ、その解決に向けてまた新たな努力を真摯にしていく必要がある。本書はまさにそのようなプロセスで生まれたものである。

今回も市販性の乏しい本書の刊行に際して、日本大学商学部から出版助成金(B)の交付を受けた。ここに記して御礼を申し上げるとともに、これまで恵まれた研究環境を継続的に提供してくれている本学部に対して深く感謝する次第である。

  平成26年4月

            五十嵐　邦正

目　次

はしがき …………………………………………………………… i

第1編　会計処理

第1章　税効果会計 …………………………………………… 3
第1節　序 ……………………………………………………… 3
第2節　旧商法における税効果会計 ………………………… 3
　1　EC会社法第4号指令 …………………………………… 3
　2　旧商法の税効果会計 …………………………………… 4
　（1）商法制定までの経緯 ………………………………… 4
　（2）税効果会計の概要 …………………………………… 5
第3節　改正商法における税効果会計 ……………………… 7
　1　改正商法の基本スタンスと税効果会計 ……………… 7
　（1）改正商法の基本スタンス …………………………… 7
　（2）改正商法における税効果規定 ……………………… 8
　2　税効果の対象となる資産項目 ………………………… 10
　（1）資産計上項目 ………………………………………… 10
　（2）資産の評価 …………………………………………… 13
　3　税効果の対象となる負債項目 ………………………… 20
　（1）負債計上項目 ………………………………………… 20
　（2）負債の評価 …………………………………………… 23
　（3）一時差異の種類 ……………………………………… 25
　（4）繰延税金の性格と表示 ……………………………… 26
第4節　繰越欠損金の取扱い ………………………………… 28
　1　繰越欠損金と税効果会計 ……………………………… 28
　2　繰越欠損金の適用範囲 ………………………………… 29

（1）繰越欠損金の規定 …………………………………… 29
　　　（2）利子制限の規定 ……………………………………… 30
　第5節　分配規制 …………………………………………………… 33
　　1　年次決算書における分配規制 ……………………………… 33
　　2　利益移転契約に基づく分配規制 …………………………… 34
　第6節　ドイツ税効果会計の検討 ………………………………… 36
　　1　繰延税金の取扱い …………………………………………… 36
　　2　分配規制 ……………………………………………………… 37
　　3　繰延税金の表示方法 ………………………………………… 38
　　4　繰越欠損金等の取扱い ……………………………………… 38
　第7節　結 …………………………………………………………… 39

第2章　貸方繰延税金と不確定債務引当金 ………… 45
　第1節　序 …………………………………………………………… 45
　第2節　一時差異の種類 …………………………………………… 46
　　1　成果作用的一時差異 ………………………………………… 46
　　2　成果中立的一時差異 ………………………………………… 47
　　3　永久差異に準ずる一時差異 ………………………………… 48
　第3節　不確定債務引当金に計上すべき一時差異の範囲 …… 49
　　1　成果作用的差異と解する見解 ……………………………… 49
　　　（1）ゲルハウゼン＆ケンプファーの主張 …………………… 49
　　　（2）ジーゲルの主張 ……………………………………… 50
　　2　成果作用的差異及び成果中立的差異と解する見解 ………… 51
　　　（1）ドイツ経済監査士協会の見解 ………………………… 51
　　　（2）フユールマンの考え方 ………………………………… 52
　　3　成果作用的差異及び永久差異に準ずる差異と解する見解 … 53
　　　（1）成果作用的差異 ……………………………………… 53
　　　（2）永久差異に準ずる差異 ………………………………… 54

（3）	成果中立的一時差異 ………………………………………	55
4	成果作用的差異の一部及び成果中立的差異と解する見解 …	56
5	一時差異すべてに関して引当金の計上義務はないと解する見解	
	……………………………	57
（1）	旧商法と改正商法の立法プロセスの面 ………………………	58
（2）	不確定債務引当金計上の要件 …………………………………	59
6	その他の見解 ……………………………………………………	61

第4節 不確定債務引当金の解釈 ……………………………… 63
  1 法形式的観察法による不確定債務引当金 ………………… 63
  （1）法的債務 ……………………………………………………… 63
  （2）不確定性 ……………………………………………………… 64
  2 経済的観察法における不確定債務引当金 ………………… 65
  （1）不確定債務引当金の計上要件 ……………………………… 66
  （2）負債計上時点 ………………………………………………… 67
  3 その他の見解 ………………………………………………… 67

第5節 諸説の検討 ……………………………………………… 69
  1 法文規定の検討 ……………………………………………… 69
  2 不確定債務引当金の計上要件 ……………………………… 70

第6節 結 ………………………………………………………… 72

第3章 引当金会計 ……………………………………………… 79

第1節 序 ………………………………………………………… 79
第2節 引当金の概要 …………………………………………… 80
  1 商法における引当金規定の沿革 …………………………… 80
  （1）1985年商法制定までの経緯 ………………………………… 80
  （2）1985年商法における引当金規定 …………………………… 81
  2 改正商法における引当金規定 ……………………………… 83
  3 商法における引当金の種類 ………………………………… 84
  （1）不確定債務引当金 …………………………………………… 84

（2）偶発損失引当金 …………………………………………… 88
　　（3）費用性引当金 ……………………………………………… 89
　4　税法における引当金 ………………………………………… 90
第3節　引当金の論点 ……………………………………………… 93
　1　不確定債務引当金をめぐる対立 …………………………… 93
　　（1）法形式的観察法をベースとする通説的見解 ……………… 93
　　（2）経済的観察法をベースとする有力的見解 ………………… 94
　　（3）見解対立の焦点 …………………………………………… 96
　　（4）新動向：解除不能基準 …………………………………… 99
　2　環境保全と引当金 …………………………………………… 101
　　（1）浄化義務 …………………………………………………… 102
　　（2）生産プロセスによる廃棄物処理 ………………………… 102
　　（3）除去義務 …………………………………………………… 103
　　（4）地下資源採取後等の再整備義務 ………………………… 103
　　（5）電気製品等の引取及び廃棄処理に対する義務 ………… 104
　　（6）生産設備の改造・適合 …………………………………… 104
第4節　わが国及びIFRSの引当金 ……………………………… 104
　1　わが国の引当金 ……………………………………………… 104
　　（1）企業会計原則 ……………………………………………… 104
　　（2）旧商法及び会社法 ………………………………………… 105
　　（3）法人税法 …………………………………………………… 107
　2　IFRSの引当金 ……………………………………………… 108
第5節　結 …………………………………………………………… 109

第4章　ドイツ原子力事業の会計 ……………………………… 115
第1節　序 …………………………………………………………… 115
第2節　ドイツ原子力事業の会計実務 …………………………… 115
第3節　原子力発電所施設除去の会計 …………………………… 117
　1　法形式的観察法による見解 ………………………………… 117

| | | 2 | 経済的観察法による見解 ……………………………… | 119 |
| | | 3 | 税務上の取扱い ………………………………………… | 119 |

第4節　使用済核燃料棒除去の会計 …………………………………… 120
  1　法形式的観察法的見解及び経済的観察法の見解 ………… 120
  2　核燃料棒の評価単位 ………………………………………… 121
  3　税務上の取扱い ……………………………………………… 122
第5節　結 …………………………………………………………………… 123

第5章　補助金の会計 …………………………………………………… 127

第1節　序 …………………………………………………………………… 127
第2節　商法における補助金 ……………………………………………… 127
  1　補助金の概要 ………………………………………………… 127
  （1）補助金の種類 ……………………………………………… 127
  2　公的補助金 …………………………………………………… 129
  （1）償還を要しない公的投資補助金 ………………………… 129
  （2）償還条件付投資補助金 …………………………………… 132
  （3）成果補助金 ………………………………………………… 136
  3　私的補助金 …………………………………………………… 137
  （1）投資補助金 ………………………………………………… 137
  （2）費用補助金または収益補助金 …………………………… 139
第3節　税法における補助金 ……………………………………………… 139
  1　投資補助金 …………………………………………………… 139
  （1）公的補助金 ………………………………………………… 140
  （2）私的補助金 ………………………………………………… 140
  2　収益補助金 …………………………………………………… 141
第4節　わが国及びIASにおける補助金 ………………………………… 142
  1　わが国の補助金 ……………………………………………… 142
  （1）国庫補助金 ………………………………………………… 142
  （2）工事負担金 ………………………………………………… 143

2　IASにおける補助金 ……………………………………… 143
　第5節　結 ……………………………………………………………… 145
　　1　論旨の整理 ………………………………………………………… 145
　　2　補助金会計の検討 ………………………………………………… 146

第6章　商法会計制度における資本取引 …………… 151
　第1節　序 ……………………………………………………………… 151
　第2節　資本と利益の区別に基づく資本取引 ……………………… 151
　　1　自己資本の部の分類 ……………………………………………… 151
　　2　資本準備金 ………………………………………………………… 152
　　（1）第1号から第3号までの資本準備金 ………………………… 153
　　（2）第4号資本準備金 ……………………………………………… 153
　第3節　負債と資本の区別に基づく資本取引 ……………………… 156
　　1　実質的自己資本概念 ……………………………………………… 156
　　2　HFAに対する種々の見解 ……………………………………… 158
　　（1）4つの要件を堅持する見解 …………………………………… 158
　　（2）それ以外の見解 ………………………………………………… 159
　第4節　結 ……………………………………………………………… 160

第7章　税務会計制度における資本取引 …………… 165
　第1節　序 ……………………………………………………………… 165
　第2節　ゲゼルシャフト法における出資 …………………………… 166
　　1　出資規定 …………………………………………………………… 166
　　2　出資の内容 ………………………………………………………… 166
　第3節　資本と利益の区別に基づく資本取引 ……………………… 167
　　1　税務上の出資規定 ………………………………………………… 167
　　2　公示の出資と隠れた出資 ………………………………………… 168
　　（1）隠れた出資規定 ………………………………………………… 168

（2）隠れた出資の要件 ………………………………………… 169
　　　（3）隠れた出資の取扱い ………………………………………… 170
　　3　隠れた出資の処理 ………………………………………………… 171
　　4　税務上の資本取引の処理 ………………………………………… 175
　第4節　負債と資本の区別に基づく資本取引 ………………………… 176
　　1　所得税法における資本取引 ……………………………………… 177
　　2　法人税法における資本取引 ……………………………………… 178
　　　（1）享益権に関する規定 ………………………………………… 178
　　　（2）利益の参加 …………………………………………………… 179
　　　（3）清算剰余額への参加 ………………………………………… 179
　第5節　結 ………………………………………………………………… 181

第8章　会社・出資者間の取引 ………………………………… 185
　第1節　序 ………………………………………………………………… 185
　第2節　会社・出資者間における法取引 ……………………………… 185
　　1　会社・出資者間取引の種類 ……………………………………… 185
　　2　会社関係に基づく会社法上の取引 ……………………………… 186
　第3節　債務法上の取引 ………………………………………………… 186
　　1　一般的市場条件による取引 ……………………………………… 187
　　　（1）会社側の処理 ………………………………………………… 187
　　　（2）出資者側の処理 ……………………………………………… 187
　　2　一般的市場条件以外の取引で会社側に有利なケース ………… 187
　　　（1）会社側の処理 ………………………………………………… 187
　　　（2）出資者側の処理 ……………………………………………… 190
　　3　一般的市場条件以外の取引で出資者側に有利なケース ……… 193
　　　（1）会社側の処理 ………………………………………………… 193
　　　（2）出資者側の処理 ……………………………………………… 196
　　4　会社・出資者間における法取引の特殊ケース ………………… 197
　　　（1）無形固定資産 ………………………………………………… 197

（2）資金の貸借 ……………………………………………… 198
　　　（3）債権放棄 …………………………………………………… 198
　第4節　IFRS に基づく処理 …………………………………………… 199
　　1　一般的市場条件による法取引 …………………………………… 199
　　2　一般的市場条件以外の法取引 …………………………………… 199
　　　（1）会社側に有利な取引のケース ………………………………… 200
　　　（2）出資者側に有利な取引のケース ……………………………… 201
　第5節　結 …………………………………………………………… 202

第9章　債権放棄の会計 …………………………………………… 205
　第1節　序 …………………………………………………………… 205
　第2節　ドイツ商法における債権放棄 ……………………………… 206
　　1　第三者による債権放棄 …………………………………………… 206
　　2　資本金増加を伴う DES の場合 ………………………………… 206
　　　（1）会社側の処理 …………………………………………………… 206
　　　（2）債権者の処理 …………………………………………………… 207
　　3　資本金増加を伴わない任意出資の場合 ………………………… 208
　　　（1）会社側の処理 …………………………………………………… 208
　　　（2）出資者の処理 …………………………………………………… 209
　第3節　ドイツ税法における債権放棄 ……………………………… 210
　　1　会社関係のない債権放棄 ………………………………………… 210
　　2　会社関係による債権放棄 ………………………………………… 210
　　　（1）会社側の処理 …………………………………………………… 210
　　　（2）出資者の処理 …………………………………………………… 213
　第4節　財務改善条項付債権放棄 …………………………………… 215
　　1　財務改善条項付債権放棄の概要 ………………………………… 215
　　2　商法上の取扱い …………………………………………………… 217
　　　（1）会社側の処理 …………………………………………………… 217
　　　（2）債権者または出資者の処理 …………………………………… 218

        3　税務上の取扱い ………………………………………… 219
        （1）会社側の処理 ………………………………………… 219
        （2）出資者の処理 ………………………………………… 220
    第5節　債権放棄の動向 ……………………………………… 222
        1　DESに対する実務上の取扱い ………………………… 222
        （1）DES実施上の法務問題 ……………………………… 222
        （2）更生利益に対する税務上の問題 …………………… 223
        2　債権放棄に対する新手法 ……………………………… 227
        3　2012年株式法改正法案による逆転換社債 …………… 228
    第6節　結 ……………………………………………………… 229

第10章　分割会計 …………………………………………… 235
    第1節　序 ……………………………………………………… 235
    第2節　組織変更法における会社分割 ……………………… 236
        1　会社分割の種類 ………………………………………… 236
        2　分割会社の会計 ………………………………………… 237
        （1）結了貸借対照表の内容 ……………………………… 237
        3　分割承継会社の会計 …………………………………… 240
        （1）事実上の取得原価 …………………………………… 240
        （2）簿　　価 ……………………………………………… 242
        （3）設　　例 ……………………………………………… 243
    第3節　組織変更税法における会社分割 …………………… 248
        1　会社分割に対する規定 ………………………………… 248
        2　法人間での消滅分割及び存続分割 …………………… 250
        （1）分割法人の会計 ……………………………………… 250
        （2）分割承継法人の会計 ………………………………… 251
        3　その他の分割 …………………………………………… 256
        （1）法人を人的会社に分割するケース ………………… 256
        （2）人的会社間で消滅分割及び存続分割するケース ……… 257

（3）人的会社を法人に消滅分割及び存続分割するケース ………… 258
　第4節　結 ……………………………………………………………… 259

第2編　会計報告

第11章　状況報告書の発展 ………………………………………… 265
　第1節　序 ……………………………………………………………… 265
　第2節　状況報告書の沿革 …………………………………………… 266
　　1　営業報告書の規定 ……………………………………………… 266
　　（1）1884年株式法改正 …………………………………………… 266
　　（2）1931年株式法改正 …………………………………………… 267
　　（3）1937年株式法 ………………………………………………… 268
　　（4）1965年株式法 ………………………………………………… 269
　　2　EC会社法第4号指令における状況報告書規定 …………… 272
　第3節　旧商法における状況報告書規定の変遷 …………………… 272
　　1　1985年商法 ……………………………………………………… 272
　　（1）商法第289条 …………………………………………………… 273
　　（2）商法第315条 …………………………………………………… 273
　　2　状況報告書規定の拡充 ………………………………………… 274
　　（1）1998年コントラック法 ……………………………………… 274
　　（2）2004年貸借対照表法改革法 ………………………………… 275
　　（3）2005年取締役報酬公開法 …………………………………… 279
　　（4）2006年改正商法 ……………………………………………… 279
　　（5）2007年改正商法 ……………………………………………… 280
　　3　旧商法における状況報告書の基本的構造 …………………… 281
　　（1）旧商法第289条の概要 ………………………………………… 281
　　（2）旧商法第289条の解釈 ………………………………………… 282
　　（3）状況報告書の機能 …………………………………………… 283
　第4節　改正商法における状況報告書規定 ………………………… 284

		1　旧商法第289条 4 項の改正	284
		2　商法第289条 5 項の創設	285
		（1）規定の概要	285
		（2）規定の特徴	286
		3　商法第289a 条の創設	288
		（1）商法第289a 条 1 項	288
		（2）商法第289a 条 2 項	288
	第 5 節	状況報告書の検討	290
		1　状況報告書の発展段階	290
		2　状況報告書の機能	292
		3　状況報告書と事業報告との比較	294
	第 6 節	結	296

第12章　状況報告書と持続可能性規準　　309

第 1 節	序	309
第 2 節	現行商法における状況報告書規定	310
	1　状況報告書に対する商法規定	310
	（1）商法第289条	310
	（2）商法第289a 条	313
	（3）商法第315条等	315
	2　持続可能性報告	315
	（1）非財務的業績指標	315
	（2）任意の企業管理	316
第 3 節	ドイツ持続可能性規準	317
	1　DNK の基本スタンス	317
	2　DNK の概要	318
	（1）戦　　略	318
	（2）プロセス管理	319
	（3）環境：天然資源の要求	320

(4) 社　　会 ………………………………………………… 320
　　　3　DNK の特徴 ………………………………………………… 322
　第 4 節　DNK の報告方法 ……………………………………………… 323
　　　1　DNK に対する報告手段 …………………………………… 323
　　　2　開示のあり方 ……………………………………………… 324
　　　3　スタビノガの見解 ………………………………………… 326
　第 5 節　結 …………………………………………………………… 327

第13章　結　　論 ………………………………………………………… 331
　　　──ドイツに学ぶわが国会計制度改革の視座──

文　献 ……………………………………………………………………… 340
索　引 ……………………………………………………………………… 349

xvi

第1編 会計処理

第 1 章　税効果会計

第 1 節　序

　1985年ドイツ商法は、はじめて税効果会計を導入した（旧商法第274条）。この規定に関して資本会社に対して EC 会社法第 4 号指令（4. EG. Richtlinie）第43条 1 項11号の変換に伴い制度化した。2009年 5 月の貸借対照表法現代化法（Bilanzrechtsmodernisierungsgesetz; BilMoG）により、ドイツ商法は改正された。この改正の趣旨は国際会計基準にも対応した商法規定のリニューアル化である。こうした背景から税効果会計の適用方法は従来の繰延法から資産負債法に変更される。いわゆる"税効果の範囲におけるパラダイムの変換"（Paradigmenwechsel im Bereich latenter Steuern）がこれである[1]。
　本章では、ドイツにおける税効果会計を取り上げてわが国のそれと比較検討することにしたい。

第 2 節　旧商法における税効果会計

1　EC 会社法第 4 号指令

　すでに触れたように、1985年の旧商法に税効果会計を導入する直接的な契機となったのが EC 会社法第 4 号指令第43条 1 項11号の規定である。それは附属

説明書(Anhang)のなかに少なくとも以下の内容を報告しなければならないという規定である。

> 第43条1項11号:当期及び過年度に帰属する税費用(Steueraufwand)と、当期に支払った税額もしくは支払うべき税額との差額について、この差額が将来の税費用にとって重要な場合である。この税費用の総額を貸借対照表のなかでそれに適する特別項目として表示することも認められる。

この規定から、税の支払額と税費用との差額が重要な場合に附属説明書への注記あるいは貸借対照表における表示の選択適用が指示されている。また、税効果に関して貸方繰延税金(passive latente Steuern)、つまり将来税金の支払いまたは支払うべき額のみがその対象である点にも併せて留意する必要がある。逆にいえば、将来の税負担の解除を意味する借方繰延税金(aktive latente Steuern)について特に言及していない。

ただ、この点について別の見解もある。指令の文言からは貸方繰延税金だけに限定する考え方を導き出すことはできないという見解がそれである。「"差額"という概念はこの面では中立的であり、両側の相違を含む。貸方繰延税金への限定は"将来の費用にとってその差額が重要であるという"要請からもまた明らかとならない。というのは、税負担の予測は将来の税費用にとって意義があるだけでなく、税免除の予測にとっても、これが税費用を減少させることによって同様に意義があるからである」[2]。この見解は明らかに税効果会計の範囲に対するEC会社法第4号指令第43条1項11号の広義説である。

2 旧商法の税効果会計

(1) 商法制定までの経緯

EC会社法第4号指令をドイツ法に変換するための準備が進められた。まず、1980年に連邦政府は貸借対照表指令法(Bilanzrichtlinien-Gesetz)の予備草案(Vorentwurf)をはじめて公表した。1981年貸借対照表指令法草案、1982年

4

政府第1草案(Regierungsentwurf)及び1983年政府第2草案の時点までは、基本的に貸方繰延税金のみを対象としていた。

その後、1984年連邦法務省の提案に基づいて借方繰延税金も含む考え方が法提案のなかにはじめて盛り込まれ規定されることになった[3]。

(2) 税効果会計の概要

税効果会計導入の直接的な契機は、商法と税法との間における商法上の成果と税務上の所得との期間的ずれにある。貸借対照表指令法制定以前においても完全性原則に基づいて潜在的な税負担を債務性引当金 (Verbindlichkeitsrückstellung) によって計上してきた。これに対して、実現原則 (Realisationsprinzip) 及び不均等原則 (Imparitätsprinzip) に基づき潜在的な税金請求権、つまり借方繰延税金の計上は認められなかった。

1985年旧商法第274条は税効果について次のように規定した。

旧商法第274条第1項：税務上の規定に従う課税利益が商法上の成果よりも低いために、当期及び過年度に帰属すべき税費用が過小であり、当期及び過年度における過小の税費用が事業年度において解消すると見込まれるときには、次期以降に予測される税負担の金額で商法第249条1項1文の定める引当金を計上しなければならず、貸借対照表もしくは附属説明書のなかに特別に表示しなければならない。

同条2項：税法上の規定に従う課税利益が商法上の成果よりも大きいために、過大となる当期及び過年度の税費用が次期以降に解消すると見込まれるときには、次期以降に税の免除が予測される金額で貸借対照表の借方側に貸借対照表擬制項目 (Bilanzierungshilfe) として限定項目 (Abgrenzungsposten) を設定しうる。この項目は、しかるべき名称で特別に表示しなければならない。この項目を示すときには、分配後に残余として残りいつでも取り崩すことができる利益準備金に繰越損益を加減した金額が少なくともその設定額に等しい場合に限り、利益を分配できる。税の免除が発生したり、あるいはそれをもはや将来的に考慮する必要がないときには、その

金額を取り崩さねばならない。

この規定の特徴は以下の通りである。

第1に、この税効果会計は資本会社だけに適用され、公開法（Publizitätsgesetz）の対象となる企業にも準用規定がある（公開法第5条1項2文）。第2に、税効果会計に際して損益計算書中心の期間差異コンセプト（Timing-Konzept）が採用されている。第3に、貸方繰延税金については引当金の計上が義務づけられているのに対して、借方繰延税金は貸借対照表擬制項目としてみなされ、必ずしも資産としての特性を有するものとは解されていない。その計上に対して選択権がある。第4に、借方繰延税金を計上するときには一定の分配規制がある。第5に、繰延税金の表示に関して個々の資産及び負債に関する差異を中心とする個別差額の考察に代えて、総額差異の考察（Gesamtdifferenzenbetrachtung）が想定されている。別言すれば、借方繰延税金と貸方繰延税金の相殺が少なくとも容認されている。

このうちで特に第1及び第2の特徴との関連でいえば、税効果の適用にあたって、一方では動的解釈（dynamische Interpretation）がベースである。適正な期間損益計算を中心とした動態論の立場がこれである[4]。他方で、借方繰延税金が資産としての本来的な性質をもたずに貸借対照表擬制項目と解される。そのため、その項目に対する計上選択権が付与される面からいえば、動態論に対立する静態論的思考も否定できない[5]。

このような旧商法第274条の規定からジーゲル（D. Siegel）は次のように述べる。「貸借対照表指令法に基づく税効果会計に対する規定の解釈は、税効果の動的考察と静的考察との結合と特徴づけられる」[6]。また、旧商法第274条は基本的に損益計算書中心の税金に関する期間限定をベースとし動態論に立脚するが、そこから計上される借方項目に対する資産性に問題を含む。このため、商法における貸借対照表中心の目標と対立するので、実践面を考慮して繰延法を基本としながらも、税金の期間限定項目は債務法（liability method）を用いて税率の変更や過去に設定された税金項目の適否を修正する考え方が一つの妥協案として展開された[7]。

第3節　改正商法における税効果会計

1　改正商法の基本スタンスと税効果会計

（1）改正商法の基本スタンス

　ドイツ改正商法は特に国際会計基準との関連もかなり意識して種々の規定を変更する。とりわけこの改正商法の基本スタンスに関する変更事項は以下の通りである。

　従来から批判の強かった逆基準性原則（umgekehrte Massgeblichkeitsprinzip）を廃止した（旧所得税法第5条1項2文の削除）。この結果、税務会計が商法会計を拘束し、商法会計の目指す情報提供機能の歪みをようやく是正できることになった。この点は一歩前進である。しかし、逆に新たな問題も生じる。逆基準性原則の廃止に伴い、商事貸借対照表と税務貸借対照表に関する計上及び評価が大きく異なる結果をもたらす。所得税法上の課税所得計算にあたっては原則として商法上の正規の簿記の諸原則（Grundsätze ordnungsmäßiger Buchführung; GoB）に基づく事業財産に基づいて算定するというこれまでの所得税法第5条1項1文前半部分に新たに次の後半部分を追加する。税務上の選択権の行使の範囲でそれとは別の計上を当期に採用し、あるいは過年度に採用したときには、その限りではないという文言である。これは事実上税務上における選択権の容認規定である。

　この税務上の選択権の具体的な内容に関して次の見解がある。
　① GoBに準拠した選択権
　② 税務上の有利な選択権
　③ 財政政策に基づく選択権

第1編　会計処理

　このうちで①から③までのすべてを含むとするのが法文自体を根拠とする最広義説である。これに従うと、商事貸借対照表と税務貸借対照表の相違は一段と増す[8]。これに対して、この条文に関する立法趣旨に着目すれば、③のみが税務上の選択権であり、①及び②についてはこれまで通り基準性原則（Massgeblichkeitsprinzip）に従うと解される。これは狭義説であり、ここでは①及び②の範囲に関して商事貸借対照表と税務貸借対照表の内容は一致する[9]。財政上の優遇措置に基づく税務上の選択権に関してはBilMoG以前では両者の間に逆基準性原則により相違はなかったが、BilMoGの制定後にはその範囲について両者は相違する。この点からもまた税効果の対象範囲が拡大したといってよい。

（２）改正商法における税効果規定

　改正商法は税効果会計について次のように規定する。

改正商法第274条１項：資産、負債及び計算限定項目に関する商法上の評価とそれらの税務上の評価との間で差異が発生し、この差異が次期以降において解消すると見込まれるときには、そこから生じるすべての税負担を貸方繰延税金（266条３項E）として貸借対照表に表示しなければならない。そこから生じる税免除を借方繰延税金（商法第266条２項D）として貸借対照表に表示しうる。発生する税負担と税免除は相殺せずに表示することができる。税務上の繰越欠損金は借方繰延税金の計算に際して翌期以降５年間以内に予測される損失と相殺して考慮されねばならない。

同条２項：結果として生じる税負担及び税免除の額についてその差異が解消する時点における事業に固有の税率で評価しなければならず、利子を控除してはならない。表示される項目は、税負担あるいは税免除が発生したり、あるいはそれを考慮する必要がないときには、直ちに取り崩されねばならない。貸借対照表上の繰延税金の変動から生じる費用あるいは収益は損益計算書において"所得税及び収益税"という項目で表示しなければならない。

第1章　税効果会計

この規定による特徴は以下の通りである。

　第1に、BilMoG制定前の旧商法では損益計算書中心の期間差異コンセプトを適用していたのに対して、改正商法第274条1項は貸借対照表中心の一時差異コンセプト（Temporary-Konzept）を新たに適用する。これは、そもそもドイツ商法の貸借対照表アプローチが基本スタンスであり、しかもその状況によって情報提供面から企業の適正な財産状況の表示により役立つ点にある[10]。旧商法第274条のタイトルは"税の画定"（Steuerabgrenzung）であったが、改正商法はそれを"潜在的税金"（latente Steuern）に変更する。その意味で資産負債法に基づく税効果会計は静態論による財産表示に立脚するといえる[11]。商法上の資産負債と税務上のそれとの差額が税効果の対象となる。これを通じて国際的会計基準とのリンクが可能となる。

　第2に、旧商法と同様に一方で貸方繰延税金の計上を義務づけるのに対して、借方繰延税金に対して計上選択権がある。

　第3に、繰延税金の表示に際して総額表示または純額表示の選択適用を認める。

　第4に、旧商法では貸方繰延税金に関して商法第249条1項1文で定める不確定債務引当金の設定を義務づけていたが、改正商法はその規定を削除する。貸方繰延税金も借方繰延税金も同じく資産項目及び負債項目から区別して貸借対照表の末尾に特別項目として表示する。

　第5に、旧商法では税効果の計算に際して繰越欠損金の取扱いに対する明文規定はなかったが、改正商法は5年以内に見込まれる繰越欠損金を考慮する規定を新たに設ける。

　第6に、この税効果会計を旧商法では資本会社に適用したが、改正商法は大中資本会社だけに適用する。小資本会社に対しては例外的にその適用を免除する（改正商法第274a条）。個人商人や無限責任を前提する零細人的会社も旧商法と同様に適用外である。但し、人的会社であっても無限責任でない会社、つまり合資会社の無限責任社員に有限会社がなる有限合資会社（GmbH&Co）や、公開法が適用される個人企業及び人的会社は税効果会計の対象となる（改正商

9

法第264a条）。

2　税効果の対象となる資産項目

　まず商事貸借対照表と税務貸借対照表との間で一時差異をもたらす資産項目について取り上げる。以下、それを計上項目と評価とに分けて整理する。

（1）資産計上項目

① 自己創設による無形固定資産

　開発段階で生じた自己創設による無形固定資産の製造原価について改正商法は借方計上選択権を付与する（商法第255条2a項、第248条2項1文）。但し自己創設による商標、印刷タイトル、版権及び顧客リストこれに準ずる項目の計上を禁止する（商法第248条2項2文）。さらに、研究費の資産化も禁止する（商法第255条2項4文）。

　一方、1969年2月3日に下された連邦財政裁判所（Bundesfinanzhof; BFH）の大審院（Großer Senat）による判例原則では、商法上の資産計上選択権は税務上その資産計上が義務づけられる。その点に関して、有償取得の無形固定資産は資産化が義務づけられる（所得税法第5条2項）。

② 投　　資

　合名会社及び合資会社などの人的会社に対する投資は、商法上独自の資産項目である。当該人的会社に対する利益持分は商法上人的会社が利益を上げた時点で発生する。つまり、人的会社が決算において利益を計上すれば、その投資者にその利益持分が帰属する（商法第120条～第122条、第161条2項、第167条、第169条）。

　これに対して、税法上人的会社は独立した納税主体ではない。法人格をもたず、単に出資者の集合体にすぎないからである。したがって、人的会社への投資は独自の経済財（Wirtschaftsgut）とはみなされない。その結果、租税通則

法（Abgabenordnung; AO）第39条2項2号により出資者に帰属する投資損益は所得税法第15条1項1文2号に従い出資者に直接的に算入されねばならない[12]。

　資本会社への投資に関しては商事貸借対照表と税務貸借対照表との間で原則として差異はない。しかし配当請求権について差異が例外的に生じる。商法上配当請求権は投資している会社が利益を決算日に計上している時点で発生するのに対して、税務上は当該投資会社の利益処分の決議がなされてはじめて配当請求権を資産化する[13]。この点で両者の間で若干時間的ずれが生じ、税効果の対象となりうる。

③　借方計算限定項目

　借方計算限定項目（aktiver Rechnungsabgrenzungsposten）に関しても一時差異が発生する。

１）借方債務超過差額

　その1つが借方債務超過差額（Disagio）である。これは、債務の履行額（Erfüllungsbetrag）と発行価額との借方差額をいう。これについては商法上借方計上選択権がある（商法第250条3項）。商法上この借方債務超過差額は債務弁済期間までの前給付を示す。これは税務上は計算限定項目として資産化しなければならない（所得税法第5条5項1文1号）。したがって、商法上この借方債務超過差額を資産化しないときには、税務貸借対照表との間で一時差異が生じる。

２）前払消費税と売上税の前受額

　関税及び消費税について旧商法では資産計上選択権があった（旧商法第250条1項2文1号）。しかし、改正商法はその条文を削除する。その結果、現行法上はそれらを製造原価でもなく計算限定項目でもなく資産化できず、原則として費用を示す。これに対して税務上は関税及び消費税は資産化される（所得税法第5条5項2文1号）。その点で商事貸借対照表と税務貸借対照表との間で相違する。

　売上税の前受額に関しても旧商法では資産計上選択権があった。しかし改正

商法はそれを廃止し、借方計算限定項目として計上できない。これに対して、税法はそれを借方計算限定項目として計上する（所得税法第5条5項2文2号）。

　もっとも、商事貸借対照表と税務貸借対照表との相違が生じるのは、売上税を総額法で処理したときである。これに代えて税務上売上税を純額法で処理すれば、そのような差異は発生しない[14]。

④ 重要性の乏しい経済財

　重要性の乏しい経済財に関して税務上簡便法による計上選択権が認められる（所得税法第6条2a項）。150ユーロまでの取得原価・製造原価・出資価値についてはその支出した事業年度の事業支出として計上できる。

　その支出額が150ユーロから410ユーロまでの場合には、それらの経済財グループに関して取得原価・製造原価ないし出資価値は次の2つの選択権がある。

　a　その金額を事業支出として計上する（所得税法第6条2項）。但し、このグループの経済財について特別に記帳すべき記録簿（Verzeichnis）に記入する（所得税法第6条2項4文・5文）。

　b　その金額を事業年度に関連づけて一つの集合項目として把握する（所得税法第6条2a項）。

　このような税務上の即時費用化は商法上も同じく容認されるが、税法と違って商法上は金額の制限はなく強制でもない。商事貸借対照表と税務貸借対照表との間で重要性の乏しい経済財の処理が異なれば、税効果の対象となる。

⑤ 他人所有の土地に対する建物

　賃借している土地に建物を建てたときには、税務上その製造原価は実質的な経済財に該当する。これに対して、商事貸借対照表上ではこの資産としての仮定に対する客観的な純額主義の基盤はない。商事貸借対照表にとって決定的なのは抽象的及び具体的な計上しうる資産ないし計算限定項目である。この建物の賃借関係終了時に製造者側に価値補填請求権がなく当該建物が土地所有者の

ままであれば、建物製造者に何ら実質的な資産ではない。むしろ無形固定資産（利用権）がある。しかし、未決取引のオフバランス原則に基づいて利用権という無形固定資産の具体的な借方計上能力がないので、その資産化はできない。

その結果、商法上建物の製造原価は直ちに費用化できるが、税務上は資産化される。これに伴い、商法上の費用化は税務上よりも早期となり、税効果の対象となる[15]。

⑥ 退職給付債務と年金資産との相殺

新設された商法第246条2項は、資産と負債の原則的な相殺禁止（商法第246条2項1文）の例外を認める。これが退職給付債務と年金資産との相殺である。一方、税務上は資産と負債の相殺禁止がルールである（所得税法第5条1a項1文）。と同時に年金資産の付すべき価値評価は税務上できない（所得税法第5条6項）。税務上は年金資産に関して継続された取得原価が評価の上限となる（所得税法第6条1項1号・2項）。

この結果、商法上年金資産の時価評価による純額表示と、税務上取得原価を上限とする総額表示との間で差異が生じ、これが税効果の対象となる。

(2) 資産の評価

① 製造原価

1) 最低額及び上限額

商法上製造原価に算入されるのは製造直接費、製造特別費、製造間接費及び固定資産の価値消費分である。このほかに製造原価に算入できる選択権があるものとして、一般管理費の適切な部分、事業用の社会的施設、任意の社会的給付及び事業上の老齢扶助に対する適切な部分が含まれる（商法第255条2項3文）。さらに、他人資本利子のうち資産製造に対するものも計上選択権がある（商法第255条3項2文）。このうちで商法上の計上選択権のある項目は、すでに慣習上GoBに準拠して簡便法的な選択権として税務上も認められていた（所

得税準則第6.3条4項)。BilMoGもこの点を堅持する。これは商事貸借対照表から独立して行使できる所得税法第5条における税務上の選択権として定められている所得税準則第6.3条も同様である。

　一方、税務当局は2010年3月12日付けの連邦財務省（Bundesministerium der Finanzen; BMF）の通達（Schreiben）により製造間接費に関して計上選択権ではなくて計上義務があるという立場を一時支持した。この通達をめぐって激しい反論が文献上巻き起こった。というのは、税務上の計上選択権否定は、税務上の製造原価の下限が商法上の下限を上回ることを意味するからである。そのため、2010年6月22日付けの連邦財務省通達においてGoBに準拠する税務上の選択権はさらに継続することになった。所得税準則第6.3条4項は次のように規定する。

　　所得税準則第6.3条4項：一般管理費と事業の設備費、任意の社会給付費及び事業上の老齢扶助費並びに他人資本利子といった商法上の選択権は、税務貸借対照表にもまた適用される。それを製造原価に考慮する前提は、商事貸借対照表においてそれに対応した処理にある。…〈以下略す〉…

　この規定のなかで示されているように、BMFはたしかに従来と同様に他人資本利子の製造原算入に関して税務上の選択権を容認する。しかし、その規定からわかるように商法上の評価決定における形式的基準性（formelle Massgeblichkeit）を堅持する。別言すれば、商法上のその製造原価算入が前提となっている。

　この点に関して税務上の選択権行使に対して最広義説を支持するヘアツィヒ（N. Herzig）＆ブリーゼマイスター（S. Briesemeister）は次のように述べる。「商事貸借対照表の評価選択権の行使を税務貸借対照表に対してもまた影響を及ぼすとするBMFの評価は、形式的基準性が継続しているという仮定においてのみ支持できるにすぎない。この仮定の基準が失われた以上、その評価に従うことはできない。基準となるのはGoBであって、商法上の評価選択権の行使結果としての商事貸借対照表への具体的な価値評価ではない。GoBに準拠した評価選択権の枠組みの内部におけるすべての評価は、原則として税務上も

また許容される。複数以上の商法上認められた価値評価の基準性にとって、形式的基準性の廃止に伴いその基盤はもはやない」[16]。

かくして、商法上において製造原価への算入選択権のある項目に関しては同様に税務上も同じく選択権がある。その結果、両者の製造原価算入選択権に対する行使の範囲が商事貸借対照表と税務貸借対照表との間で相違するときには、税効果の対象となる。

２）取得原価に類似する建物の製造原価

商法上製造プロセスで発生する支出額については、資産の製造原価として計上され、その拡張（Erweiterung）あるいは重要な改良（Verbesserung）も同様である。

これに対して、税務上は建物の製造原価に関して修繕（Instandsetzung）及びリニューアル（Modernisierung）も下記の条件をクリアすれば、算入できる（所得税法第6条1項1a号1文）。

a　建物の取得後3年以内による実施であること
b　その支出額が建物の取得原価の15％を上回ること

この税務上の3年以内に取得に類似したケースで基準となる15％ルールは、商法第255条2項1文の資産化されねばならない拡張及び通常の修繕費には含まれない。但し、維持費に関して判例は狭義に捉え、それが修理及びリニューアルが統一的に生じるときには製造原価への算入を税務上認める。

一方、商法と相違する税務上の修繕費及び15％ルールの処理の結果は税効果の対象となる。

② 棚卸資産の払出単価の計算方法

商法上同種の棚卸資産の払出単価の計算方法としては、LifoとFifo及び平均法が適用できる。税務上は同種の棚卸資産に関して簡便法としてGoBに反しない限り、Lifoが適用できる（所得税法第6条1項2a号1文）。想定された消費・売却の順序に関するそれ以外の計算方法は禁止される（所得税準則第6.9条1項）。

税務貸借対照表においてLifoを適用するにあたって、商事貸借対照表でもまた同様の手続を行う必要はない。にもかかわらず、税務上の評価簡便法手続は常に商法上のGoBとの結合を遵守し、簡便法による商事貸借対照表と税務貸借対照表との間における相違は反するので、起こりうる差異の実践的な重要性はない[17]。

③ 規則減価償却

償却性固定資産については商法上規則償却する（商法第253条3項1文）。これに対応するのが所得税法第5条6項及び第7条の規定である。商法上の規則償却は事業固有の見積耐用年数を基礎とする。償却方法の選択は、価値費消が適切に評価されるときには原則として会社に任されている。この商法上の償却方法と全く同一のものが強制されるときには、償却期間は規則償却法と同様に実質的基準性は税法上に存在しない。税務上の規則償却は典型的な価値費消の把握として原則として税法上の損耗控除表に基づく。建物については償却期間は所得税法第7条4項・5項を、買入のれんの規則償却は15年間をベースとする（所得税法第7条1項3文）。

規則償却について税務上選択権があるときには、商法上の方法から独立して行使できる（所得税法第5条1項）。これは特に有形固定資産に当てはまり、定額法（所得税法第7条1項1文）のほかに生産高比例法（所得税法第7条1項6文）あるいは定率法（所得税法第7条2項）（但し定額法の2.5倍を上限とする）も許容される。

税務貸借対照表においては税法の定める償却方法からの選択以外に商事貸借対照表との連関はなく、所得税法第7条3項の範囲で償却方法の選択も可能である。償却に対する税務上の免除効果として経済財の残余期間に基づいて税務上定率法から定額法への変更が重要となりうる。損失の発生あるいは損失の増加を回避し、それに代えて将来の減価償却費を一時的に確保したいときには、償却方法の変更は減価償却費の減少に対しても又税務上有利となりうる[18]。

④ 出資に対する損耗控除

商法上、現物出資は原則として時価で評価され、それを下回る出資の評価も合理的な商人の判断の範囲で認められる。

これに対して、税務上出資は原則としてその部分価値（Teilwert）で評価される。ここで部分価値とは、事業の継続を前提として事業全体の取得者が購入総額の範囲で各経済財に割り当てる価額をいう（所得税法第6条1項3文）。但し以下の3つのケースでは例外的に取得原価もしくは製造原価を上限とする。

 a 流入した経済財を直近3年以内に取得または製造した場合
 b 納税者が所得税法第17条1項もしくは所得税法第6条に基づき少なくとも1％を投資する資本会社への持分の場合
 c 所得税法第20条2項の意味における経済財に出資している場合

特にaのケースで取得または製造後3年以内の償却性経済財の場合には、取得原価もしくは製造原価は取得または製造と出資との期間内に償却した損耗分だけ減額する（所得税法第6条1項5号2文）。

その結果、この出資価値に関する評価について商事貸借対照表と税務貸借対照表との間で差異が生じうる。さらに、この所得税法第6条1項5号2文及び所得税法第6条1項5号1文による出資価値は同時に所得税法第7条1項5文で規定する損耗控除の測定基盤ともなり、その点でも商事貸借対照表と相違しうる[19]。

⑤ 無形固定資産

商法上では償却性無形固定資産はその価値低下に応じて定率法もしくは生産高比例法も無制限に適用可能である。

税法上では無形固定資産はけっして移動可能な経済財ではない。このため、この無形固定資産については、移動可能な経済財において適用可能な生産高比例法、定率法、定額法、重要性の乏しい場合の即時償却などが適用できない。したがって、それには定額法が適用される。

有償取得によるのれんについて商法上は利用可能な期間にわたって仮定上の

資産とみなし、その見積期間にわたって償却する(商法第246条1項4文)。但し、その耐用年数について商法は特に定めていない。にもかかわらず、5年を上回る期間のときには附属説明書のなかでその規則償却の理由を示さねばならない(商法第285条13号)。これに対して、税法上のれんの償却期間は15年である(所得税法第7条1項3文)。この規則償却は強制である。商法上の償却期間は税法上のそれとは独立して判断されねばならない。その点で両者が相違するときには、税効果の対象となる。

また、のれんに関して商法上はその価額取戻しが禁止される(Wertaufholungsverbot)(商法第253条5項2文)。もしこの価額取戻しを認めると、自己創設のれんの計上につながるからである。これに対して、商法上の価額取戻し禁止は税務上一般的な価額取戻し命令となる(所得税法第6条1項1号4文)。この点の相違も税効果の対象となる。

有償取得による商標について商法上はその見積耐用年数を決定する。その場合、用心の原則(Vorsichtsprinzip)を考慮する。これに対して、税務上商標は経済的観点において利用可能な期間だけ償却性経済財と同様に処理する。商標の利用期間が15年を下回ると判断できる場合を除き、通常は15年間で償却する[20]。この点でも両者の間に差異が発生する。

⑥ 建　　物

商法上において建物の耐用年数は合理的な商人の判断で個別的に決定する。これに対して、税務上は25年間から50年間の典型的な耐用年数にわたって償却する。新たに取得または製造された建物については定額法が適用される(所得税法第7条4項)。

⑦ 有形固定資産の構成要素による償却

償却性固定資産を構成する要素に関する規則償却は商法上認められる。その場合、資産全体との割合で重要な個々に物理的に分離しうる構成要素が償却可能となる。この構成要素の取替費は成果作用的に処理されず、事後的取得原価

もしくは製造原価として資産化される。

　税務上は資産全体について償却されねばならず、また構成要素別の事後的資産化もできない。前者は所得税法第5条6項の評価遵守規定に反する。後者は商法本来の取得原価もしくは製造原価ではなく、税務上修繕費として処理される[21]。

　この意味で、商事貸借対照表と税務貸借対照表との間で差異が生じうる。

⑧　税務上の特別償却及び投資税額控除等

　税務上正規の償却以外に特別償却（Sonderabschreibung）に対する選択権がある（所得税法第5条1項）。これを通じて損耗額を税務上多く計上できる。しかし、それは商法上計上できない。ここにもまた差異が発生する。

　中小企業には償却性固定資産の将来に対する取得もしくは製造に対して見積取得原価もしくは製造原価の40％の範囲で200,000ユーロの金額に達するまで課税所得を当期及び次期以降3年間にわたって減額する選択権がある（所得税法第7g条1項2文）。さらに、税務上有利となる投資年度に優遇措置のある経済財の取得原価もしくは製造原価を40％まで投資額控除として減額できる選択権もある。

　更生要求を正式に満たし地域発展領域内にある建物について所得税法第7h条で定めるリニューアルをしたときには、損耗控除を増額できる税制上の優遇措置がある。その建設に要した年度及びそれ以降の7年間にわたって製造原価の9％まで、それを越える期間については7％までそれぞれ控除できる[22]。

⑨　部分価値による評価減

　有形固定資産の価値が一時的に減少したときには、商法上も税務上も評価減が要求される（商法第253条3項3文、所得税法第6条1項1号2文）。価値減少が持続的に見込まれるときには、商法上より低い付すべき価値で評価減しなければならない。これに対して、税務上はより低い部分価値による評価減はあくまで任意であり（所得税法第6条1項1号2文）、強制ではない。この税務上の

選択権は商法上の GoB にかかわらず行使できる（所得税法第 5 条 1 文）。この点で両者は相違する。

投資資産が持続的に見込まれず一時的に価値減少したときには、商法上は評価減の選択権がある（商法第253条 3 項 4 文）。この商法上の評価減の選択権は税務上では評価減が要請される（所得税法第 6 条 1 項 1 号 2 文）。その結果、商法上の選択権行使のいかんにより商事貸借対照表と税務貸借対照表との間で相違する。

商法上時価が取得原価もしくは製造原価を下回り、その価値減少がどの程度続くかにかかわらず、流動資産の臨時評価減が要求される（商法第253条 4 項）。これは厳格な低価原則（Nierderstwertsprinzip）の適用である。税務上は流動資産に対する部分価値による評価減は価値減少が持続的に見込まれる場合に限られ、しかもその評価は強制ではなくて選択権が付与されているにすぎない（所得税法第 6 条 1 項 2 号 2 文）。ここでもまた両者は相違する可能性がある。

3　税効果の対象となる負債項目

（1）負債計上項目

① 自己資本と他人資本

商法上自己資本項目として計上できる要件については法的に定められていない。文献では債権者保護及び資本維持の見地から一般に次の 4 つがその要件とみなされる。

 a 倒産時あるいは清算時における供与資本の劣後性
 b 資本供与による報酬の成果依存性
 c 全額の損失負担
 d 資本供与の持続性

このうちで d の要件について厳しい批判がある。その具体性が欠けており、判断に恣意性が介入する余地が多分にあるからである[23]。

税務上もまた自己資本に関する法的な定義はない。ここでは課税の公平性及び担税力の面から、債務法上の享益権（Genussrecht）について利益及び清算剰余額への関与が税務上の自己資本のメルクマールとみなされる[24]（法人税法第8条3項2文）。

このような商法上の自己資本の範囲と税務上のそれとの範囲が相違するケースがでてくる。例えば商法上は損失が生じたときにはその全額負担が自己資本の要件であり、それを欠くときには他人資本となる。これに対して税務上その要件はなく、自己資本となりうる。

② 非課税の準備金

一定の要件のもとで税務上は恩典のある経済財を譲渡したときには、それに伴う秘密積立金を非課税とする準備金を設定できる。つまり、その利益の実現に対して課税の繰延べ措置を容認する（所得税法第6b条）。とりわけ土地及び建物などの特定の固定資産については取得原価もしくは製造原価の100％まで準備金に計上できる（所得税法第6b条1項2文）。この補助金的な準備金は商法上のGoBによる基準性によって制約されない。

収用等による資産の取り替えにも同様に非課税の準備金を設定できる（所得税準則第6.6条）。この選択権は所得税法第5条1項1文における税務上の選択権とみなされる[25]。

このような非課税の準備金の設定により税務上の課税所得と商法上の利益とは相違する。

③ 補助金に対する準備金

固定資産の取得または製造に対する補助金は税務上事業収入として成果作用的に処理するか、あるいは当該補助金で取得または製造された資産の取得原価を減額する処理、つまり圧縮記帳のいずれかによる選択権がある（所得税準則第6.5条2項）。後者を選択したときには、非課税準備金の設定もできる（所得税準則第6.5条4項）。商法上もまた通説によると、投資補助金を圧縮記帳する

かあるいは直接的に成果作用的に処理するかは選択権がある。

その結果、商事貸借対照表と税務貸借対照表とで補助金の会計処理が異なるときには、税効果の対象となる。

④ 引 当 金

商法上未決取引による偶発損失引当金の計上命令に対して、税務上ではその引当金計上禁止規定がある（所得税法第5条4a項1文）。但し、評価単位（Bewertungseinheit）に伴う義務の超過額は除くとされる（所得税法第5条4a項2文）。

商法上評価単位に関して有効でない部分、つまりヘッジ対象とヘッジ手段による価値変動におけるネガティブな差額は、貸方の価値修正（原初的な偶発損失引当金）と借方の修正（ヘッジされた資産の価値減少による部分）とがミックスしていても簡便的に偶発損失引当金を設定する。この商法上の偶発損失引当金による設定方法で損失超過を、それが価値減少を伴わないときにも税務上も費用処理できるかどうかという問題がある。これについて、経済財に関係する評価単位における税務上固有の評価は考慮しないのが所得税法第5条1a項の趣旨である。この規定の意味と目的から出発すると、以下のような結論が得られる。商法上偶発損失引当金として示される義務の超過額が税務上も同じく考慮されねばならないという見解である[26]。

他人の特許権・著作権これに類似する保護権に違反した義務については、不確定債務引当金を設定しなければならない（商法第249条1項）。これに対して、税務上の引当金設定は限定的である。保護権の所有者が法律違反に対する請求権を要求したり、あるいは法律違反に対する要求を真剣に考慮しているかのいずれかの要件が必要である（所得税法第5条3項）。

長期勤続功労金は労働給付に対する経済的代償を意味するので、このすべてについて商法上債務性引当金を設定する。これに対して、税務上その引当金設定には実質面及び期間面に関して一定の制約がある。例えば、少なくとも過去10年間の勤続期間が必要であり、かつ15年間の今後の勤続が見込まれるが、但

しその支給が法的拘束力がある必要はない（所得税法第5条4項）。

　税務上は将来の事業年度に取得原価もしくは製造原価として資産化されねばならない支出額を引当金として設定することはできない（所得税法第5条4b項1文）。商事貸借対照表では将来の取得原価もしくは製造原価が当該資産の時価を上回るときには、その支出額について引当金を設定する（商法第249条1項）。とりわけ環境負荷の除去に役立つ投資については、商法第249条の前提のもとで引当金設定が可能である。設定しなければならないのは、時価と取得原価もしくは製造原価との差額である[27]。

　年金債務については債務性引当金として計上する（商法第249条1項）。但しその直接的な旧約束分（1987年1月1日前の年金請求権の取得あるいはこの時点以前に1986年12月31日以降に取得された法的請求権の増加額）については、例外的に引当金計上の選択権がある。これに対して、税務上は年金債務についてその計上も評価も選択権がある（所得税法第6a条）。両者の間で選択権の行使結果が異なるときには、商事貸借対照表と税務貸借対照表の負債額は相違する[28]。

　このような引当金の処理の違いに応じて税効果の対象となりうる。

（2）負債の評価

① 債　　務

　商法上債務はその支払期限及びその利息にかかわらず、その履行額で評価する（商法第253条1項2文）。事実上無利息の債務については利子を控除しない。これに対して、税務上支払期限が1年を上回る無利息の債務については履行額から5.5%の利子相当分を控除する（所得税法第6条1項1文）。1年以内の債務については利子相当分を控除しない。長期債務について履行額が借入時点の額より高いときには、予測される継続的な価値増加を考慮する（所得税法第6条1項3号、2号2文）。但し、10年間に及ぶ長期外貨建債務について判例及び税務当局は通常のケースにおける為替変動の原則的な調整に基づき継続的な価値増加の見込みを否定する。短期債務のケースでは、予測される継続的な価値増加が貸借対照表作成時点あるいはその返済または決済時点まで続くとき

には、その予測される価値増加は十分である。債務について価値増加が予測されるときには、税務上は経済財に対する部分価値による評価減に類似して債務に対する部分価値増加に対する選択権がある。これに対して、商法上はその価値増加は選択権ではなくて要求される。

② 引 当 金

　商法上引当金評価に関してその弁済時点における予測される履行額に基づき将来の価格及びコストの上昇が考慮されねばならない（商法第253条1項2文）。これに対して、税務上は履行額がベースとなり、将来の価格及びコスト上昇を考慮しない（所得税法第6条1項3a号f)。

　商法上は期間が1年を上回る引当金については利子相当分を控除する（商法第253条2項1文）。その場合の利子率は過去7年間の平均的な市場利子率を用いる。これに対して、税務上の割引利子率は5.5%を用いる。両者の間で利子率の違いにより引当金の評価に差異が生じる。

　退職給付引当金についても原則として上記の方法で評価する（商法第253条2項1文）。これとは別に、老齢扶助義務もしくはそれに準ずる長期支払義務については15年間を想定した平均利子率で割り引いて評価することもできる（商法第253条2項2文）。その限りで商法上は退職給付引当金に関する評価の選択権がある。これに対して、税務上退職給付引当金は退職給付義務の部分価値を上限として評価することができる（所得税法第6a条）。この部分価値による評価については6%で割り引く（所得税法第6a条3項3文）。この点でも商事貸借対照表と税務貸借対照表とで相違する[29]。

③ 為替換算の処理

　商法上1年以内に決済される外貨建の資産及び債務は決算日レートで換算される（商法第256a条）。その結果、そこでは取得原価主義もしくは実現原則に反して為替変動に伴う未実現利益が計上されうる。これに対して、税務上は取得原価が評価の上限である（所得税法第6条1項1号・2号、第5条6項）。債

務の増加価値は義務の発生時点による為替相場の償還額によって規定される。このように、外貨建短期資産及び債務の為替換算に伴う未実現利益の計上の有無により両者は相違する。

逆に為替変動による未実現損失の計上は商法上価値変動の持続性にかかわらず、計上しなければならない。税務上は資産のより低い部分価値による評価は、その価値下落が継続的と見込まれる場合にのみ可能である（所得税法第6条1項1号2文、2号2文）。つまり、税務上には選択権がある。債務に対しては為替相場が持続的に増加することが見込まれるときにだけ考慮できる。

商法上把握されるべき価値修正が継続的でなければ、税務上それを考慮できないので、相違が生じる[30]。

（3）一時差異の種類

商法上の資産負債と税務上のそれとの間の差異のうち、差異が解消しないものもある。非課税の収益もしくは課税所得から控除できない費用がこれに該当する。これらの差異はその解消に際して税務上の負担もしくは免除とはならない。これを永久差異（permanente Differenzen）という。非課税の準備金あるいは監査役報酬のうちで税額控除できない額がその典型である。このような永久差異は税効果の対象ではない。

これを除く一時差異には次の3つの種類がある。

1つめは成果作用的成果をもたらす一時差異（erfolgswirksame Differenzen）である。これは事実上すでに触れた繰延法を適用したときに生じる期間差異に該当する。その一例は関税及び消費税である。商法上これらは資産化できず、費用処理されるが、税務上は資産化されるので、その差異は損益計算書に示される。

2つめは期間成果に影響せず成果中立的な一時差異（erfolgsneutrale Differenzen）である。これは、現物出資及び合併等の処理に関して商法上は時価評価をするが（組織変更法第24条）、税務上は簿価を承継して評価したときに、その評価差額を商法上の成果に影響しないように貸方計上する場合に生じる（組

織変更税法第11条2項1文)⁽³¹⁾。

　3つめは、特定の事業上による処置あるいは事業の清算のケースではじめて差異が解消する一時差異である⁽³²⁾。これを永久差異に準ずる差異（quasi-permanente Differenzen）という。これには例えば土地売却益は商法上収益に計上するが、税務上は一定の条件のもとで別の土地の取得原価に振り替えて加算することができる（所得税法第6b条）。この土地売却益に相当する損益は当該別の土地を売却する時点または会社の清算時点ではじめて解消する。

　このように、一時差異には3つの種類がある。これは単に成果作用的差異を含むだけでなく、さらに成果中立的差異及び永久差異に準ずる差異も含む点にその特徴がある⁽³³⁾。

（4）繰延税金の性格と表示

① 繰延税金の性質

　このような繰延税金の発生に関して、その会計上の性格が問題となる。

　繰延法を前提とする旧商法において、借方繰延税金は貸借対照表擬制項目と解されていた。改正商法は繰延法に代えて資産負債法を前提とする。その結果、借方繰延税金がドイツ商法上の資産に該当するか否かが論点である。資産化に対する抽象的な計上要件は一般に独自の利用可能性（selbständigte Verwertbarkeit）である⁽³⁴⁾。つまり、売却、利用権の供与、条件付放棄あるいは強制執行を通じて財を貨幣に転換することにある。この点からみると、借方繰延税金が意味する将来の税負担解除の発生は必ずしも確実とはいえない。むしろそれは将来の十分な利益に左右される。この不確実な租税請求権は譲渡できず、売却はありえない。また、借方繰延税金と利用権の供与あるいは条件放棄は結合しないし、その強制執行も独自に利用できない。このような理由から借方繰延税金は上記の資産要件を満たさない⁽³⁵⁾。したがって、債務法の適用による借方繰延税金は以前のように貸借対照表擬制項目としてではなく、不確実な税負担解消の適切な表示の面に基づく"固有の特別項目"（Sonderposten eigener Art）と解される⁽³⁶⁾。

貸方繰延税金に関しては、一時差異のうちで成果作用的差異の性質を有するものについてはたしかに商法第249条1項1文が定める不確定債務引当金に該当する。しかし、一時差異のうちで成果中立的な一時差異及び永久差異に準ずる一時差異については商法上の債務としては解されない。したがって、貸方繰延税金全体はやはり固有の特別項目とみなされる[37]。

② 繰延税金の表示

旧商法第274条の規定は、借方繰延税金と貸方繰延税金を相殺し純額表示を原則としていた。ただ、両者の総額表示も認めていた。そこでは貸方繰延税金を引当金として、また借方繰延税金を貸借対照表擬制項目として規定したにすぎなかった。

BilMoGの参事官草案及び政府草案は当初いずれも借方繰延税金の借方計上義務化を提案した。しかし、その提案は厳しく批判された。その結果、改正商法は借方繰延税金の計上は選択権となり、貸方繰延税金の計上は義務づけられる（改正商法第274条1項1文・2文）。改正商法は明確に両者の相殺表示の選択権を認める（商法第274条1項3文）。この結果、純額表示も総額表示の可能である。例えば借方繰延税金の額が150、貸方繰延税金の額が100の場合、その差額たる借方超過繰延税金50について計上選択権を行使し、この50を計上することも計上しないことも認められる。これに対して、両者の総額を示す方法を選択したときには、常に行使すべき借方繰延税金の計上選択権は借方繰延税金の額にも借方超過繰延税金の額にもない[38]。

繰延税金の表示には次の5つの可能性がある[39]。

1）借方繰延税金と貸方繰延税金をそれぞれ総額で表示し、両者を相殺しない。
2）貸方繰延税金が借方繰延税金を上回るときには、両者を相殺しその貸方超過繰延税金として表示する。
3）借方繰延税金が貸方繰延税金を上回るときには、両者を相殺し借方超過繰延税金として表示する。

4）借方繰延税金が貸方繰延税金を上回るときには、計上選択権を適用し借方超過繰延税金を表示しない。
5）借方繰延税金が貸方繰延税金を上回るときに両者を相殺せず、計上選択権を適用して借方超過繰延税金を表示せずに貸方繰延税金と同額の借方繰延税金を示す[40]。

借方繰延税金は固定資産、流動資産及び借方計算限定項目の順序の後、また貸方繰延税金は自己資本、引当金、債務及び貸方計算限定項目の順序の後に既述の特別項目としてそれぞれ表示される（改正商法第266条2項・3項）。

第4節　繰越欠損金の取扱い

1　繰越欠損金と税効果会計

　旧商法では税効果会計の適用にあたって繰越欠損金の規定がなく、通説は年次決算書の作成上繰越欠損金の控除を否定的に解していた。ただ2002年に制定されたドイツ会計基準（Deutscher Rechnungslegungs Standard; DRS）第10号「連結決算書における繰延税金」は次のように定めていた。連結決算書において繰越欠損金からの借方繰延税金は、その繰越欠損金による税効果が十分に確実性をもって実現しうるときには、計上されねばならないことになった。このように、連結決算書に限り繰越欠損金の適用が認められたが、依然として年次決算書の適用は疑問視されていた。

　2009年のBilMoGの制定で、この点を是正した。IFRSへの接近を図るため、改正商法第274条1項1文・2文は年次決算書において繰越欠損金の適用を明文化する。その第1文のなかに一時差異の1つとして繰越欠損金が含まれている。その場合、改正商法第274条1項4文のなかでは、次期以降5年以内に予測されるべき繰越欠損金であることが規定されている。そこでは、存在す

る一時差異との比較において当該一時差異の将来的な解消ではなくて、繰越欠損金と課税所得との将来的な相殺が問題となる。これを通じて繰越欠損金の経済的メリットがある。このため、企業はこの繰越欠損金との相殺が次期以降5年以内に予測されるはずであることを事業計画に基づいて説明しなければならない。

　この繰越欠損金の適用に際しては次の2つの考え方が対立する。1つめはBilMoGの立法プロセスにおける法委員会の見解を重視して繰越欠損金の相殺に関係するのは借方繰延税金だけと解する考え方である[41]。これに対して、ドイツ経済監査士協会（Institut der Wirtschaftsprüfer in Deutschland; IDW）の専門委員会（Hauptfachausschuss; HFA）による見解では借方繰延税金と貸方繰延税金の相殺を前提とし、貸方超過繰延税金のケースではその期間にかかわらず繰越欠損金の相殺を認めるが、借方超過繰延税金のケースでは翌期から5年以内での相殺に限定する[42]。

2　繰越欠損金の適用範囲

（1）繰越欠損金の規定

　改正商法第274条1項4文は税務上の繰越欠損金だけでなく、法人税法第8a条と関連する所得税法第4h条に従い、利子制限の適用から生じる繰越利子にも関係する。

　法人税の測定基盤は課税所得である（法人税法第7条1項）。これは具体的には法人税法第8条1項1文及び所得税法第10d条によって決定される。所得税法第10d条1項1文によれば、所得からマイナスできる損失は511,500ユーロである。この511,500ユーロと相殺できない損失については、100万ユーロの所得総額までは次期以降に無制限に控除でき、100万ユーロの額を上回る損失の額についてはその60％まで所得から控除できる（所得税法第10d条2項）。

　これに対して、営業税の測定基盤は営業税法第6条で定める営業税額であ

る。このベースとなる額は営業税法第14条に基づく金額に関係し、これは過年度にまだ控除されていない損失だけマイナスした100万ユーロまでの営業税の金額である（営業税法第10a条1文）。100万ユーロを上回る営業税額は、所得税法第10d条に類似して控除されていた営業税法上の損失の60％まで減額できる。

（2）利子制限の規定

2008年に利子制限規定が所得税法第4h条及び法人税法第8a条に導入された。

所得税法第4h条1項1文によれば、企業の支払利息は少なくとも発生した受取利息の金額まで控除できる。それを上回るときには、利子、税金、減価償却費控除前利益（Earnings before Interest, Tax, Depreciation and Amortization; EBITDA）の30％まで控除可能である（所得税法第4h条1項2文）。ここで基準となる利益は所得税法の規定する課税所得をいう。法人税法第8a条1項1文では基準となる利益は所得税法及び法人税法の規定をベースとし、所得税法第4h条及び第10d条を考慮したものである（法人税法第8a条1項2文）。支払利息及び受取利息が相殺可能なEBITDAを下回るときには、次期以降の5年間にわたってその差額を原則として繰り越す（所得税法第4h条1項3文前半）。これが繰越EBITDAである。支払利息と受取利息との差額が相殺可能なEBITDAを上回るときには、Fifoの手続を通じて期間的に繰越EBITDAと相殺する（所得税法第4h条1項4文）。

支払利息と繰越EBITDAとの相殺後に支払利息がまだ残るときには、これが次期以降に繰越利息として計上される（所得税法第4h条1項5文）。この繰越利息は基準となる利益の測定には考慮できず、相殺可能なEBITDAの計算には有用ではないが、次期以降の支払利息を増加させる（所得税法第4h条1項6文）。

但し、利息制限には例外がある。

① 支払利息と受取利息との差額が300万ユーロの上限を上回らない。
② 企業がコンツェルンに属さない（コンツェルン条項）。

③ 企業がコンツェルンに属するが、しかしその自己資本比率が少なくともコンツェルンの自己資本比率に等しい（Escape条項）。この場合、自己資本比率はIFRSに基づく連結決算書により測定する。

この3つのうちでどれか1つの要件を満たすときには、例外的にすべての支払利息を所得から控除できる（所得税法第4h条2項1文）。

但し、資本会社については出資者による他人資本費用が一定の限度を超えるときに、以下の要件を満たせば免除規定は適用されない。

① コンツェルンに属さない資本会社において少なくとも当該会社に25%以上投資する出資者の債務からの純支払利息が10%あれば、コンツェルン条項は適用されない（法人税法第8a条2項）。
② コンツェルンに属する資本会社では、連結決算書で連結されなかった重要な投資をする出資者に対する債務の純支払利息が少なくとも10%以上であるときには、自己資本比較は実施されない（法人税法第8a条3項）。

以下、簡単な例を用いて説明する。

いま、ある会社の損益計算書が次のような結果を示すとする[43]。

売上高	20,000,000ユーロ
材料費及び人件費	11,000,000
減価償却費	4,000,000
受取利息	500,000
支払利息	5,500,000
（このうち親会社の分が2,000,000）	
年度剰余額	0

まず支払利息と受取利息を相殺する。この結果、5,000,000ユーロの差額が算定される。この額は300万ユーロを上回るので、所得税法第4h条の適用を受ける。純支払利息5,000,000ユーロの40％、つまり200万ユーロは親会社からの借入金による支払利息であるから、すでに触れた利息の免除規定②及び③の適

第1編　会計処理

用はない。

　利息制限の計算にとって基準となる利益としてのEBITDAは次のように計算される。

	年度剰余額	0
＋）	減価償却費	4,000,000
＋）	利息残高のマイナス	5,000,000
＝	EBITDA	9,000,000ユーロ

　したがって、課税所得から控除できる支払利息は以下のようになる。

受取利息との相殺額		500,000
利息制限の計算に関連すべき利益の30%	＋）	2,700,000
（9,000,000ユーロ×30%）		3,200,000ユーロ

　この結果、5,500,000ユーロのうちで3,200,000ユーロが課税所得から控除できる。控除できない支払利息はまだ2,300,000ユーロある。この額は利息制限の範囲内で繰越利息として将来年度に控除できる[44]。

　但し、このような繰越欠損金及び繰越利息を法人が適用するにあたって、投資比率が25％以上を5年以内に取得したときには一定の制限があり、投資比率が50％を上回るときにはその適用はできない（法人税法第8ｃ条1項1文・2文）。

第1章　税効果会計

第5節　分配規制

1　年次決算書における分配規制

　改正商法は税効果会計の適用にあたり下記の項目に関して分配規制する（改正商法第268条8項）。
　① 自己創設による無形固定資産の計上額からその貸方繰延税金を控除した額
　② 退職給付債務等と相殺されるべき資産の時価評価額がその取得原価との差額から貸方繰延税金を控除した額
　③ 借方繰延税金が貸方繰延税金を上回る額
　その結果、年次決算書における分配可能額は34ページの**図表1-1**のように算定される[45]。
　いま、自己創設による無形固定資産の計上額が600,000ユーロ、退職給付債務等と相殺される資産の時価が300,000ユーロ、偶発損失引当金の計上額が450,000ユーロ、保管費用引当金の計上額が60,000ユーロであると仮定する。実効税率を33.3%とすると、税効果会計適用に伴う繰延税金の額は以下の通りとなる。まず、自己創設による無形固定資産に対する貸方繰延税金は600,000ユーロの33.3%で200,000ユーロである。退職給付債務等に対する資産の時価評価による貸方繰延税金は300,000ユーロの33.3%に相当する100,000ユーロである。偶発損失引当金に対する借方繰延税金は450,000ユーロの33.3%で150,000ユーロである。保管費用引当金に対する貸方繰延税金は60,000ユーロの33.3%で、20,000ユーロである。その結果、借方繰延税金150,000ユーロ、貸方繰延税金は320,000ユーロ（200,000ユーロ＋100,000ユーロ＋20,000ユーロ）であり、貸方超過繰延税金の額は170,000ユーロ（320,000ユーロ－150,000ユーロ）となる[46]。

図表 1-1 分配可能限度額と分配規制額

分配規制額	分配可能限度額（分配規制のない）
① 自己創設による無形固定資産の額 　－）貸方繰延税金 ② 退職給付債務等に対する時価評価額 　－）貸方繰延税金 ③ 借方繰延税金が貸方繰延税金を上回る額 　　　分配可能額	自由に処分可能な準備金 ＋）繰越利益 －）繰越損失 ＋）年度剰余金 －）法定準備金への強制積立額

出典：N. Herzig・S. Fuhrmann 編, Handbuch latente Steuern im Einzelabschluss, Düsseldorf, 2012 年, 85 ページ。

図表 1-2 分配規制額

```
自己創設による無形固定資産              600,000
 －）貸方繰延税金                   －）200,000
                                         400,000
取得原価を上回る資産時価額              300,000
 －）貸方繰延税金                   －）100,000
                                         200,000
借方繰延税金                          150,000
 －）借方繰延税金の額までの残余貸方繰延税金 －） 20,000
                                         130,000
分配規制額                                730,000
```

出典：N. Herzig・S. Fuhrmann 編, Handbuch latente Steuern im Einzelabschluss, Düsseldorf, 2012 年, 90 ページ。

それ故に、分配規制額は**図表 1-2** に示す通りである。

2　利益移転契約に基づく分配規制

旧株式法において利益移転（Gewinnabführung）に関する契約があるときに、その利益移転額が分配規制の対象となるかどうかは触れられていなかった。この点を BilMoG は是正し、分配規制の対象となることを明文化する（改正株式法第301条）。この処理にあたって税効果会計を適用するときには次の２つの考え方がある。１つは利益移転に対する規制規定を狭義に解すれば、利益

図表 1-3　総額法による利益移転規制と分配可能額

	開発費の非計上		開発費の計上	
	機関会社	機関主体	機関会社	機関主体
年度剰余額	200,000		300,000	
移転規制額	0		－）100,000	
利益移転額	200,000	200,000	200,000	200,000
税引前年度剰余額		200,000		200,000
税費用		－）60,000		－）60,000
繰延税金費用		0		－）30,000
年度剰余額		140,000		110,000
分配規制額		0		0
分配可能額		140,000		110,000

出典：N. Herzig・S. Fuhrmann 編，前掲書，93 ページ。

移転規制額は貸方繰延税金の額だけマイナスしなければならない。この解釈だと機関主体（Organträger）の側で設定された繰延税金の減額はできない。これを総額法という。利益移転規制は機関会社（Organgesellschaft）の貸借対照表における不確実な資産増加を排除すべきである点にその特徴がある[47]。その結果、機関会社は、その借方計上がなければ不確実な額として不可能なもの以上を移転することはできない。総額法による利益移転の上限額は機関主体において設定された繰延税金を考慮する前に減額されねばならない。この総額法は貸方繰延税金の二重計上を防ぐメリットがある。

いま、機関会社が利益移転前に200,000ユーロの年度剰余額を計上し、機関主体はこの200,000ユーロの収益のほかに、それに対する税負担を除き、何ら自己の成果がないとする。実効税率を30％として総額法による利益移転規制額は**図表 1-3** の通りである。

ここからわかるように、総額法だと機関主体が自己創設による開発費を計上すれば機関会社がこの開発費を計上しない場合よりも利益が30,000ユーロだけ少なくなる。これはBilMoGの立法者の趣旨に反する結果となるはずである[48]。そこで、この総額法に代えて純額法が提唱される。その結果、**図表 1-4** で示すように繰延税金は二重計上を回避するために分配規制の計算で除去される。

図表 1-4　純額法による利益移転規制と分配可能額

	開発費の非計上		開発費の計上	
	機関会社	機関主体	機関会社	機関主体
年度剰余額	200,000		300,000	
移転規制額	0		− 70,000	
利益移転額	200,000	200,000	230,000	230,000
税引前年度剰余額		200,000		230,000
税費用		−) 60,000		−) 60,000
繰延税金費用		0		−) 30,000
年度剰余額		140,000		140,000
分配規制額		0		0
分配可能額		140,000		140,000

出典：N. Herzig・S. Fuhrmann 編，前掲書，94 ページ。

　この総額法または純額法のいずれを適用するかについて法文上は必ずしも明らかではない。したがって、両者とも考えられるのであり、まだ通説はない[49]。

第6節　ドイツ税効果会計の検討

1　繰延税金の取扱い

　ここでは以上のドイツ税効果会計の内容について検討する。まず繰延税金の取扱いから取り上げる。

　わが国では一時差異として生じる繰延税金を繰延税金資産または繰延税金負債としてその資産性または負債性を前提とする。たしかに繰延税金資産が将来の税負担のマイナスを、また繰延税金負債が将来の税負担の増加をそれぞれもたらすので、資産または負債と考えることに異論はない。たしかにそれは経済的な資産または負債を意味する。

　しかし、ドイツ商法は債権者保護を重視する。この立場からは貸借対照表に

関して債務弁済能力が重視される。そこで繰延税金の資産性または負債性が問われる。一方で借方繰延税金は資産として独自の利用可能性という抽象的な要件を満たさず債務弁済能力に直ちに役立たないし、他方で成果中立的差異や永久差異に準ずる一時差異については必ずしも負債としての要件を満たすかどうか問題を含むからである。この意味で、借方繰延税金も貸方繰延税金も同じく貸借対照表の末尾に資産項目及び負債項目から区別して特別項目として表示する。

投資家保護をベースとする金融商品取引法はともかく、わが国の会社法も依然として債権者保護思考は堅持されているはずである。とすれば、その面から繰延税金の資産性または負債性を再検討すべきであろう。もちろん、ドイツ商法とは違って、ゴーイング・コンサーンを前提とする以上、現在の債務弁済能力は単に法的立場を中心とした資産または負債ではなく、むしろ経済的立場を中心とした資産と負債を中心に議論する必要があるという考え方もあろう。ただ基本的に後者の立場に立つとしても、実務上きわめて重要な債務超過（Überschuldung）の判定には、それとは異なる法的資産と法的債務の確定もまた重要であり、それをどのような形で把握し表示するかという問題は残る。

2　分配規制

すでに説明したように、債務弁済能力の判定からみて借方繰延税金の資産性に問題があるときには、わが国のように繰延税金資産を他の資産と同様に取り扱うことには問題がある。ドイツ商法はこの点で借方繰延税金について計上選択権を付与するが、それを貸借対照表に計上したときには分配規制を課している。

一方、わが国では繰延税金資産の計上が義務づけられているが、分配規制を課していない。これはやはり問題を含む。わが国の実務上では会計監査人が会社の財務内容を判断する際に、将来の税金控除をもたらす可能性がなくなったと見込まれる場合にはじめて、その回収可能性との関連で評価性引当額や取崩

問題がクローズ・アップされるにすぎない。その判断基準が過去の課税所得の十分性やタックスプランニングの実現可能性である（会計制度委員会報告第10号「個別財務諸表における税効果に関する実務指針」・監査委員会報告第66号「繰延税金資産の回収可能性の判断に関する監査上の取扱い」）。この重要な面を会計監査人の判断だけに任せてよいかは一考を要する問題である。少なくとも繰延税金資産の資産化を前提とするのであれば、慎重な債務弁済能力の判定面からはのれん等調整額（のれん及び繰延資産）のなかにこの繰延税金も含めて分配規制すべきであろう。

3　繰延税金の表示方法

ドイツ商法では繰延税金の表示方法として総額法と純額法の選択適用が認められる。また、借方繰延税金の計上にも計上選択権があるので、5つの表示方法が存在する。これは会計政策の温床になりがちである。このため、会社の財務分析に際して当然支障が生じる可能性がある。そこで、5つの表示方法をできるだけ減らす方向とするかあるいは総額法または純額法のいずれかに限定する必要がある。

4　繰越欠損金等の取扱い

ドイツ改正商法は繰越欠損金及び繰越利息も視野に入れた繰延税金の処理を要求する。そこでは将来における5年以内の繰越欠損金の考慮が不可欠となる。このような将来の見込みを加味する場合には、もちろん検証可能な見積計算が前提である。しかし、将来予測を回避できない以上、そのなかに不確実要素が介入する恐れが多分にある。つまり、それは明らかに商法第252条1項4号で定める実現原則に反する。ここにドイツ商法で伝統的な GoB に抵触する危険性があることは否めないであろう[50]。

第7節　結

　以上の論旨を整理し、わが国の税効果会計と比較すれば次の通りである。
　第1に、従来は資本会社及び公開法の対象となる企業だけに税効果会計の適用が義務づけられた。しかし、改正商法は資本会社のうちで大中資本会社及び公開法の対象となる企業をその適用対象とするが、小資本会社及び人的会社にはその適用を免除する。但し、人的会社であっても出資者が無限責任の形態をとらない有限合資会社などはその例外で税効果の適用がある。
　第2に、ドイツではかつては損益計算書中心の期間差異コンセプトを適用していたが、改正商法は貸借対照表中心の一時差異コンセプトを適用とする。この点で、わが国と共通する。
　第3に、この一時差異には成果作用的な期間差異、成果中立的な差異及び永久差異に準ずる差異の3つの種類がある。これに対して、わが国の「税効果会計に係る会計基準」は一時差異の種類については将来減算一時差異及び将来加算一時差異しか言及していない。
　第4に、ドイツ改正商法の会計規定と税務会計規定との間で一部の項目に関しては接近するものの、他方でかなり相違する部分もあり税効果会計の適用範囲はかなり拡がっている。この点はわが国と同様である。
　第5に、旧商法において借方繰延税金は資産としての要件を満たさず貸借対照表擬制項目とみなされ借方計上選択権があり、貸方繰延税金は引当金としての性質を有していた。改正商法において成果作用的な項目以外に成果中立的な一時差異及び永久差異に準ずる一時差異の項目があるため、やはり資産または負債としての性質には疑義がある。そこで、借方繰延税金及び貸方繰延税金とも固有の特別項目として位置づけられ、それぞれ貸借対照表の最終項目として表示する。これに対して、わが国では繰延税金資産または繰延税金負債として把握され、その他の資産または負債項目と同列に扱われている。債権者保護の

見地を重視するドイツ商法は、資産及び負債を厳密に捉えるのが特徴であるけれども、わが国の会社法ではそのような資産性及び負債性の問題は税効果会計導入時点からほとんど議論されていない。この点はやはり問題を含む。

第6に、借方繰延税金を計上したときには一定の分配規制が旧商法と同様に改正商法にもある。わが国では分配規定はない。この点は両者の大きな違いである。繰延税金資産の計上を前提とするわが国では、その回収可能性の判断を会計監査人の判断に委ねるよりは、むしろ明文規定を設けてのれん等調整額のなかにそれを含め分配規制すべきであろう。なお、利益移転契約について従来は分配規制の対象かどうか明確な規定がなかったが、改正商法はその分配規制を明文化する。

第7に、繰延税金の表示に関してドイツではこれまで純額表示が原則であったが、改正商法により総額表示も純額表示も可能である。その結果、その表示方法は5つもあり、会計政策の余地が多分にある。それを減らすか、あるいは総額表示または純額表示のいずれかに限定する必要がある。これに対して、わが国では流動項目間及び固定項目間における相殺表示が原則であり、会計政策の余地はない。

第8に、改正商法は税効果の適用に際して次期以降5年以内に解消が見込まれる繰越欠損金と課税所得との相殺が前提となる。それは伝統的な実現原則に反する。これに対して、わが国では繰越欠損金については翌期に解消される見込みのものとそれ以外のものとが区別される。また、ドイツでは税法上の利子制限規定に伴い、一定のEBITDAの額または繰越利息も税効果の対象となるのが特徴である。

このように、ドイツ税効果会計を通じて、わが国の会社法においても債権者保護の見地から繰延税金の資産性または負債性問題と、それとの関連でその分配規制等のあり方についてもあらためて検討すべき余地があるといえよう。

注

（1） D. Siegel, Die Bilanzierung latenter Steuern im handelsrechtlichen Jahresabschluss

nach § 274 HGB, Köln, 2011年, 2ページ。
(2) N. Herzig・S. Fuhrmann編, Handbuch latente Steuern im Einzelabschluss, Düsseldorf, 2012年, 13-14ページ。
(3) D. Siegel, 前掲書注（ 1 ）, 61-62ページ。
(4) Adler・Düring・Schmaltz, Rechnungslegung und Prüfung der Unternehmen, 第 5 巻, 第 6 版, Stuttgart, 1997年, 398ページ。D. Siegel, 前掲書注（ 1 ）, 62ページ。
(5)(6) D. Siegel, 前掲書注（ 1 ）, 62ページ。
(7) Adler・Düring・Schmaltz, 前掲書注（ 4 ）, 398-399ページ。
(8) N. Herzig・S. Fuhrmann編, 前掲書注（ 2 ）, 74-75ページ。
(9) S. Gräbe, Das Massgeblichkeitsprinzip vor dem Hintergrund des BilMoG, Köln, 2012年, 167ページ。D. Siegel, 前掲書注（ 1 ）, 33ページ。
(10) D. Siegel, 前掲書注（ 1 ）, 75ページ。
(11) D. Siegel, 前掲書注（ 1 ）, 52ページ。J. Baetge・H. J. Kirsch・S. Thiele, Bilanzen, 第10版, Düsseldorf, 2009年, 538ページ。
(12) N. Herzig・S. Fuhrmann編, 前掲書注（ 2 ）, 174ページ。
(13) N. Herzig・S. Fuhrmann編, 前掲書注（ 2 ）, 175ページ。
(14) S. Gräbe, 前掲書注（ 9 ）, 242ページ。N. Herzig・S. Fuhrmann編, 前掲書注（ 2 ）, 178ページ。
(15) N. Herzig・S. Fuhrmann編, 前掲書注（ 2 ）, 181-182ページ。
(16) N. Herzig・S. Fuhrmann編, 前掲書注（ 2 ）, 186ページ。
(17) N. Herzig・S. Fuhrmann編, 前掲書注（ 2 ）, 188ページ。
(18) N. Herzig・S. Fuhrmann編, 前掲書注（ 2 ）, 189ページ。
(19) N. Herzig・S. Fuhrmann編, 前掲書注（ 2 ）, 190ページ。
(20) N. Herzig・S. Fuhrmann編, 前掲書注（ 2 ）, 193ページ。
(21) N. Herzig・S. Fuhrmann編, 前掲書注（ 2 ）, 195-196ページ。
(22) N. Herzig・S. Fuhrmann編, 前掲書注（ 2 ）, 196-197ページ。
(23) N. Herzig・S. Fuhrmann編, 前掲書注（ 2 ）, 203ページ。この詳細については, 拙著,『資本会計制度論』森山書店, 平成20年, 6 -11ページ及び拙稿,「ドイツ商法会計制度における資本取引」『會計』第182巻第 6 号, 平成24年12月, 1 -14ページ参照。
(24) この詳細は拙著, 前掲書注（23）『資本会計制度論』, 16-19ページ参照。
(25) N. Herzig・S. Fuhrmann編, 前掲書注（ 2 ）, 211ページ。
(26) N. Herzig・S. Fuhrmann編, 前掲書注（ 2 ）, 213ページ。

第1編　会計処理

(27)　N. Herzig・S. Fuhrmann 編，前掲書注（2），215ページ。
(28)　N. Herzig・S. Fuhrmann 編，前掲書注（2），216ページ。
(29)　N. Herzig・S. Fuhrmann 編，前掲書注（2），218ページ。
(30)　N. Herzig・S. Fuhrmann 編，前掲書注（2），219ページ。
(31)　H. Ellrott・G. Förschle etc. 編，Beck'scher Bilanz-Kommentar，第 8 版，München，2012年，1077ページ。
(32)　H. Ellrott・G. Förschle etc. 編，前掲書注（31），1078ページ。
(33)　H. Ellrott・G. Förschle etc. 編，前掲書注（31），1076ページ。
(34)　J. Baetge・H. J. Kirsch・S. Thiele，Bilanzen，第10版，Düsseldorf，2009年，159ページ。
(35)　D. Siegel，前掲書注（1），90ページ。E. Kühne・W. Melcher・M. Wesemann，Latente Steuern nach BilMoG － Grundlagen und Zweifelsfragen (Teil 1)，in: Die Wirtschaftsprüfung，第62巻第20号，2009年10月，1008ページ。
(36)　D. Siegel，前掲書注（1），92ページ。
(37)　D. Siegel，前掲書注（1），88ページ。E. Kühne・W. Melcher・M. Wesemann，前掲論文注（35），1007ページ。このような考え方のほかに，期間差異及び成果中立的差異は不確定債務引当金の設定対象となるという考え方もある（Hauptfachausschuss des Institut der Wirtschaftsprüfer in Deutschland Rechnungslegungsstandard (IDW RS HFA 7，2012年，26項，N. Herzig・S. Fuhrmann 編，前掲書注（2），32-40ページ)。
(38)　J. Baetge・H. J. Kirsch・S. Thiele，前掲書注（34），542ページ。
(39)(40)　J. Baetge・H. J. Kirsch・S. Thiele，前掲書注（34），第12版，Düsseldorf，2012年，118-119 ページ。
(41)　N. Herzig・S. Fuhrmann 編，前掲書注（2），274ページ。T. Steinbach，Latente Steuern im Einzel- und Konzernabschluss nach HGB，Köln，2012年，122ページ。
(42)　Hauptfachausschuss des Instituts der Wirtschaftsprüfer in Deutschland，IDW ERS 27，2009年，14項。H. Ellrott・G. Förschle etc. 編，前掲書注（31），1087-1088ページ。W. D. Hoffmann・N. Lüdenbach 編，NWB Kommentar Bilanzierung，第 4 版，Herne，2013年，1256-1257ページ。C. Fink・W. Schultze・N. Winkeljohann 編，Bilanzpolitik und Bilanzanalyse nach Handelsrecht，Stuttgart，2010年，106-107ページ。
(43)　W. Scheffler，Besteuerung von Unternehmen Ⅱ (Steuerbilanz)，第 7 版，Heidelberg etc.，2011年，367ページ。
(44)　W. Scheffler，前掲書注（43），368ページ。

(45) この詳細については，拙著,『ドイツ会計制度論』森山書店，平成24年，166-172ページ参照。
(46) N. Herzig・S. Fuhrmann 編，前掲書注（2），90ページ。
(47) N. Herzig・S. Fuhrmann 編，前掲書注（2），92ページ。
(48) N. Herzig・S. Fuhrmann 編，前掲書注（2），93-94ページ。
(49) N. Herzig・S. Fuhrmann 編，前掲書注（2），95ページ。
(50) N. Herzig・S. Fuhrmann 編，前掲書注（2），282ページ。 T. Steinbach, Latente Steuern im Einzel- und Konzernabschluss nach HGB, Köln, 2012年，115-116ページ。

第 2 章　貸方繰延税金と不確定債務引当金

第 1 節　序

　ドイツにおいてはすでに1985年商法制定プロセスのなかで EC 会社法第 4 号指令との関係で大規模及び中規模の資本会社に対して税効果会計が議論され、制度化されている。旧商法274条 1 項は費用収益計算を中心とした期間差異コンセプトに基づく税効果会計の適用を導入した。但し零細資本会社にはその適用が免除された（旧商法第274a 条）。旧商法第274条によると、税効果会計を適用した結果として生じた貸方繰延税金は第249条 1 項が定める債務性引当金として計上する。これに対して、借方繰延税金には計上選択権が付与され、それを計上したときには貸借対照表擬制項目とみなし分配規制の対象とした（旧商法第274条 2 項）。
　2009年の BilMoG[1]による改正商法は、税効果会計の適用に際して既述の期間差異コンセプトに代えて貸借対照表の財産状態を重視する一時差異コンセプトに変更する（改正商法第274条 1 項）。その結果、借方繰延税金は将来の税金減少（Steuerentlastung）として計上選択権が付与される（改正商法第274条 1 項 3 文）。貸方繰延税金は将来の税金増加（Steuerlastung）として計上しなければならない。旧商法で規定されていた借方繰延税金を貸借対照表擬制項目として表示する規定及び貸方繰延税金を引当金として計上する規定は削除された。両項目とも貸借対照表の借方側及び貸方側の末尾にいずれも特別項目として表示する（改正商法第274条 1 項 1 文・ 2 文）。一定の範囲で税効果の額については分配規制がある（改正商法第268条 8 条）。

なお、税効果会計は改正商法において旧法と同様に大規模及び中規模の資本会社だけでなく、公開法の対象となる個人企業及び合名会社や合資会社などの人的会社、さらに無限責任形態をとらない人的会社、例えば合資会社において有限会社が無限責任社員となる有限合資会社のタイプにも適用される（改正商法第264a条）。

改正商法においても従来同様に小資本会社及び人的会社に対して税効果会計の適用を免除する。しかし、このような会社に対しても一般商人に対する規定として不確定債務引当金の設定が要求される（改正商法第249条１項）。

問題は、この不確定債務引当金に該当する貸方繰延税金の範囲が一体どこまで及ぶのかである。本章では、それに対するさまざまな見解を整理したうえで、ドイツ商法会計制度における負債会計の論点を検討することにしたい。

第２節　一時差異の種類

商法上の資産負債と税務上のそれとの差異のうちで、差異が解消しないものもある。非課税の準備金や課税所得から控除できない罰金及び監査役報酬の一部などがこれに該当する。このような差異を永久差異という。これは一時差異コンセプトでもまた税効果の対象外である。

一時差異コンセプトにおける税効果の対象は、その差異の解消が予定されるものである。これには既述の通り次の３つの種類がある。
① 成果作用的差異
② 成果中立的差異
③ 永久差異に準ずる差異

１　成果作用的一時差異

成果作用的一時差異は、商法上の資産負債と税務上の資産負債の違いが損益

計算書において生じ、それ以降の期間で損益計算書において解消するケースである。それには次の場合がある。

① 商法上の資産の額が税務上の資産の額よりも小さく、その差異が損益として生じる。商法上は関税及び消費税は費用処理されるけれども（商法第250条）、税務上はそれらは資産化されるので（所得税法第5条5項2文1号）、両者の間で差異が生じる。

② 商法上の資産の額が税務上の資産の額よりも大きく、その差異が損益として示される。商法上は自社による開発費について計上選択権がある（商法第255条2a項、第248条2項1文）。それを商法上資産化しなくとも、税務上はその資産化が義務づけられる関係で（所得税法第5条2項）、両者の間で差異が生じる。

③ 商法上の負債の額が税務上の負債の額よりも大きく、その差異が損益として示される。商法上は偶発損失引当金の計上が義務づけられるのに対して（商法第249条1項1文）、税務上はその計上が禁止されるので（所得税法第5条4a項2文）、両者の間で差異が生じる。

④ 商法上の負債の額が税務上の負債の額よりも小さく、その差異が損益として示される。商法上は1年以内に支払期限が到来する外貨建金銭債務は決算日レートで換算される（商法第253条2項1文）。税務上は取得原価が上限であるので、前者の換算額が後者を下回るときに両者の間で差異が生じる。

この成果作用的な①から④の一時差異は結果的に将来期間の損益として解消するので、繰延法における期間差異とイコールとなる。

2　成果中立的一時差異

損益計算書には差異が示されない一時差異がある。これが成果中立的一時差異である。

例えば、非課税の投資助成金を供与された場合の処理法は、商事貸借対照表

では当該資産の取得原価から直接的にマイナスして圧縮記帳かあるいは取得原価を減額せずに貸方側に特別項目を設けて処理するかのいずれかである。一方、税務上それは非課税の収益として処理される。その結果、両者の処理は損益に全く関係しないけれども、商法上の金額が税務貸借対照表の金額と相違し、両者の間で差異が生じる[2]。

そのほかに企業買収及び合併（Verschmeltzung）などのケースがある。これに関して商法は一般に取得取引として時価ベースで処理する（組織変更法第24条）。これに対して税法は一定の要件を満たすときに時価に代えて簿価及び時価と簿価の中間価値などによる処理を容認する（組織変更税法第11条2項1文）。その結果、両者の間には成果中立的な一時差異が生じる。

3　永久差異に準ずる一時差異

一時差異ではその際の解消がいかなる時点かは問題とならないため、事業上の措置また会社の清算によってはじめて当該差異が解消するものもある。これが永久差異に準ずる差異である。この永久差異に準ずる一時差異には次の2つの種類がある。1つは全額法（full method）である。これは繰延税金の期間配分において期間上の計上及び評価の差異すべてを含める方法である。他の1つは部分法（partial method）である。これは解消が見込まれる差異だけを含める。この2つの方法のうちで一時差異の基本スタンスからすれば、全額法がメインとなる。当該差異がいつの時点で解消するかどうかよりも、むしろ差異が将来に解消するかどうかが重要だからである[3]。

例えば土地の売却益に関して商法上は特別利益に計上するけれども、税務上は別の処理法を認める。つまり、この売却益をすでに前期に取得してある別の土地の取得原価に振り替えて原価に算入することができる（所得税法第6b条）。その結果、税務上は売却益は課税所得に含まれない。当該土地を売却すれば、もちろんその売却益は課税所得に含められる。このような売却を企業が想定していないときには、商事貸借対照表と税務貸借対照表との間で一時差異

が生じる。これが永久差異に準ずる差異に該当する[4]。

　小資本会社が人的会社の一種たる有限合資会社の有限社員として100％出資している場合、商法上は投資勘定を取得原価で評価する。これに対して、税務上はこの投資の評価がそれより低くなるときにはその評価減を補充貸借対照表（Ergänzungsbilanz）で計上できる（所得税法第15条１項２号）。この投資に対する両者の評価の違いは、投資の売却あるいは会社の清算の場合にはじめて解消する。したがって、当面の間、売却の意図がなければ、評価の違いはそのまま続く[5]。この差異が永久差異に準ずる一時差異に相当する。

第３節　不確定債務引当金に計上すべき一時差異の範囲

　すでに触れた通り、零細資本会社及び人的会社には税効果会計の適用は免除されている。しかし、一時差異が一般商人規定としての商法第249条１項１文で定める不確定債務引当金に該当するときには、その引当金の計上が義務づけられる。その結果、この規定に合致する貸方繰延税金の範囲をめぐって見解が分かれている。

１　成果作用的差異と解する見解

　第１は、旧商法における期間差異コンセプトを前提として改正商法もまた依然として成果作用的一時差異を不確定債務引当金として計上すべきとする見解である。

（１）ゲルハウゼン＆ケンプファーの主張

　この点についてゲルハウゼン（H. F. Gelhausen）＆ケンプファー（G. Kämpfer）は次のように述べる。「商法第274a条５号の適用範囲における零細会社には税効果会計は従来と変わらず期間差異概念に基づく方向に示される。それに

従うと、商事貸借対照表と税務貸借対照表との間で期間的な成果上の差異の発生及び解消だけが税金の期間配分に含められねばならない。その場合、永久差異に準ずる計上または評価の差異、すなわち将来の事業上の措置、例えば資産の売却に依存したり、さもなければ事業の清算においてはじめて解消する期間差異は税金の期間配分には含められない。零細会社が商法第274条の規定の免除を適用しないときには、この会社は期間的に生じた差異が将来の税負担として考慮されねばならない限り、商法第249条1項1文の前提のもとでのみ貸方繰延税金に対する引当金を設定しなければならない」[6]。

（2）ジーゲルの主張

ジーゲル（D. Siegel）もこの立場を支持する。彼によると、引当金は義務の根拠とその金額がたしかに不確定であるが、しかし十分に確実に見込まれ予測できるときには一般に設定されねばならない。商法第249条1項1文で規定する不確定債務引当金については、一方で十分に具体的な外部義務と、他方で経済的負担及び義務の十分な計数化という2つの要件をクリアしなければならない。前者に関しては民法上、公法上あるいは経済的に事実上の給付提供の義務ないし強制が根拠づけられる。期間差異は将来的な公法上の義務が見込まれ、且つ差異の解消も十分に見込まれる。後者に関していえば、義務は確実ではない。というのは、十分に相殺できる利益の存在といった将来の発展に左右されるからである。成果差異の解消は将来的には総財産の減少につながり、計数化できる[7]。

永久差異に準ずる一時差異に関しては、その差異の解消が企業の清算もしくは事業上の措置を前提とする。この点について土地の売却の意図及びその期間などが明確でないときには義務が存在するとはいえない。継続企業の原則は義務の存在を示唆するという考え方もあるが、しかし事業上の措置に対する十分な根拠ないし証拠がない限り、企業継続の原則をもって義務の存在を断定できない。したがって、永久差異に準ずる一時差異については商法第249条1項1文の引当金の要件を満たさない[8]。

義務と過去の収益ないし当期に実現した収益との対応関係が要求されねばならない。しかし、その対応関係が成果中立的差異にはない。それ故に、成果中立的差異もまた商法第249条1項1文で定める不確定債務引当金を設定することができない[9]。

このように、ジーゲルは期間差異だけについて不確定債務引当金を設定すると主張する。

メルヒャー（W. Melcher）＆ベーゼマン（M. Wesemann）もこの立場を支持する[10]。

2　成果作用的差異及び成果中立的差異と解する見解

第2は、期間差異だけでなく成果中立的差異も不確定債務引当金に計上すべきとする見解である。

（1）ドイツ経済監査士協会の見解

これを支持するのが IDW の会計基準（Rechnungslegungsstandard; RS）に対する HFA による公式見解である。

これは次のように述べる。「商法第264a条1項が適用される零細な人的会社及び商法第274条の免除を適用しない無限責任の人的商事会社は、立法理由書によれば、商法第249条1項1文に従い引当金の計上に対する事実の前提が満たされるときには、貸方繰延税金引当金を設定しなければならない。商法上の資産負債及び計算限定項目と、それに対応する税務上の評価との差異があり、その差異の解消が将来的に税金の負担につながるときには、これは決算日において商法上示される合有財産（Gesamthandsvermögen）の経済的負担を根拠づける。それによって商法第249条1項1文のいう事実の前提は満たされる。永久差異に準ずる差異に基づく税金負担の発生が予測できる期間に考慮されないときには、当該差異を考慮しえない。これは特に資産の売却もしくは事業の清算においてはじめて解消する商法上と経済上の評価差異につながる評価減にあ

てはまる。この種の差異について毎決算日ごとにそれが法的規定、おそらく状況の変化の発生あるいは事業上の措置の計画に基づいて予測されうる期間まで解消されないかどうか検討しなければならない」[11]。

この考え方に従うと、すでに指摘した3つの一時差異のうち永久差異に準ずる差異を除き、期間差異及び成果中立的差異の一時差異を不確定債務引当金として計上しなければならない。成果中立的差異に関していえば、合併処理で説明したように商法上の時価評価に基づく秘密積立金の計上に伴い、繰延税金負債の経済的発生原因がすでに存在するからである。この理由から引当金の計上が要求される[12]。もし引当金を計上しないとすれば、負債の完全性命令に反する結果となる[13]。

(2) フュールマンの考え方

フュールマン（S. Fuhrmann）によれば、期間差異のうちで商法上の収益が税務上のそれよりも早期の期間に計上されるケース及び商法上の費用が税務上のそれよりも後の期間に計上されるケースも同じく税の猶予（Steuerstundung）を意味する。但し、前者のケースではその義務が実現した収益に密接に関係しており、利益のチャンスとは結び付いていない。それ故に、少なくとも企業は税負担を免れることができない。というのは、評価の差異が次期以降に解消することによって税負担は発生するからである[14]。同様に、後者のケースでは将来の税負担は税務上の過小費用を要求することによって経済的に発生している。この将来の税負担増は架空の性質ではなく、事実上の税の支払いをもたらすからである[15]。

また、永久差異に準ずる一時差異に関しては、「繰延税金負債の経済的発生原因は商事貸借対照表における秘密積立金の計上にある。これが次期以降に税務上実現すると、発生する税金の支払いは決算日に計上されている純資産（実体）から支払われねばならない。というのは、企業はその限りでもはや成果への貢献がもたらされないからである。企業は将来の税負担について少なくとも永久差異に準ずる性質ではない期間差異については、もはや免れることはでき

ない」[16]。

これに対して、永久差異に準ずる一時差異に関しては、事業上の措置もしくは企業の清算時によって差異が解消するので、「現在の経済的負担はまだ存在しない。清算を継続企業の原則（商法第252条1項2号）を考慮した会計では根拠づけることはできない。原則として想定すべき企業継続は単に年次決算書に示される資産負債の評価だけでなく、例えば引当金といった貸借対照表への計上との関係における結果とも関連する。しかし、永久差異に準ずる差異は、それが各規定、おそらく状況変化の発生あるいは事業上の措置の計画に基づく予測されうる将来にまだ解消されないかどうかを毎決算日ごとに検討しなければならない」[17]。

3　成果作用的差異及び永久差異に準ずる差異と解する見解

第3は、期間差異及び永久差異に準ずる差異を引当金に計上すべきとする見解である。これを支持するのはスタインバッハ（T. Steinbach）である。

彼によると、商法第249条1項1文の不確定債務引当金を計上する要件は次の3つである。

① 金額、発生の不確定もしくは金額及び決算日における発生の不確実性
② 決算日に義務が法的及び経済的に発生しているか、それともたしかに法的にはまだ発生していないが、しかし少なくとも経済的には発生している。
③ 当該義務は外部義務を示さねばならず、その要求に十分に確実なものが考慮されねばならない。

（1）成果作用的差異

この3つの要件に関して成果作用的差異は①を満たしている。②に関しては法的な発生はないが、義務の経済的発生については一般に支出及び収入の実質的な期間配分原則から検討されねばならない。「一時差異コンセプトへの移行

にもかかわらず、これもまた更に目的にかなっている。というのは、課税すべき差異は商事貸借対照表と税務貸借対照表とにおける期間化ルールの結果だからである。支出は実質上費用の期間限定原則に従うと、それが商法上の成果計算のなかで決算時点においてすでに得られた収益に対応されうるときには（対応原則（Alimentationsprinzip））、まさに経済的に発生している。したがって、年次決算書に費用として把握されねばならない。かくして、負債の経済的発生原因は、それに属する収益（ないし商法上の費用の中和化による費用減少）が商法上実現する期間に与えられるのであり、その際に後者は実現原則から生じる。貸方繰延税金はその原因を、収益が商事貸借対照表において税務貸借対照表よりも早期に（ないし費用は後の期間に）考慮される点にある。かくして、繰延税金義務の経済的な発生原因は、課税すべき差異が（商事貸借対照表と税務貸借対照表との異なる期間化ルールに基づいて）発生する期間に仮定されねばならない。貸方繰延税金の基礎となる義務は決算時点までに経済的に発生している」[18]。

このように述べ、③の要件も成果作用的差異は満たす。

（２）永久差異に準ずる差異

一般に永久差異に準ずる一時差異は、その差異解消を予測できず、事業上の資産売却といった措置や企業の清算の決定を考慮しなければならない以上、不確定債務引当金の設定はできないと解される。

しかし、スタインバッハはこの考え方を拒否する。その理由はこうである。永久差異に準ずる差異は不確定債務引当金の要件たる①及び経済的発生という②の要件を満たす。問題は、事業上の要求がこの永久差異に準ずる一時差異にも考慮されねばならないかどうかである。この点に関して彼は次のように述べる。「だが、それが永久差異に準ずる差異から生じるという理由だけで税務当局が将来的にかかる所得構成要素の課税を放棄することを支持するのは全く誤りである。貸借対照表の同一性ないし貸借対照表の関連性は確実に税務上まだ考慮されていない収益が少なくても清算時に課税されることを確実に示す」[19]。

さらに彼はいう。「したがって、決定的なのは、課税すべき差異があり、ここから将来の税支払いの見込みが発生している点である。この差異の解消の正確な時点ないしその性質は債務性引当金の計上にとって重要ではない。義務の金額、発生及び支払期限に関する不確実性はその本質的なメルクマールである。それに対して、負債計上をしないと仮定すれば、自己資本が非課税のままで示され、会社の財産状態が不適切に表示され、分配可能額が過大に表示されてしまうであろう」[20]。

このような理由から、彼は永久差異に準ずる一時差異について不確定債務引当金を設定すべきと主張する。

(3) 成果中立的一時差異

成果中立的一時差異は不確定債務引当金計上の3つの要件のうち①及び③を満たす。この点は特に問題はない。

しかし、②の経済的発生原因の要件を満たすかどうかが論点である。具体的には費用の期間限定原則との関係で決算日に支出がすでに実際に得られた収益に商法上の成果計算において対応されているかどうかである。「すでに得られた収益と将来の税支払義務との間におけるこの関連は、成果作用的な差異のケースでは存在しない」[21]。更に彼はいう。「たしかに将来の税負担を取得及び譲渡の会計の成果中立的に負債化するこの多くの支持者との関係で貸方繰延税金をこのケースで商法第249条に遡及せずに成果中立的に会計処理することはおそらく認めねばならないであろう。もちろん、これは経済的な発生原因が成果中立的に発生した貸借対照表差異のケースでは満たされない。かくして、この主張者の見解に賛成できないという事実を何ら変えない。総じて、この理由から成果中立的に発生した貸借対照表差異の解消による税負担の増加は商法第249条1項1文のもとでは把握できない。というのは、そこには義務に関する経済的発生原因が欠けているからである」[22]。

このような理由から、スタインバッハは、成果作用的差異及び永久差異に準ずる一時差異については不確定債務引当金の設定を容認するが、しかし成果中

立的な一時差異についてはその引当金の設定を否定する。

4 成果作用的差異の一部及び成果中立的差異と解する見解

　第4は、すでに2で触れたIDWのHFAの見解に対して、ドイツ税理士協会（Bundessteuerberaterkammer; BStBK）は、2012年10月にそれとは異なる見解を表明した。いわゆる商法第249条1項1文の意味における零細人的会社及び商法第274条を任意に適用しない無限責任社員からなる人的会社は、IDWのHFA見解によると、貸方繰延税金に関する引当金の範囲を従来よりもより広く表示しなければならない。この点は問題であるとBStBKは考える。その理由はこうである。
　「経過した営業期間に発生した債務が例外的に問題となりうるのは、計上差異もしくは評価差異が税務上の事象に基づいており、それに伴い税務立法者が税金の猶予を目的とするケースに限られる。このケースでは、それはたしかに決算日に法律上まだ債務は存在しない。しかし、おそらく経済的には発生している。なぜならば、納税者はその事実を現実化し、そこからその次に税負債が発生しうるからである。この点で、かかる結果が税務貸借対照表の内部で行われるかどうかは重要ではない」[23]。
　BStBKは、立法者が明らかに税金の猶予を目的とした措置を示す次の3つに不確定引当金の設定を限定する。
① 特定の固定資産の売却による所得税法第6b条に基づく非課税準備金の表示
② 所得税準則第6.6条4項に基づく取替取得における非課税準備金
③ 所得税法第7g条1項に基づく投資税額控除の行使
　この3つのケースのいずれも商法上の収益が税務上のそれよりも早い期間に計上される成果作用的一時差異、つまり期間差異に相当する点で共通する。
　ところが、成果作用的一時差異のなかには、税務上の特別償却に伴い、税務上の費用が商法上の費用よりも早期に計上される場合がある。これについて、

BStBKは次のように述べる。「課税がそれ以前に設定された非課税の準備金の取崩によって直接的に取り戻されず、将来に税務貸借対照表においてより低い損耗控除あるいは減価償却が計上されたり、あるいは場合によってはより過大な帳簿利益が示されることによる取り戻される税法上の規定はこれ（税金引当金—筆者注）には含まれない。そのなかに表示される価値費消あるいは得られた収益その時々でこれらの事象が将来年度の事象である。それは理屈のうえではそこから生じる過大な税金負担にも当てはまる。したがって、これは基準となる決算日にはまだ経済的に発生しておらず、この理由から引当金として計上できない」[24]。

このようにBStBKは成果作用的一時差異、つまり期間差異のうちで税金の猶予を目的としたものだけを不確定債務引当金として設定することを主張する。

このBStBKの批判に対して、早速IDWは反論した。「それに対して、繰り返し証明したように、HFAの見解では、たしかに税金の猶予について税務立法者は明確に目的としていなくとも、しかし事業支出ないし費用に関して税務貸借対照表および商事貸借対照表のなかで期間的な差異の把握によって事実上税金の猶予がもたらされるケースもまた原則的に貸方の経済的負担を把握しなければならない。例えば旧所得税法第7条2項に従い税務貸借対照表における償却性経済財の定率償却によってもまた商事貸借対照表の資産が（当初に）ほんのわずかしか償却されていないときには、税金の猶予が生じる。この税金の猶予の結果として生じる次期以降の過大な税負担は、われわれの見解では、その差異が発生した年度に経済的に発生原因があり、その理由から商法第249条1項1文に基づく引当金を設定しなければならない」[25]。

5　一時差異すべてに関して引当金の計上義務はないと解する見解

第5は、すでに指摘した3つの一時差異の種類を問わず、税効果を適用しない零細な資本会社及び人的会社や個人企業には不確定債務引当金を一切設定す

る義務がないという見解である。これを支持するのはルーデンバッハ（N. Lüdenbach）＆フライベルク（J. Freiberg）である。その根拠は次の通りである。

（1）旧商法と改正商法の立法プロセスの面

まず第1の根拠は旧商法及び改正商法に関する立法プロセスにあると彼らは考える。

旧商法及び GoB において通説は人的企業の税効果会計の適用に関しては単に選択権が付与されていたにすぎなかったと解する。その後、BilMoG の政府草案（Regierungsentwurf）の段階でもその変更を裏付けるものは明示されていない。それ故に、「人的会社の税効果会計の拡大は GoB の面から示唆されていない」[26]。「立法者はいかなる事実の前提のもとで商法第249条に基づく引当金計上に繰延税金が通じるかどうかについて述べていない。かかる引当金の事実の前提が満たされうることを単に排除しないだけである。たとえこの可能性から潜在的結論を導くとしても立法者は説得的ではない。かりに繰延税金が引当金につながるべきであるとすれば、その限りで文献及び IDW の適切な見解に従えば貸方繰延税金の額ではなくて、貸方超過繰延税金の額が問題であろう。要するに、それを通じて法理由書は一方でそれがたしかに引当金の負債化を不可能とは考えないものの、しかしかかる引当金の前提について何も述べておらず曖昧であり、他方でそのなかで借方繰延税金と貸方繰延税金の関係におけるこのような可能性の結果を否定することは矛盾する」[27]。

つまり、立法者が明確に貸方繰延税金の引当金計上について言及していない以上、推論から結論を導くのは危険であると批判する。また、引当金として計上するのであれば、単に貸方繰延税金の額ではなくて、むしろ貸方繰延税金が借方繰延税金を上回ること自体が問題とされねばならないと彼らは考える。この2つの理由から、貸方繰延税金を単純に引当金として計上できないと主張する。

さらに彼らは次のように述べる。「法委員会の理由書によれば、最終的な制

定のなかで繰延税金を商法第246条1項に関連づけることが、無限責任の人的会社を商法第274条の適用義務から明確に除く意図で除外された。これに対して、繰延税金を特別項目としての性格づけの変更は予定されなかった。それ故に、商法第274条の現行制度においては BilMoG 以前の法律事情と違って、引当金や負債等はもはや含まれない。したがって、繰延税金は固有の項目であり、資産（借方超過）でもなければ負債（貸方超過）でもない」[28]。

このように、旧商法及び GoB との関連から、また BilMoG の生成プロセスを通じた改正商法自体との関連からみても、貸方繰延税金を零細会社が不確定債務引当金として計上する強制的な義務はないと結論づける。

（2）不確定債務引当金計上の要件

一般に不確定債務引当金の要件は法的債務の発生かあるいは経済的発生原因 (wirtschaftliche Verursachung) のいずれかである。特に問題なのは両者の相違する時点の処理である。一般に債務の経済的発生原因がありえないときには、繰延税金の法的発生は除外されうる。「将来の事業年度の負担は法的にはその時々の徴収期間の経過ではじめて発生する（営業税法第18条、租税通則法第38条）。つまり、その時々の将来の暦年度の終了によってはじめて発生するのであり、商法第274条に基づき、それと結び付く負担（あるいは免除）のために将来の事業年度において繰延につながるであろう商事貸借対照表と税務貸借対照表との間の簿価の差額が発生する年度に早くも発生するのではない。ちなみに、同じ点が零細資本会社に対する意義をもち法人税についてもまた当てはまる。すなわち、租税負債は毎年徴収期間（事業年度）の終了により発生する。したがって、法的発生による繰延税金の負債化は論外である」[29]。このように、事業年度がまだ終了していない以上、まだ租税の法的債務は発生していない。

一方、債務の経済的発生原因があるかどうかが次の検討事項である。この具体的な内容は曖昧であり、多くの疑問点がある。つまり、経済的発生原因に基づく決算日の不確定債務引当金の計上に関しては、次のいずれかが考えられ

る。
　① 決算日において法的に負債がすでに完全に発生しているか、あるいは少なくともその一部分に発生し追加的にその発生原因が存在しなければならないか、あるいは
　② 経済的に義務がある意味で存在するが、しかし法的義務の発生は十分ではなく負債の法的発生は計上時点において重要ではない。

　まず前者の①では経済的な発生原因はあくまで補完機能と解されている。その結果、引当金の計上に対する前提は義務の法的存在である。このため、経済的発生原因の報告は十分条件にすぎない。この経済的発生原因に特別な意義があるのは、商法第246条１項１文が定める負債の完全性要請と商法上の会計原則のリニューアル化による相互作用の結果と解される。ここでいうリニューアル化とは、例えば原子力廃棄物処理の義務化に伴う以下の考え方を指す。
　１）実現原則が引当金の根拠である。
　２）対応原則により決算日までに発生した収益に基づいて引当金の負債化による支出が限定される。
　３）正味実現原則及び負担原則により決算日までにすでに実現した費用が負債側に債務性引当金として計上されねばならない。

　この１）から３）の内容は明らかに経済的発生原因に関する実現原則もしくは費用収益対応の原則の重視である。このような解釈に対してルーデンバッハ＆フライベルクは次のように批判する。「もちろん、経済的発生原因が引当金計上にとって独立した事実メルクマールで、法的発生は不必要かどうかは不明確のままである。事実メルクマールの一般論からは、期間差異コンセプトに基づいて生じる簿価差額が経済的に発生原因のある負債を条件づけることは説得力がない。たしかに、このような解釈は経済的発生原因が負債の法的な発生がなくとも、税負担項目は傾向的に他の事情が一定であるという条件によって制限されて税費用と事前的な税金の結果とを適切に対応させるということにつながるという理由から、対応原則に準じて理解されうるであろう。もちろん、かかる解釈により補完機能に割り当てられるべき原則は拡大解釈される。適切な

期間限定(対応原則)は、貸借対照表法の意味で負債が存在するかどうかという具体的な検証に代替されるであろう」[30]。

彼らは、経済的発生原因を中心とする適切な期間限定としての実現原則もしくは対応原則の拡大解釈が明らかに問題を含むと主張する。「商法第249条に対して下される判決によれば、法的な負債あるいは公法上の負債については以下のように適用される。すなわち、経済的な発生原因が与えられるのは、債務の発生がほんのわずかに経済上重要でない事実に依存しており、しかも 義務の法的発生に関連する事実は本質的にすでに現実化しているという場合だけである」[31]。

このような考え方から、彼らによれば不確定債務引当金の計上要件は法的な義務の存在及び経済的な発生原因の両者であると最終的に結論づける。したがって、簿価の一時差異から生じる貸方項目は、たぶん生じるであろう税負債の将来期間における価値形成に寄与する金額(wertbildender Beitrag)にすぎず、決算日時点ではまだ本来の負債とはいえないと解される。

この点に関して、租税債務の法的発生は将来期間の課税すべき成果の獲得に依存しており、その貸方繰延税金の取崩時点の決定のほかに、予測される税務上の全体状況の判断が必要となる。したがって、そこには不確定引当金の計上に対して不確定要素があり、その計上は決算時点ではまだ問題であるとジムラッヒャーは主張する[32]。

6 その他の見解

不確定債務引当金の計上要件について、これまで述べたのとは全く異なる見解がある。それは一時差異の種類との関連でその引当金の範囲を論じるのではなく、むしろ貸方繰延税金が将来のキャッシュ・アウトフローをもたらすか否かで判断すべきであるという考え方である。これを主張するのはミュラー(S. Müller)&クライプル(M. Kreipl)である。

BilMoGの制定前までは期間差異コンセプトを前提としていたので、永久差

異に準ずる差異はそもそも繰延税金の対象に含まれていなかった。BilMoG 制定後には期間差異コンセプトから一時差異コンセプトへの変更に伴い、通説によると永久差異に準ずる一時差異は将来の事業上の措置によってその差異が解消するので、やはり従来と同様に税効果の対象ではないと解される。

ところが、立法者は BilMoG による繰延税金を資産でもなければ負債でもなく計算限定項目とも捉えず、それを固有の特別項目と理解する。とすれば、彼らは一方で商法第274条に基づいてのみ貸方項目となるケースと、他方で商法第274条及び第249条１項１文の規定により引当金となるケースとが存在すると考える[33]。

前者が自社独自の開発費に関するケースである。ある会社がそれを計上選択権を行使して借方計上した場合と、それを費用化した別の会社との間には将来のキャッシュ・フローの流出につながる税金の支払義務は両会社ともない。それ故に、このケースでは債務性引当金を計上する根拠はない[34]。ところが、通説はその不確定債務引当金の計上を主張する。同様の問題が組織変更に伴う取引でも発生する。

これに対して、後者の典型は所得税法第６b条３項に関連する。事業用建物を売却したとき、一般にそれを売却益として課税所得に計上するが、その規定により準備金の計上による課税の繰延を図ることができる。ここでは税の猶予効果が発生する。将来的には税金の支払いによるキャッシュ・フローの減少が見込まれるので、引当金の計上が不可欠となる[35]。

別言すれば、商事貸借対照表と税務貸借対照表との間で異なる会計処理をしても結果的に税金によるキャッシュ・フローに影響しないときには、商法第249条１項１文の引当金を計上する必要はないと彼らは主張する[36]。かくして、将来に税金のキャッシュ・アウトフローをもたらすか否かで貸方繰延税金の不確定引当金の計上を決定すべきであるというのがその特徴である。

これらの見解を図示すれば**図表２-１**の通りである。

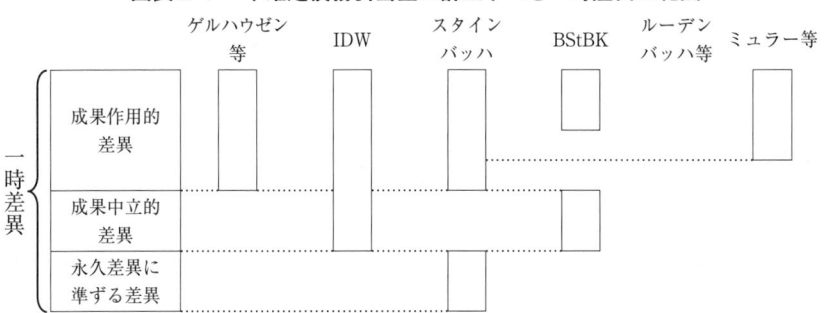

図表 2-1　不確定債務引当金に計上すべき一時差異の範囲

	ゲルハウゼン等	IDW	スタインバッハ	BStBK	ルーデンバッハ等	ミュラー等
成果作用的差異						
成果中立的差異						
永久差異に準ずる差異						

（一時差異）

第4節　不確定債務引当金の解釈

このように、貸方繰延税金を不確定債務引当金に計上すべきかどうかをめぐって多種多様な見解が存在する。そのいずれが妥当かを検討するには、どうしても不確定債務引当金の内容の吟味が不可欠である。実はこれには次の2つのアプローチが対立する。1つは連邦財政裁判所の判例で重視されている法形式的観察法（formalrechtliche Betrachtungsweise）による解釈と、他の1つは経済的観察法（wirtschaftliche Betrachtungsweise）による解釈である[37]。

1　法形式的観察法による不確定債務引当金

商法第249条1項1文は不確定債務引当金の計上を義務づけているが、その定義はない。この点に関して法形式的観察法を重視する見解はその要件として①法的債務と、②不確定性の2つを以下のように捉える。

（1）法的債務

まず①の法的債務については何よりも民法上の債務及び公法上の義務が含ま

れる。前者は民法第194条1項で定める給付義務を指す。後者は行政上の行為、法もしくは公法上の契約に伴う義務をいう。連法財政裁判所はこの公法上の義務に関して十分な具体性を要求する。次に、このような法的債務に関して第三者に対する債務の存在が不可欠である。

この法的債務のなかに、通説は事実上の義務（faktische Verpflichtung）も含める。これは堅実な商人が慣行的、道徳的あるいは経済的理由から給付を免れられないときに存在する。例えば時効となった債務、瑕疵のある取引からの義務あるいは訴訟回避の給付などである。

（2）不確定性

②に関しては以下の2点が関係する。1つはその債務の不確定性の根拠であり、他の1つは債務の金額の不確定性である。

債務がまだ発生していなかったり、あるいはその発生に関して疑いがあり債務の根拠が不確定であれば、少なくともその確実性（Wahrscheinlichkeit）が必要となる。つまり、確率による51％ルールは要せず、債務の存在もしくは発生にとって堅実な商人の判断に基づいてより重要な根拠があれば十分である[38]。

債務の根拠が不確定なときには、その負債化の要件として決算日以前に少なくともその経済的発生原因がなければならない。この点に関して連邦財政裁判所は義務について経済的に重要な事実メルクマールが見つけられるときには、この経済的発生原因があったとみなす。

法形式的観察法をベースとする見解は、この経済的発生原因に関してモクスター（A. Moxter）等が主張するような実現原則と将来支出の対応による解釈を否定する。むしろ、この経済的発生原因による負債化を商法第252条1項4号が定める不均等原則及び商法第246条が規定する完全な財産表示要求に求めるのがその特徴である[39]。

その結果、債務の金額が不確定であっても債務が発生しているときには、経済的発生原因にかかわらず負債を計上しなければならない。別言すれば、経済的発生原因による不確定債務の計上はあくまで法的債務の発生がまだ存在しな

いときに限られる。つまり、経済的発生原因による負債計上はもっぱら補充メルクマール（Ersatzmerkmal）としての役割を果たすにすぎない[40]。

また同様の立場は次の貸借対照表法のコンメンタールにおける見解にもみられる。「要するに、連邦財政裁判所による判例の特徴における義務の法的発生が支配的と解されうる。経済的発生原因は補完機能（Ergänzungsfunktion）にすぎない」[41]。このコンメンタールにおいては、不確定債務引当金に関する計上要件について連邦財政裁判所の判例をベースとして以下のように整理している[42]。

① 事実上の義務を除き、法的義務がないときには引当金の計上は考慮されない。
② 法的義務の存在は、債権者がその要求の履行に対して関与していないときには、引当金の計上を正当化しない。
③ 法的義務は決算日に必ずしも強制的に存在する必要はない。それが、当事者間の契約及び利害状況による法の構成に基づけば十分である。
④ 決算日に不確定で存在する義務は、それが商法第252条1項5号の期間化原則に基づいて、IFRSのフレームワーク22項における発生主義あるいはIFRSフレームワーク95項の対応原則に基づいて当該期間の収益と対応しているときだけ計上しうる。
⑤ 将来の生産活動に役立つ義務は計上できない。
⑥ 事実上の義務を除き、法的根拠がなく経済的に意味のある義務について計上義務を根拠づけることはできない。その限りで負債化しうる費用性引当金は問題とならない。

2　経済的観察法における不確定債務引当金

経済的観察法を重視する見解は貸借対照表を次のように捉える。「法的な意味の貸借対照表は GoB の尺度に基づく企業の経済的な財産状況の表現である。それはけっして民法上の請求権及び義務の対照ではなくて、将来的に

キャッシュ・フローの流入あるいは流出をもたらす（客観化された）経済的なプラスとマイナスの対照である」[43]。ここから貸借対照表に関する経済的視点を重視することがわかる。

（1）不確定債務引当金の計上要件

この経済的観察法によれば、不確定債務引当金の計上要件は以下の通りである。

第1は経済的財産負担である。言い換えれば、この立場では法的義務の存在が将来の支出を伴う負担と結び付かないときには、法的義務は必ずしもその要件とはならない。むしろ法的義務は支出に対する十分な確実性を伴って経済的財産負担を具体化しなければならない。その結果、法的義務が欠けていても決算日までに十分な給付義務が具体化されているときには、純然たる経済的な財産負担であれば不確定債務引当金として計上できる。「それ故に、法的義務の存在は、貸借対照表法上の債務を根拠づけるためには必要でもないし十分でもない」[44]。

第2の要件は外部義務である。つまり、外部としての第三者に対する給付義務である必要がある。このため、経営経済的な内部義務は不確定債務引当金としての負債計上からは除外される。この外部義務の要件を満たす不確定債務引当金は法的に根拠づけられるか、あるいは事実上の給付義務のいずれかでなければならない。前者の法的給付義務は債務法もしくは公法上から生じうる。一般に外部義務の存在は第三者の人物を特定できなくとも、請求権者の範囲がわかれば十分である。

第3の要件は計上に際して確定性のある客観性である。それについて51%ルールが原則である。但しこのルールにかかわらず、用心の原則に基づき義務の要求に十分な根拠があるときにはその負債の計上義務がある。

この3つが不確定債務引当金計上の要件である。

(2) 負債計上時点

　経済的観察法によれば、既述の通り法的義務の存在は必ずしも不確定債務引当金の計上を決定づけるものではない。むしろ「決算日までに不確定債務が経済的にだけその発生原因があるときには、法的な発生が完全でなくとも引当金の義務が存在する」[45]。その結果、不確定債務の負債計上を遅くともその法的な完全発生だけとする連邦財政裁判所の考え方は、明らかに経済的観察法に反する。その理由は、法的に発生した債務をその経済的発生原因の時点にかかわらず貸借対照表に示すことは、その負債化が経済的な見地において将来期間に属し、この意味で決算日に何ら経済的負担がなくとも法的義務の負債化を容認することにつながるからである。

　このように、経済的観察法ではもっぱら経済的発生原因のみが不確定債務引当金の計上時点を一義的に規制する。ここではこの経済的発生原因の具体化として重視するのが実現原則である。つまり、決算時点において将来支出が当期以前の収益と対応するのか、それとも将来の収益に対応するのかが負債計上時点を決定する[46]。

3　その他の見解

　法形式的観察法と経済的観察法のほかに、両者との関連でそれ以外の見解もある。

　第1は経済的観察法をメインとするが、しかし法形式的観察法もサブとしての役割を果たす見解である。つまり、法的義務についても一定の条件で重視する。これが具体的に示されるのが法的義務の発生と経済的発生原因との時点が異なる場合である。まず経済的発生原因が法的義務よりも前に生じているときには、経済的発生原因に基づいて不確定債務引当金を計上する。その意味では経済的観察法をベースとする。そこでは既述の実現原則に基づいて将来支出が負債化される。というのは、現在の財産はこの将来支出を負担するからであ

る。次に法的義務の存在時点が経済的発生原因の時点よりも前に生じているときには、事情は全く異なる。このケースでは実現原則に代えて債務の完全な表示要請に基づく用心の原則から法的義務の存在時点で負債計上する。その意味で、法的義務の存在は実現原則を補完する役割を果たす[47]。

第2は、不確定債務引当金の計上時点に際して経済的発生原因あるいは法的義務の存在のいずれか早い時点で決定するという見解である。いわば経済的観察法と法形式的観察法の折衷的立場である[48]。この見解の根拠は次の通りである。「その根拠は、このケースにおいて第三者の請求権が発生しており給付義務が商人の財産負担となるか、あるいはなるほどまだ発生原因があるにすぎないが、しかし費用の期間化が負債計上を正当化するかのいずれかにある。実現原則からアングロサクソンのいわゆる"対応原則"を補完的に関連づけて、たとえそれが法的に発生しており確実に履行されねばならないとしても、補足的に経済的発生原因が存在しなければならない(いわゆる実現原則で負債計上を限定する効果)というすべての負債計上が原則として導出されうるという最近の文献で見出されるはずの見解は、現行貸借対照表法システムとは結合しえない。この視点は実現原則の基本思考を凌駕し商人が極端な方法で"過大計算"の禁止を妨げようとする用心の原則を無視する」[49]。

第3は、すでに触れたルーデンベルク&フライベルクが主張するように、不確定債務引当金の計上に際して法的義務の存在と経済的発生原因の両者が不可欠であるという見解である。これを税務当局は支持する[50]。この立場ではその計上に際して両者の要件を満たす必要があるので、不確定債務引当金の計上時点が最も遅くなる。

第5節　諸説の検討

1　法文規定の検討

　以上の諸説に関する考察を踏まえた上でその内容について吟味する。まず、第1の論点は貸方繰延税金の性質である。
　この点に関して法文上の規定面から検討する。旧商法では資本会社に対して貸方繰延税金を不確定債務引当金に計上することを義務づけたが、人的会社にはその適用はなかった。通説では、人的会社の税効果会計の適用は任意とされた。これに対して、改正商法は零細な資本会社及び人的会社には例外的に税効果会計の免除規定を設けている。たしかに立法者は当該引当金計上の可能性を必ずしも明確には排除してはいないものの、その可能性があると解する見方は説得力がない[51]。
　その理由はこうである。1つは旧商法規定にあった貸方繰延税金を商法第249条1項1文の不確定債務引当金に計上しなければならないという文言を改正商法は削除する点である。もう1つは、改正商法において貸方繰延税金を貸借対照表表示の上で負債から明確に区別し、特別項目として貸方の部の末尾に示す点である。かりに貸方繰延税金を不確定債務引当金に計上する必要があれば、旧商法の規定を削除するのは適用ではなく、また貸借対照表表示上もその負債の部への言及が不可欠とされるからである。
　このように、法文規定上の面からは貸方繰延税金を不確定債務引当金に計上する根拠は乏しいといえよう。

2　不確定債務引当金の計上要件

　次の論点は不確定債務引当金の計上要件である。これには実に多種多様な見解が存在する。その違いが鮮明になるのは法的義務の存在の時点と経済的発生原因の時点とが相違する場合である。この点に関していくつかの類型化を試みることにする。
　第1は、法的義務の存在だけを重視し、経済的発生原因を全く無視するタイプである。これは理論的に考えうるタイプではあるが、これを支持する論者は現時点では皆無であるといってよい。
　第2は、法的義務の存在をメインとするが、しかしそれを補完するものとして経済的発生原因をサブと捉えるタイプである。このタイプについては既述のその他の見解のなかで触れてある。法形式的観察法をベースとする見解がこれを主張する。
　第3は、第2と逆に経済的発生原因をメインするが、それを補完するものとして法的義務の存在をサブと捉えるタイプである。
　第4は、法的義務の存在または経済的発生原因のいずれか早い時点を計上要件と捉えるタイプである。
　第5は、もっぱら経済的発生原因のみを計上要件とみなし、法的義務の存在を無視するタイプである。これが経済的観察法をベースとする見解の大半である。
　第6は、法的義務の存在と経済的発生原因の両者を計上要件と捉えるタイプである。これに従うと、不確定債務引当金の計上時期が最も遅くなる。税務当局がこの立場に立つ。
　これらのタイプを図示すると**図表2-2**の通りである。
　このうちで②・③・④は説明の根拠は異なるものの、最終的には同一結果となる。ただ、どちらの要件をメインとし、残りをサブとしての補完機能とみるかによって②と③は丁度逆の関係となる。③はその折衷的見方といってよい。

図表 2-2　不確定債務引当金計上要件に関する種々のタイプ

	決算日		決算日	
	（決算日前）法的義務	（決算日後）経済的発生原因	（決算日前）経済的発生原因	（決算日後）法的義務
① （法的義務のみ）	○			○
② （法的義務がメイン）	○		△（補完）	
③ （経済的発生原因がメイン）	△（補完）		○	
④ （いずれか早い時点）	○		○	
⑤ （経済的発生原因のみ）		○	○	
⑥ （2つの要件）		○		○

　いうまでもなく②のタイプと⑤のタイプとが鋭く対立している。どちらが妥当かどうかは現時点では直ちに即断できない。ただ、次の点はそれを考えるうえで重要な1つの事柄となりうると解される。それは、商事貸借対照表全体を純粋に経済的資産及び経済的負債を対照したものと解しうるかどうかである。商事貸借対照表の重要な役割は債権者保護の見地に基づく分配可能利益の算定及び分配規制の面と情報提供の面の2つである。

　後者に関しては経済的資産と経済的負債の対照表示による貸借対照表作成で特に問題はない。しかし、前者に関して経済的資産及び経済的負債の対照表示だけで果たして十分となるかどうかは検討を要する問題である。たしかにゴーイング・コンサーンを前提とするときには、経済的側面から見た債務弁済能力もそれなりの意味をもつ。しかし、債務弁済能力のなかには法的側面も否めない。さらに決算貸借対照表において債務超過の判定問題を考えるときには、少なくとも法的債務の確定がまず不可欠となるはずである。とすれば、経済的資産と経済的負債だけでは必ずしも十分であると言い難いように思われる。

　わが国では旧商法第287条の2項との関係で債務たる引当金と債務でない引当金との区別がかつて大いに議論された経緯がある。しかし、現行の会社法規定ではそのような規定は削除されてしまい、その点の論議は全く陰を潜めてしまった。現行会社法が依然として債権者保護の見地を堅持する以上、貸借対照

表に計上される負債についても継続企業を前提として投資家保護を目的とする金融商品取引法会計と全く同様に経済的負債だけをオンバランスすればよいのか、それともそれとは一線を画して法的債務とそれ以外の負債との区別が必要なのかどうか[52]についてドイツと同様にもう一度あらためて検討すべきであろう。その区別は実は債務超過の判定問題ともリンクするからである。

この点の更なる検討は今後の大きな課題である。

第6節　結

以上の論旨を整理すれば次の通りである。

第1に、ドイツ改正商法はBilMoGの制定により費用収益計算中心の期間差異コンセプトから貸借対照表における財産状態中心の一時差異コンセプトに変更する。

第2に、この一時差異には損益計算書において差異が解消する成果作用的差異、損益計算書には差異が解消しない成果中立的差異及び事業上の措置または会社の清算時に差異がはじめて解消する永久差異に準ずる差異の3つの種類がある。これらの借方繰延税金も貸方繰延税金も同じく貸借対照表上は特別項目として表示する。

第3に、大中資本会社と、公開法に該当する人的会社及び無限責任形態をとらない人的会社はこの税効果会計を適用する義務がある。しかし、小資本会社及び上記以外の零細な人的会社に対してはこの税効果会計の適用が免除される。

第4に、このような免除規定のある会社においては商法第249条1項1文の規定に基づいて、不確定債務性引当金の計上が義務づけられる関係で、その性質をもつ一時差異としての貸方繰延税金の範囲をめぐってさまざまな見解が鋭く対立している。

第5に、その見解には以下の6つがある。1つめは旧商法における繰延法を

前提として成果作用的一時差異を引当金として計上すべきとするゲルハウゼン&ケンプファー及びジーゲルの見解がある。2つめは成果作用的一時差異及び成果中立的一時差異を引当金として計上すべきとするIDWによるHFA及びフュールマンの見解である。3つめは成果作用的一時差異及び永久差異に準ずる一時差異を引当金として計上すべきとするスタインバッハの見解である。4つめは成果作用的一時差異のうちで税金猶予を明確に目的とする部分と成果中立的一時差異を引当金として計上すべきとするBStBKの見解である。5つめは旧商法及びGoBとの関係や不確定債務引当金の計上要件からみて一時差異のすべてについて引当金を計上する必要がないとするルーデンバッハ&フライベルクの見解である。6つめは、将来に税金のキャッシュ・アウトフローをもたらすものだけを引当金に計上すべきとするミュラー&クライプルの見解である。

　第6に、貸方繰延税金との関係で不確定債務引当金の計上範囲をめぐってこのような多種多様な見解が存在するのは、主として商法第249条1項1文における不確定債務引当金の解釈に大きな原因がある。言い換えれば、この引当金に関する計上要件に対して実は2つの異なるアプローチがある。それに関して主として経済的負担を重視する経済的観察法と、連邦財政裁判所による判例に基づいて法的義務を重視する法形式的観察法との大きな対立がある。

　第7に、商法第249条1項1文に関する不確定債務引当金の解釈には以下の見解がある。1つめは法形式的観察法を中心にして法的義務の存在を一義的としながらも経済的発生原因を補完機能として二義的に捉える見解である。2つめは経済的発生原因をメインとしつつ、法的義務の存在をサブとみなす見解である。3つめは経済的観察法だけに着目して経済的発生原因をもっぱら重視し法的義務の存在を計上要件から除く見解である。4つめは法形式的観察法と経済的観察法を融合し、2つの要件を必要十分と解する見解である。5つめは法形式的観察法と経済的観察法を折衷し法的義務の存在と経済的発生原因のいずれか早い時点をその計上時点とする見解である。

　第8に、第7で指摘した商法第249条1項1文の不確定債務引当金について

第1編　会計処理

どの解釈を前提とするかによって実は貸方繰延税金の引当金計上に対する有無が当然異なる結果をもたらす。

注

（1）　この詳細は拙著,『ドイツ会計制度論』森山書店, 平成24年, 第1章「貸借対照表法現代化法の特質」3-36ページ参照。
（2）　N. Herzig & S. Fuhrmann 編, Handbuch latente Steuern im Einzelabschluss, Düsseldorf, 2012年, 51ページ。
（3）　N. Herzig & S. Fuhrmann 編, 前掲書注（2）, 53ページ。
（4）（5）　N. Herzig & S. Fuhrmann 編, 前掲書注（2）, 39-40ページ。
（6）　H. F. Gelhausen & G. Kämpfer 編, Rechnungslegung und Prüfung nach dem Bilanzrechtsmodernisierungsgesetz, Düsseldorf, 2009年, 313ページ。
（7）　D. Siegel, Die Bilanzierung latenter Steuern im handelsrechtlichen Jahresabschluss nach §274 HGB, Köln, 2011年, 79-80ページ。
（8）　D. Siegel, 前掲書注（7）, 81ページ。
（9）　D. Siegel, 前掲書注（7）, 82ページ。
（10）　W. Melcher & M. Wesemann, Latente Steuern nach BilMoG-Grundlagen- und Zweifelfragen（Teil 2）, in: Die Wirtschaftsprüfung, 第62巻第21号, 2009年11月, 1061ページ。
（11）　IDW RS HFA 7, 2012年6月, 26項。
（12）　N. Herzig & S. Fuhrmann 編, 前掲書注（2）, 35ページ。
（13）　N. Herzig & S. Fuhrmann 編, 前掲書注（2）, 36ページ。
（14）　N. Herzig & S. Fuhrmann 編, 前掲書注（2）, 34ページ。
（15）　N. Herzig & S. Fuhrmann 編, 前掲書注（2）, 36ページ。
（16）　N. Herzig & S. Fuhrmann 編, 前掲書注（2）, 35ページ。
（17）　N. Herzig & S. Fuhrmann 編, 前掲書注（2）, 39ページ。レイ（M. Ley）もこのフュールマンの考え方と同様に永久差異に準ずる一時差異については債務性引当金の計上を否定する（M. Ley, Latente Steuern im Einzelabschluss nach dem Bilanzrechtsmodernisierungsgesetz, Berlin, 2013年, 219-221ページ）。
（18）　T. Steinbach, Latente Steuern im Einzel- und Konzernabschluss nach HGB, Köln, 2012年, 76ページ。

(19)　T. Steinbach, 前掲書注 (18), 81ページ。
(20)　T. Steinbach, 前掲書注 (18), 82ページ。
(21)　T. Steinbach, 前掲書注 (18), 86ページ。
(22)　T. Steinbach, 前掲書注 (18), 87-88ページ。
(23)　Bundessteuerberaterkammer (BStBK), Verlautbarung der Bundessteuerberaterkammer zum Ausweis passiver Steuern als Rückstellungen in der Handelsbilanz, 2012年10月12日, 5項。
(24)　BStBK, 前掲資料, 注 (23), 7項。
(25)　Institut der Wirtschaftsprüfer (IDW), Position des IDW zur Verlautbarung der Bundessteuerberaterkammer zum Ausweis passiver latenter Steuern als Rückstellungen in der Handelsbilanz, 2012年10月15日, 1ページ。
(26)(27)　N. Lüdenbach & J. Freiberg, Steuerlatenzrechnung auch für Personengesellschaften ?, - Diskussion des IDW ERS HFA 7 n.F., in: Betriebs-Berater, 第66巻第25号, 2011年6月, 1581ページ。
(28)〜(30)　N. Lüdenbach & J. Freiberg, 前掲論文注 (26), 1582ページ。
(31)　N. Lüdenbach & J. Freiberg, 前掲論文注 (26), 1583ページ。同様の内容は, W. D. Hoffmann & N. Lüdenbach編, NWB Kommentar Bilanzierung, 第4版, Herne, 2013年, 1229-1233ページを参照。
(32)　A. Simlacher, Bilanzierung von latenten Steuern im handelsrechtlichen Jahresabschluss unter besonderer Berücksichtigung der Verschmeltzung von Kapitalgesellschaften, Hamburg, 2013年, 108-109ページ。
(33)(34)　S. Müller & M. Kreipl, Passive latente Steuern und kleine Kapitalgesellschaften, in: Der Betrieb, 第64巻第31号, 2011年8月, 1703ページ。
(35)　S. Müller & M. Kreipl, 前掲論文注 (33), 1704ページ。
(36)　ミュラー&クライプルによれば, 小資本会社に対して商法第274a条により税効果会計の免除規定を設けたのは, あくまで経済性原則によると解される。つまり, 零細会社においては税効果会計の適用はコスト・ベネフィットの面から過重負担となり, 大きな誤謬を引き起こす可能性があるからであると捉える (S. Müller・M. Kreipl, 前掲論文注 (33), 1705ページ)。
(37)　Adler・Düring・Schmaltz, Rechnungslegung und Prüfung der Unternehmen, 第6巻, 第6版, Stuttgart, 1998年, 414-415ページ。この点に関してカニツ (F. G. von Kanitz) は, 経済的発生原因に対して商法サイドでは経済的な将来の税負担が焦点とな

るけれども，税法サイドでは納税義務のある税負債としての具体的な課税実情が焦点となると理解する（F. G. von Kanitz, Die Bedeutung der Rückstellungspflicht nach § 249 Abs.1 Satz 1 HGB für den Ausweis passiver latenter Steuern-eine Bestandsaufnahme, in: Die Wirtschaftsprüfung, 第64巻第19号，2011年10月，901-902ページ）。

(38) D. Schubert, Der Ansatz von gewissen und ungewissen Verbindlichkeiten in der HGB-Bilanz, Düsseldorf, 2007年，37-38ページ。

(39) D. Schubert, 前掲書注（38），39ページ。

(40) D. Schubert, 前掲書注（38），42ページ。これと同じ立場は次の通りである。J. Pilhofer, Rüstellungen im internationalen Vergleich, Wiesbaden, 1997年，75-76ページ。B. Kropff・J. Semler 編，Münchener Kommentar zum Akteingesetz, 第2版, München, 565ページ。D. Schubert, 前掲書注（38），242-246ページ。

(41) W. D. Hoffmann・N. Lüdenbach 編，前掲書注（31），333ページ。

(42) W. D. Hoffmann・N. Lüdenbach 編，前掲書注（31），340-341ページ。

(43)(44) J. Baetge・H. J. Kirsch・S. Thiele 編，Bilanzrecht, 第1巻，第1版, Bonn, 2002年，§249 HGB, 22ページ。M. Pisoke, Ungewisse Verbindlichkeiten in der internatinalen Rechnungslegung, Wiebaden, 2004年，48-49ページ。K. Schmidt・W. F. Ebke 編，Münchener Kommentar zum Handelsgesetzbuch, 第2版, München, 2008年，130-131ページ。J. Baetge・H. J. Kirsch・S. Thiele, Bilanzen, 第12版, Düsseldorf, 2012年，422-423ページ。L. Schmidt, Einkommensteuergesetz, 第31版, München, 2012年，444-445ページ。

(45) J. Baetge・H. J. Kirsch・S. Thiele 編，前掲書注（43），34ページ。

(46) J. Baetge・H. J. Kirsch・S. Thiele 編，前掲書注（43），36ページ。

(47) Adler・Düring・Schmaltz, 前掲書注（37），421ページ。

(48) K. Küting・C. P. Weber, Handbuch der Rechnungslegung, Einzelabschluss, 第1巻，第5版, Stuttgart, 2005年，19ページ。R. Winnefeld, Bilanz-Handbuch, 第4版, München, 2006年，587・592ページ。K. Bertram・R. Brinkmann・H. Kessler・Müller 編，Haufe HGB Bilanz Kommentar, 第1版, Freiburg etc. 2009年，360ページ。H. Ellrott etc. 編，Beck'scher Bilanz-Kommentar, 第8版, München, 2012年，258ページ。Petersen・Künkele・Zwirmer, Rückstellungen in der Bilanzierungspraxis, Köln, 2011年，25ページ。

(49) P. Kirchhof 編，Einkommensteuergesetz, 第11版, Köln, 2012年，382ページ。

(50) K. Küting・C. P. Weber, 前掲書注（48），20ページ。R. Winnefeld, 前掲書注（48），

592ページ。
(51) W. D. Hoffmann・N. Lüdenbach 編,前掲書注（31），1230ページ。
(52) 江頭教授は旧商法と同様に退職給付引当金等は法律上の債務だから,引当金ではないと主張する（江頭憲治郎『株式会社法』第3版,有斐閣,平成21年,597ページ）。

第3章　引当金会計

第1節　序

　会計上これまで論議の対象となってきた項目として引当金がある。これはわが国でも盛んに議論されてきた。とりわけ昭和37年に制定された商法第287条の2における引当金規定をめぐって広義説及び狭義説などのさまざまな見解の対立がこれである。昭和56年の改正商法においてその規定が整備され、いわゆる利益留保性のみを計上しうる余地は排除された。平成17年の会社法及び平成18年の会社計算規則においては引当金の概念規定は完全に消滅した。現在、わが国で引当金設定の有力な拠り所となるのは昭和57年に改正された企業会計原則の注解18のみである。その結果、引当金に関する議論は影を潜めてしまった感が強い。

　一方、ドイツでは従来から引当金をめぐる種々の見解が展開されてきており、いまだにその決着がついたとはいえない状況にある。とりわけ最近では前章で触れたようにドイツ商法の改正により税効果会計の適用に際して繰延法から資産負債法に変更となった。その結果、それに伴って生じる貸方一時差異が果たして不確定債務性引当金に該当するか否かが大きな問題となっている。

　本章では、ドイツ会計制度における引当金を取り上げてわが国及びIFRSと比較検討することにしたい。

第2節　引当金の概要

1　商法における引当金規定の沿革

まず引当金規定の沿革について概観する。

（1）1985年商法制定までの経緯

1931年株式法改正（Aktienrechtnovelle）が制定されるまでドイツ商法において引当金に関する規定はなかった。1931年株式法草案のなかで貸借対照表シェーマ規定では示されていないが、しかし引当金は債務に特別に表示されねばならないという規定がはじめて文言上含まれた（1930年株式法改正草案第113条3項3文）。1931年株式法改正第261条は分類シェーマのなかにはじめて引当金を含めた[1]。

1937年株式法は1931年株式法改正を次の2点において変更した。1つは、"不確定債務性引当金"という名称への変更である。これに伴い、引当金の負債たる性格が強調され、引当金が利益測定に、準備金（Rücklage）が利益処分にそれぞれ関係することが明確化した。他の1つは、引当金の設定に関してももはや商人の任意的な判断に委ねるのではなくて、義務を伴う判断として実施しなければならないことになった（1937年株式法第131条2項）。

1965年株式法は不確定債務引当金及び未決取引に伴う偶発損失引当金（Rückstellung für drohende Verluste aus schwebenden Geschäfte）を計上しうるという規定に加えて、引当金の種類を明文化した（1965年株式法第152条7項）。それによると、以下の種類が例示される。

① 不作為の修繕引当金あるいは廃石除去引当金
② 法的義務のない製品保証引当金

但し①及び②以外の引当金の計上は禁止される。その結果、会計実務で計上されていた法的債務性のない費用性引当金（Aufwandsrückstellung）は例外的なケースのみに限定されることになった。その意味で、1965年株式法は引当金の範囲を制約する方向を示した。通説ではこの考え方が1985年貸借対照表法指令法の制定まで GoB と解されていた[2]。

さらに1965年株式法第156条4項は合理的な商人の判断に従って必要な金額で引当金を計上しなければならないという評価規定をはじめて設けた。

1978年 EC 会社法第4号指令第20条1項は不確定債務引当金と偶発損失引当金を規定した。但しそれについて計上選択権を加盟国に付与し、計上は強制的ではなかった。

（2） 1985年商法における引当金規定

上記の EC 会社法第4号指令を変換し1985年商法が成立した。その第249条は引当金について以下のように規定した。

第249条1項：引当金は不確定債務及び未決取引に伴う偶発損失に対して設定されねばならない。さらに以下の項目について引当金を設定しなければならない。
　1　当期中に実施できず翌期の3ヶ月以内に取り戻される修繕あるいは翌期中に取り戻される廃石除去
　2　法的義務のない製品保証
引当金は、修繕が前文1号の期限を経過し当期中に取り戻される不作為の修繕に対して設定しうる。

同条2項：さらに引当金はその性質上当期もしくは過年度に対応すべき支出として正確に画定し決算日にその可能性が高くあるいは確実であるが、しかしその金額もしくはその発生時点が不確定な項目に対して設定しうる。

同条3項：第1項及び第2項に示される目的以外の引当金については設定できない。引当金はその理由が消滅したときに限り取り崩すことができる。

この規定の特徴は以下の通りである。第1に、従来と同様に不確定債務引当

金及び未決取引に伴う偶発損失引当金の設定が義務づけられる。第2に、翌期の3ヶ月以内に予定される修繕及び翌期中に予定される廃石除去の計上も義務づけられる。第3に、修繕の予定が翌期の3ヶ月を超えるときには計上選択権が付与される。第4に、修繕及び廃石除去以外に費用性引当金一般の計上選択権も付与される。

いうまでもなく、貸借対照表の見方に関しては静態論と動態論とが鋭く対立する。前者は貸借対照表の状態表示機能を重視する見方である。したがって、そこでは期末時点における第三者に対する外部義務の存在にウェイトが置かれる。ここでは引当金に関する負債としての性質が重要となる。これに対して後者は貸借対照表の利益計算的側面を重視する見方である。ここでは成果測定における比較可能性の見地からいわゆる費用収益対応の原則に基づいて引当金が決定される[3]。つまり当期の収益と将来支出との間における密接な対応関係が決め手となり、第三者に対する義務の存在は必ずしも要件ではない。その結果、引当金は費用性引当金として捉えられる。その意味で、動態論のほうが静態論よりも引当金の範囲が広い。1985年商法第249条の規定内容からみると、静態論に基づく引当金をベースとしながらも、動態論に基づく引当金も加味するが、ただ後者に関しては一定の条件を課しその計上に制限を加えていると判断できる。

引当金の評価規定は以下の通りであった。

> 第253条1項2文：債務はその返済額で評価されねばならず、反対給付が規定されえない退職給付義務はその現在割引価値で、引当金は合理的な商人の判断に基づいて必要な金額で評価しなければならない。引当金は、その基礎となる債務に利息要素が含まれているときには、利息だけ控除して評価できる。

この規定から引当金は合理的な商人の判断に基づいて評価するのが原則であり、そのなかに利息部分があればこれを控除して評価することもできる。

第 3 章 引当金会計

2 改正商法における引当金規定

2009年における BilMoG の制定により改正商法が成立した。この引当金規定は以下の通りである。

改正商法第249条：引当金は不確定債務及び未決取引に伴う偶発損失に対して設定されねばならない。さらに以下の項目について引当金を設定しなければならない。

1 当期中に実施できず翌期の 3 ヶ月以内に取り戻される修繕あるいは翌期中に取り戻される廃石除去
2 法的義務のない製品保証

同条 2 項： 1 項で挙げた目的以外の項目について引当金を設定してはならない。引当金はその理由が消滅したときに限り取り崩すことができる。

この改正規定の特徴は以下の通りである。第 1 に、第 1 項自体は旧規定と全く同じ内容であり、変わりがない。第 2 に、翌期 3 ヶ月を超える修繕の予定があるときには旧法において計上選択権があったが、改正商法はそれを廃止する。第 3 に、旧法第 3 項の規定も廃止となり、いわゆる費用性引当金一般の計上はできない。その理由は、その計上が財産状態及び収益状況の判断を歪めるからである。その廃止を通じて IFRS との接近が図られる。ただ、この改正に対して経済的観察法を重視する立場からは、やはり一定の費用性引当金の計上を認めるべきであるという反対論がある[4]。

なお、一定期限内の修繕引当金及び廃石除去引当金の計上義務ですらドイツ商法における伝統を成す GoB の負債概念に反するという見解もある[5]。

改正商法は引当金の新たな評価規定を次のように定める。

改正商法第253条 1 項 3 文：退職給付義務の金額がもっぱら第266条 2 項 A Ⅲ 5 の意味における有価証券の付すべき時価に基づいて決定されるときには、この引当金はその有価証券が最低保証額を上回るときには有価証券の付すべき時価で評価しなければならない。

同条2項：支払期日が1年を超える引当金はその残余期間に応じて過去7年の平均的な市場利子率で割り引かねばならない。1文と異なり、退職給付義務あるいはそれに準ずる長期支払義務に対する引当金は15年の残余期間の場合に生じる平均的な市場利子率で割り引くことができる。…〈以下略〉…

この2つの規定のうち前者からは退職給付引当金に関して新たに年金資産の時価評価を加味した評価方法が導入された。後者からは従来の合理的な商人の判断に基づく引当金の評価に代えて、1年を上回る残余期間のある引当金については過去7年間の平均的な市場利子率で割り引いた金額で評価する。但し、簡便法として15年間の残余期間を仮定した平均市場利子率で退職給付債務及びそれに準ずる債務を評価できる。

なお、退職給付引当金の設定に際しては新たに価格及びコストの上昇も加味した履行額で評価する[6]。

3　商法における引当金の種類

すでに触れたようにドイツ商法上の引当金には不確定債務引当金、未決取引による偶発損失引当金及び費用性引当金の3種類がある。

(1) 不確定債務引当金

不確定債務引当金の計上要件は一般に次の5つである[7]。
① 第三者に対する義務（外部義務）の発生または存在の可能性が高くあるいは確実である。
② 法的な発生原因または経済的な発生原因がある。
③ その事実上の要求の可能性がある。
④ 将来の支出が取得原価あるいは製造原価として資産化義務がない。
⑤ 負債計上に対する禁止に該当しない。

① 外部義務

まず①の要件についてである。この外部義務の対照は内部義務である。これは商人が自分自身に対して課した義務を指し、第三者としての義務からは明確に区別される。この外部義務として金銭その他の資産の引き渡しのほかにサービスの提供も含まれる。

この外部義務には法的義務と事実上の義務（faktische Verpflichtung）とがある。前者には公法上の義務（öffentliche Verpflichtung）と民法上の義務とがある。公法上の義務は法律、特別な行政行為あるいは罰則上の命令による判決などである。民法上の義務は例えば製造責任者引当金のように債権者が必ずしも知られている必要はなく、訴訟の対象となりうる必要もない。解除条件を含む契約についてもまたその解除条件に対する条件発生の可能性が高いときには、売り手は引当金を設定しなければならない[8]。民法上の義務については BFH は次の2つを区別する[9]。

1）すでに法的には根拠を有する義務ではあるが、その金額に関してだけ不確定な義務
2）その根拠だけでなくその金額もまた不確定な義務

事実上の義務は訴訟の対象となりえない給付義務であり、商人が実際上あるいは経済的理由から回避できない給付義務を指す。その場合、堅実な商人が負債として認識し、法的義務がなくとも企業が回避できないと考える慣習上の理由から履行する義務でなければならない[10]。例えば商人が顧客からの期待を強く感じて実施する好意的サービス（Kulanzleistung）や賠償保障がそれである。ただ、商人が好意的サービスに対する顧客からの期待をどの程度強く認識しなけれはならないかの画定はきわめて困難である。

不確定債務に関しては十分に具体化の要件を満たしていなければならない。とりわけ債務がその根拠において確実ではないが、その発生あるいは存在についての可能性は不可欠である。債務の発生あるいは存在に関して真剣に検討する必要がある。

BFH の判例に従うと、公法上の義務が直接的に法律によって十分に具体化

するのは、①法が内容上正確に行為を定めており、②一定期間内での行為を要求し、③罰則が定められている場合である[11]。例えば大気汚染、騒音、震動等による環境への悪影響を未然に防止する法規定に則した固定設備の改造義務がこれに該当する。この環境保全義務については後述する。

② 法的ないし経済的発生原因の時点

不確定債務引当金の計上時点は一般に決算日においてそれが法的に効力を有したり、あるいは経済的な発生原因があり、それによって経済的負担を示す時点である。法的な効力のある時点と経済的な発生原因との時点が一致するときには特に問題はない。両者が相違する場合の取り扱いが問題となる。別言すれば、どちらの時点が計上に際して決定的となるかである。その点に関してBFHは法的な債務発生時点を重視する[12]。その根拠としてBFHは決算日に存在するリスクを完全に把握する完全性の命令（Vollständigkeitsgebot）（商法第246条1項）と、不均等原則（商法第252条1項4号）並びに相殺禁止（商法第246条2項）を指摘する[13]。

特に不確定債務引当金に関して大きな論議となるのは債務発生の判断に際して経済的発生時点にだけ関係するのか、それとも法的発生にもまた関係するのかという点である。経済的発生時点が法的発生時点よりも遅れるときも問題となる。これについて2つの見解が鋭く対立する。これについては詳述する。ここではBFHの判例を中心とする通説的見解を示す。

判例による通説では、貸借対照表の中心的役割はいうまでもなく債権者保護である。したがって、ここでは資本維持原則（Grundsatz der Kapitalerhaltung）が一義的に重要である。つまり、将来収益の見込みを考慮せずにあらゆる存在する義務の表示が不可欠である。すでに触れた資産負債の完全性命令がこれである。「会計監査が義務づけられている企業においては、会計監査人からは法的に発生している義務が明確に存在する場合、商法第246条1項3文の完全性命令に言及して引当金設定が常に要求される」[14]。

これと類似するのが以下の見解である。不確定債務引当金の計上に関してそ

の根拠が不確定なケースでは、債務の発生ないし存在についてある程度の可能性が少なくとも必要である。一部にこれは51％ルールを意味すると解する見解である。しかし、その計数化はきわめて困難であり、実施することができない。むしろその可能性についてマイナスの根拠の可能性よりもプラスの根拠の可能性のほうが高ければよい[15]。

　一方、金額が不確定なケースにおいては義務に関する確かな計数化が必要となる。この点について経済的な発生原因をメルクマールとすべきとする見解も存在するが、BFH及び通説はそれを否定する。それに代えてすでに法的債務が発生しているが、金額が不確定な場合にはその経済的発生原因にかかわらず適正な財産状態の表示及び完全性の命令からすべての発生している債務の表示を要求する。さらに非常に曖昧なメルクマールによって被る法の安定性の意味において経済的発生原因は法的発生がまだ存在していないときにだけ、その"補完メルクマール"としての意義をもつにすぎない。これに対して、すでに法的債務が存在すれば、経済的発生原因は"マイナス面"として捉えられ、もはや検討されえない」[16]。

　このような考え方が主としてBFHを中心とした法形式的観察法による見解であり、いわば通説である。これに対立する見解の内容は後述する。

③　要求の可能性

　不確定債務の発生あるいは存在の可能性については、債務に対する要求の可能性がなければならない。その場合、債務の発生あるいは存在の可能性と、要求の可能性との間の区別は重要ではない。その区別は次の2つのリスクを認識させる。1つは、義務が法的な損害賠償義務に伴うリスクである。他の1つは、債権者が債務者に対して要求するかどうかのリスクである。

　不確定債務引当金の設定に際して商人は当該義務からの2つのリスクを慎重に吟味しなければならない[17]。

（2）偶発損失引当金

　偶発損失引当金を設定するには未決取引がその前提条件である。ここで未決取引とは、引渡あるいはサービスに対して義務を負う契約当事者がまだ完全に履行していない状態をいう。この給付義務は1回限りの給付交換のケースもあれば継続的な債務関係から生じるケースもある。

　このような未決取引に基づく債務に関しては、GoB に従えばオフバランスとなる。というのは、そこでは借方科目としての権利と貸方科目としての債務とが法的に等価だからである。

　この通説的解釈に批判的な見解は、未決取引のオフバランスによる処理はむしろ実現原則に基づくと解する。つまり、契約締結で根拠づけられる民法上の請求権は貸借対照表法上の意味における債権ではない。というのは、財またはサービスがまだ提供されていないからである。同様に反対給付請求権に結びつく収益も発生していない[18]。ただ、どちらか一方が給付したり偶発損失が発生すると、等価の関係が崩れる。このため、偶発損失引当金の計上根拠は不均等原則とみる考え方が強い[19]。

　ところが、この等価の関係が崩れるときに偶発損失引当金の設定が必要となる。例えば販売取引において販売者が製品の賃金や材料費などのコスト上昇が事後的に発生したために反対給付請求権よりも給付の額が上回るケースである。また、代金請求権が為替変動の影響から減少し、損失の発生が見込まれるケースもある。逆に購入取引では契約締結後に購入資産もしくはサービスの価格がその代金決済額を下回るケースである。さらに、賃借、リース、金銭貸借あるいは労働契約といった継続的な債務関係においても同様に給付が反対給付を上回るときには偶発損失引当金を計上しなければならない。

　偶発損失引当金の計上に関してもっぱら契約締結上の法的請求権及び債務だけを含むとする静態論的法的会計理解（statisch-rechtliches Bilanzierungsverständnis）と、法的要素以外に経済的要素を加味して契約内容上あるいは両当事者間の合意による付随給付及びその他の経済的メリットも含むとする貸借対照表

法上経済的双務契約（bilanzrechtliches wirtschaftliches Synallagma）とがある[20]。後者では単に未決取引についてのネガティブな面だけでなく、契約から生じるすべての経済的メリットを考慮する必要がある。この後者が通説である[21]。この点に関してすべての経済的メリットではなく、資産化しうるメリットにだけ限定すべきとする考え方もある[22]。

偶発損失引当金は既述の通りもっぱら未決取引を前提とする。これに対して不確定債務引当金はそのほかに一面的な片務契約や法的義務も含むのが特徴である[23]。

（3）費用性引当金

費用性引当金は、外部義務に対する不確定債務引当金と違って、会社自身に対する内部義務を示し、適正な収益計算の面から計上される。1985年商法はこの費用性引当金について一定の制約条件のもとでその計上を広く容認した。固定負債となるいわゆる大修繕引当金の計上選択権があった。2009年改正商法は情報機能の強化並びに IFRS との接近を図るため、その計上範囲を見直した。その結果、翌期の3ヶ月以内に取り戻される修繕引当金及び翌期中に取り戻される廃石除去引当金と法的義務のない製品保証引当金の計上を除き、それ以外の費用性引当金一般の計上を禁止する。大修繕引当金等はもはや計上できない。

改正商法が依然として費用性引当金の一種である一定期限内の修繕引当金及び廃石除去引当金の計上を義務づけているのは、財政政策上の考慮といわれる。つまり、それを商法上義務づけられていれば、基準性原則を通じて税務上も費用計上できるからである[24]。

法的義務のない製品保証引当金の計上義務規定は改正商法でもなお文言上残されたままである。しかし、不確定債務引当金のなかに事実上の義務も含まれるのが通説的解釈である。とすれば、本来的にはこの計上規定自体は不必要なはずである。これが依然として商法規定に含まれているのは税務上の承認を得るためとされる[25]。

費用性引当金は外部義務を示さず内部義務にすぎない。この点から費用性引当金は負債としての性質をもたず、むしろ自己資本との類似性が強調される。それは企業に対するリスク防止（Risikovorsorge）ないし利益準備金とみなされる[26]。

4　税法における引当金

税法上では以下の引当金規定がある。
所得税法第5条2a項：将来の収入または利益が発生しているときにだけ履行しなければならない義務については、当該収入または利益が発生した時点ではじめて債務または引当金を計上しなければならない。
同条3項：他人の特許権、著作権もしくはそれに準ずる保護権の違反に対する引当金は以下の要件のいずれかに該当するときに計上しうる。
　　1　権利保有者が権利違反に対する請求権を行使した場合、または
　　2　権利違反による要求を真剣に考慮しなければばらならない場合
上記の第2号に基づいて設定される引当金は遅くともその請求権が行使されなかったときには、遅くとも最初の設定後の3年以内に利益増加的に取り崩されねばならない。
同条4項：勤続功労引当金は、勤務関係が少なくとも10年間の勤務関係の存在を前提とし、当該取り決めには文書があり、受給権利者が1992年12月31日以降にその期待権を取得する場合に限り設定することができる。
同条4a項：未決取引による偶発損失引当金は設定できない。それは1a項2文には適用されない。
同条4b項：将来の会計期間に経済財の取得原価もしくは製造原価として資産化されねばならない支出に対する引当金は設定できない。放射性廃棄物並びに取り出した放射性化合物の利用価値がある場合の義務引当金については、その支出が取り出された核燃料棒の処理又は加工から得られたもので何ら放射性廃棄物を示さない核燃料棒と関連するときには設定できない。

この税務上の引当金規定の特徴は以下の通りである。第1に、引当金の計上に関しては所得税法第5条1項の基準性原則に基づき商法上のGoBに従う。第2に、この基準性に基づく第三者に対する義務を伴う不確定債務引当金の設定及び一定期限内の修繕引当金と廃石除去引当金の計上は商法と同様に義務づけられる。但し、この点に関して動態論に基づく修繕引当金及び廃石除去引当金については対外的義務が存在しないので、税務貸借対照表には計上できないという見解がある[27]。また、減価償却のルール自体に固定資産の流動化に伴うファイナンス効果があるので、修繕引当金等を計上しないのは税務貸借対照表上における評価減の優位性により妥当であるという見解もある[28]。第3に、未決取引に伴う偶発債務引当金の計上は税務上できない。第4に、経済財の取得原価もしくは製造原価として資産化される項目は引当金を設定することができない。第5に、再利用価値があり何ら放射性廃棄物を示さない取り出された核燃料棒に対する義務引当金は計上できない。

　税務上の引当金に関する評価規定は次の通りである。

　所得税法第6条3a項：引当金は特に以下の原則を上限として評価されねばならない。

　a）同種の義務に対する引当金については、納税義務者が当該義務の合計の一部しか請求しない確実性を、かかる義務の決済からの過去における約款の基本状況について考慮しなければならない。

　b）物的給付義務引当金については、直接費及び必要な間接費の相当部分で評価しなければならない。

　c）義務の履行に関係すると見込まれる将来のメリットは、それが債権として資産化されないときには、その評価において価値減少を考慮しなければならない。

　d）当期中の事実が経済的な意味でその発生原因となる義務の引当金は、同一レートで期間配分的に累積して計上されねばならない。取引においてしかるべき法的義務の効力以前に提供された生産物の戻り及び処分に対する法的義務引当金は、その時々の履行の開始時点までに期間

配分して同一レートで累積されねばならない。原子力発電所の停止義務引当金は、最初の利用時点から停止を開始しなければならない時点まで同一レートで期間配分して累積されねばならない。停止時点が画定していないときには、その期間は25年間とする。

e) 義務引当金は5.5%の利子率で割り引かねばならない。3号2文はそれに準じて適用されねばならない。物的給付義務引当金の利子控除については、履行開始までの期間がベースとなる。原子力発電所の停止義務引当金の利子控除はd3文からの期間がベースとなる。

f) 評価に際して決算日の価値関係がベースである。将来の価格及び原価の上昇を考慮してはならない。

　この税務上の引当金評価規定の特徴は以下の通りである。第1に、税務上は引当金に関して決算日における価値状況が重要であり、その結果、商法とは違って将来の価格上昇を考慮して評価することはできない[29]。第2に、長期間にわたって経済的な義務が発生しているときには、各期間に発生した負担額が計上される。その典型が他人の土地に建物を建てた後の除去義務である。例えば15年後に賃借建物の除去義務があるとき、1年経過後に将来の除去費用が利子相当分控除後で300,000ユーロ、2年後にはその金額が同じく330,000ユーロと仮定する。その場合には、1年目の引当金計上額は300,000ユーロ×1/15＝20,000ユーロ、2年目のそれは330,000ユーロ×2/15＝44,000ユーロとなる[30]。第3に、期間が1年を超える引当金については5.5%の利子率で割り引いて評価する。この割引率はすでに触れた商法と相違する。

　この割引計算に基づく利子控除に関して、実現原則及び経済的担税力に反しており、しかも利率がかなり高すぎるという批判がある[31]。また、税務貸借対照表における割引計算に基づく利子控除は憲法上問題を含み、理論よりはむしろ税収増を企図した租税政策上の措置とみる見解もある[32]。

第3節　引当金の論点

1　不確定債務引当金をめぐる対立

（1）法形式的観察法をベースとする通説的見解

　すでに不確定債務引当金については説明した。それは主としてBFHを中心とした見解であり、これが通説を形成する。そこではもっぱら商法上の債務に関して民法第194条の債務概念を出発点とするのがその特徴である。不確定債務引当金の計上にあたって債務自体の根拠が不確定な場合にはその負債化に際して経済的発生原因がその拠り所となる。しかしそれはあくまで例外的且つ補完的な役割を有するにすぎない。ここでの原則的な立場はあくまで法的な給付義務である。その意味で、それはいわゆる法形式的観察法に基づく見解といってよい。

　この点に関してシューベルト（D. Schubert）は次のように述べる。「商事貸借対照表法が経済的観察法あるいは法形式的観察法のどちらかという問題は、貸借対照表が一方で"法の形成物"であり、その実質的な基盤は何よりもまず民法及び会社法から成り、他方で経済的取引を把握し、経済的状況を表示すべきであるという点（商法第264条2項1文）を適切に考慮しようとすれば、すでにスタートにおいて歪曲される。法形成物として貸借対照表は現行の商事貸借対照表法上の規定の適用を受ける。その解釈はもっぱら法学上の方法で行われ、そこではまた経営経済学は商法上の会計問題に関与するときに義務をもつ。したがって、商事貸借対照表法の債務概念はその出発点を法形式に発生する給付義務のなかに見出し、そこから原則的に負債計上義務が行われる。しかしまた貸借対照表のなかで最終的に表示されるべき経済状況もまた追加的に考

慮される。例えば商法第266条3項における債務の計上において経済的負担の一部解除や、商法第249条1項1文における債務性引当金に関して要求の見込み及び経済的発生原因が負債計上基準であり、これは経済的観察法に適合する。これは"根拠の確定性"という法形式的基準と並んで現れるが、しかし経済的観察法は法形式的基準に取って代わり、あるいはそれを抑制したりあるいは別の種類や方法で根拠を無効としない」[33]。

また、ヘンリッヒス（J. Hennrichs）は次のように述べる。「このような事情（法的発生が経済的発生原因の前に存在する）において経済的発生原因の時点を目指し、それ故に法的発生にもかかわらず債務がまだ負債化されないとする見解が広まっている。それには賛成できない。むしろ決算日に法的に発生している債務は、その経済的発生原因の時点にもかかわらず負債計上されねばならない。経済的発生原因の基準が要求されるのは、すでに債務の存在がその根拠において不確かなケースのみ意義をもつにすぎない。将来に発生する義務についてだけその負債計上にとって追加的に必要なのは、その経済的関連時点が決算日前に存することである。一部に支持されている経済的見解に反して、費用と経済的に原因のある収益とを対応させてはならず、それ故に費用は収益が獲得される期間に移転され、それを通じて当該費用を回収すべきであるとする内容の一般的法原則は存在しない」[34]。このような法形式的観察法は法的意味における貸借対照表の客観性に寄与し、それによって完全な負債表示にその根拠がある[35]。

（2）経済的観察法をベースとする有力的見解

このような法的観察法に基づく通説的見解に鋭く対立するのが経済的観察法をベースとする有力な見解である。モクスターがその代表者である。

彼の考え方によれば、貸借対照表法上の意味における債務は経済的観察法で理解されねばならない。その結果、法的意味における義務は負債計上の前提にとって必要でもなければ十分でもない。その理由は、第1に貸借対照表法上の債務のなかには財産負担を示し客観性原則をクリアすれば純然たる事実上の義

務もまた含まれるからである。第2に、他方において法形式上の法的義務であっても経済的財産負担を意味しないものは貸借対照表法上の意味における債務ではないからである[36]。つまり、前者からは貸借対照表法上の債務は法的義務の存在よりも広く、また後者から法的義務の範囲よりも狭いことを意味する。とりわけ後者の経済的財産負担は将来的な支出を伴う。この経済的観察法が彼の基本的スタンスである。

　引当金計上に関する具体的基準として彼が特に重視するのは実現原則である。これはまず成果中立的原則としての性質をもつ[37]。すなわち存在する法的、契約上もしくは純然たる経済的な義務から生じる将来の財産減少と、それにすでに行われた販売ではない財産増加とが客観的に対応しなければならないときには、成果中立的な原則に基づいて負債化される。この典型が借入金のケースである。

　次に実現原則は利益実現原則としての側面をもつ。この利益実現原則に従うと、存在する法的、契約上もしくは純然たる経済的財産義務によって生じる将来の支出は、それが客観的方法ですでに実現した販売に対応するときには負債計上の義務がある[38]。この点に関して販売に直接的に関連する事後的な給付義務であれば、将来支出と販売との対応関係は特に問題ない。この典型が製品保証約款に基づく製品保証引当金である。これに対して、販売契約以外の事後的な給付義務を伴う広義の将来支出もまた、それがすでに実現した販売をもたらしたときには、それを負債計上しなければならない。その典型が砂利採取場の再整地義務引当金である。

　実現原則のほかに債務計上に重要となるのは不均等原則である。これは、すでに実現した販売に対応せず将来の販売によっても回収できない将来支出については、不均等原則に基づいて当該損失負担分を見越計上する[39]。この典型が損害賠償義務引当金である。

　既述の実現原則及び不均等原則による負債計上の共通性は、将来の販売によって回収されない将来支出の負債化を要求する点にある。これを回収原則（Kompensationsprinzip）という[40]。

このようなモクスターの見解の特徴は以下の通りである。第1に、経済的観察法をベースとして貸借対照表法上の義務にとって法的債務性は必ずしも必要十分条件ではない。第2に、実現原則はこれまでの伝統的な考え方とは異なり単に収益の認識基準としてではなく、期間画定原則と解されている。第3に、将来支出であっても実現収益に対応するものは負債計上される。この点では費用収益対応の原則に合致する。第4に、ただ費用収益計算を前提とした費用収益対応の原則とモクスターの実現原則は全く同一ではない。というのは、将来支出の原因が当期中にあればその負債計上をかなり広範囲に容認する費用収益計算とは違って、当期の実現収益との関連で客観性の面から将来支出を限定するからである。その結果、当期の実現収益に直接的に関連するものと、間接的に関連するものとに将来支出の内容を制限する。第5に、将来の収益によって回収できる将来支出は負債計上できないのに対して、将来の収益によって回収できない将来支出に関しては不均等原則から負債計上する。第6に、実現原則及び不均等原則の負債化基準が将来収益によってカバーできない将来支出を負債化する。このような考え方が回収原則の内容である。

（3）見解対立の焦点

① 計上時点とその根拠

　このような2つの対立する見解の焦点は、まず不確定債務引当金の計上に関して法形式的観察法により法的債務をベースとするのか、それとも経済的観察法により経済的発生原因をベースとするのかである。前者は主としてBFHの判例を中心とする見解である。ここで注意すべきは、法的債務を重視するといっても、その引当金をこれにより一義的に決定するわけではない。重要な経済的発生原因の時点が法的債務の発生時点あるいはその存在よりも先行するときには、この経済的発生原因の時点でそれを計上する。その意味で、重要な経済的発生原因は補完的もしくは二義的役割を果たす。その結果、両時点が一致したり、あるいは経済的発生原因が法的債務よりも先行するときには両見解に差異は生じない。

両見解が決定的に相違するのは、法的債務の発生時点もしくはその存在が経済的発生原因の時点よりも先行するケースである。法形式的観察法だと、前者において引当金を計上するのに対して、経済的観察法だと後者で引当金を計上する。なお、両見解の折衷的立場から経済的発生原因の時点もしくは法的債務の発生時点または存在のいずれか早い時点で不確定債務引当金を計上すべきという見解[41]もある。

　次に第2の相違点はその引当金計上の根拠に関してである。法的債務の発生またはその存在が先行するとき、法形式的観察法はその計上根拠を完全性の原則及び用心の原則に求める。これに対して、経済的観察法はその引当金の計上根拠を実現原則に求める。問題は、実現収益との対応関係が直接的になく収益がまだ獲得されていない状況において、法的債務の発生またはその存在がそれより先行するときに不確定債務引当金を計上しないままでよいのかである。その典型がさまざまな環境保全義務（Umweltschutzverpflichtung）のケースである。わが国では「資産除去債務会計基準」の設定により、その要件を満たせば、たとえその資産から収益がまだ得られてなくとも資産除去債務の計上が義務づけられる。

　この点に関して私見では経済的観察法をベースとするとしても、法的債務の発生またはその存在が経済的発生原因の時点よりも先行するときには、債権者保護の見地に基づく債務弁済能力の判定目的からは実現原則の補完がぜひとも不可欠となると解される。このような見解がドイツにおいても少なくない[42]。その結果、経済的観察法をベースとし実現原則を中心としながらも、法的債務の発生またはその存在が経済的発生原因の時点よりも先行する時に限り、その法的債務が実現原則を補完するとすれば、実質的には法形式的観察法と修正経済的観察法とは同一内容を示すといってよい。このように解すると、両者は単に説明上のアプローチの違いにすぎなくなる。しかし、依然として経済的観察法自体を修正せず純粋に捉えれば、両者の相違は解消しない。

② 純粋の経済的観察法の問題点

モクスターをリーダーとする純粋の経済的観察法に対しては、いくつかの問題点が指摘されている。

第1は実現原則自体の捉え方に関してである。不確定債務引当金の計上も視野に入れたこの実現原則解釈は、いうまでもなく費用収益の期間限定原則として位置づけられる。果たしてこの解釈が現行の商事貸借対照表法と結合しうるのかどうかである。つまり、現行貸借対照表法自体からそれを導出でき、経営経済的な必要性からではないと断定できるかである。

商法第252条1項4号のなかで「決算日に実現している限り、利益は考慮されるにすぎない」という文言がある。この規定からは収益と費用の差額たる利益しか言及されていない。一般に実現原則を収益計上基準と解するのが通説的解釈である。この面からは実現原則は単に支出の資産化のみに関連し、支出の負債化とは直接的関係しないとみなされる。その意味で、商法規定から実現原則の新解釈は導き出せない[43]。かりに実現原則の新解釈が法文上成り立つとすれば、1985年旧商法第249条2項で定めていた費用性引当金の計上選択権規定との整合性がなくなる。というのは、費用収益対応の原則から費用性引当金の計上規定は不必要となるからである[44]。

さらに、実現原則の新解釈自体にも問題がある。それが費用の負債化も規定するという考え方であるので、将来収益が確実でなければならず、将来支出が将来収益と密接な対応関係が前提となるはずである。ところが、実現原則の新解釈を支持する者は将来収益の確実性についても将来支出と将来収益との対応関係を要求していない。特に将来支出と確実となりうる将来収益との間で間接的な対応関係しかないときには、その負債計上は拒否される。将来収益に対する期間的対応が明確な将来支出であるときに限り、負債計上されるにすぎない。この理由から、「利益減少の把握は実現原則に基づいてきわめて制約的に行われる。これに対して、それはほとんど説得力がない。収益実現に際して販売、サービス及び回収といった多様なリスクのうちで単に回収リスクだけが問題となる。しかし、将来収益の見込みに際して、それがまだこれらのリスクす

べてを負担しているにもかかわらず、費用把握を放棄しなければならないかは説明されていない」[45]。このような理由から、ミュラー（D. Müller）は実現原則の新解釈が歴史的な立法者の意図と結合しないし、目的論的に体系づけられた考慮のもとで説得力がないと結論づける。

さらに、ドイツ貸借対照表法の伝統を形成する GoB 全体の枠組みのなかで実現原則が他の原則、つまり不均等原則及び完全性の原則に対して優位性をもつかどうかもまた大きな論点となる。この点に関してミュラーは通説に対して不確定債務引当金の金額に関してはたしかに経済的発生原因に従うけれども、しかし法的債務がすでにそれ以前に発生し存在するときにも依然として経済的発生原因を重視して実現原則に基づいて不確定債務引当金を設定する考え方には批判的である[46]。それは用心の原則及び不均等原則に反する結果をもたらすからである。

他方、実現原則の新解釈だと不均等原則の適用範囲は偶発損失引当金の計上に限定されてしまう。しかし、将来収益からの回収にもかかわらず、決算日現在の負担がある以上、法的債務の発生に対する引当金の設定を必要と考えれば、そこでは2つの矛盾する負債概念が含まれる。その点に大きな問題点が存する[47]。したがって、実現原則に優位性を与える考え方はドイツ貸借対照表法の伝統を成す GoB に反する。

（4）新動向：解除不能基準

法形式的観察法と経済的観察法とが鋭く対立する一方で、新たな動向も注目される。それが解除不能性（Unenziehbarkeit）という概念を引当金に関して重視する方向である。

① ベルナーの見解

経済的発生原因の理解をめぐってベルナー（L. Woerner）はこの解除不能性に着目する。彼によると、引当金設定において義務は単に過去に関係しなければならないだけでなく（関係面）、過去が精算され（精算面）、その結果として

将来の活動と全く関連してはならないと解される[48]。

一方で前者の関係面の範囲では債務の法的発生に対する方向に関して経済的に重要な事実メルクマールが問われる。それ故に、この関係面では解除不能性のメルクマールに遡る。それによると、将来支出を阻止できずにもたらす重要な事実がすでに形成されていることが前提である。他方で、精算面において義務により過去もしくは将来が精算されるべきかどうかの判断が必要となる。引当金設定においては客観性を考慮して過去との関連性が不可欠である。具体的には将来支出によって精算されねばならない決算日以前の事実上の事情を重視する。この精算面では必ずしも実現原則ではなくて用心の原則がメインとなる。

ベルナーによれば、この2つの面を中心として引当金設定に際し、まず過去関連的な精算面を負債が満たさねばならず、これをクリアした場合にはじめて次の段階で解除不能性を用いて義務の法的発生に対する方向ですでに経済的に重要な事実メルクマールとしての関係面が達成されているかどうかの判断が必要となる[49]。

② ジーゲルの見解

解除不能概念に関してジーゲルは経済的発生原因についてではなくて、不確定債務引当金計上に対する中心概念とみなすのが特徴である。それに従うと、商人がもはや解除できない将来支出に対してだけ引当金を計上しうるにすぎない[50]。したがって、すでに金額が不確定であっても法的債務が存在すれば、当該引当金は計上される。また解除不能な判断にあたって事業部門の廃止、場合によっては事業全体の廃止に伴う債務は回避できる点を考慮する。つまり、企業継続の原則は適用されない。というのは、商法第252条1項2号の継続企業の原則はその文言上評価だけに関係するにすぎないからである。計上問題については、継続企業の原則は原則として清算を条件とする負債を排除することにだけ制限される[51]。

③ ミュラーの見解

　ミュラーも解除不能概念を負債計上の要件と捉えるのが特徴である。彼によると、解除不能基準具体化の第一歩として不確定債務の解除不能決定において事業の廃止も基礎とする。その結果、この広義の解除不能基準はそれ以外のメルクマールを拠り所とせずに経済的発生原因の決定に関連づけることが可能となる[52]。解除不能基準具体化の第二歩として商人が自己の事業を事実上終了した場合にも応じなければならない不確定債務は解除不能となる。債務の発生及びその要求が自己の領域以外の事情に依存し、第三者に対する客観的な給付強制としての期待権思考（Anwartschaftsgedanken）が明確化する[53]。

　このような解除不能基準を通じて法的義務のある製品保証引当金とその法的義務を伴わない事実上の義務による製品保証引当金の処理との整合性が成立するという。また、期待権思考の強調により、客観的な給付強制が現在の商人財産への経済的負担として特徴づけられると主張する[54]。

　このような解除不能を引当金のメルクマールとする考え方に対しては、結果的に一方で貸借対照表の経済的内容を法的債務性にシフトさせ、他方で経済的発生原因が将来にもかかわらず義務をオンバランスさせることに伴い、実際よりも純資産の財務内容が悪化させるデメリットをもつと批判される[55]。また同様の趣旨から、情報提供を一義的な目的と考えるときには、経済的負担があれば費用性引当金の計上は必ずしも排除されているわけではなく、単にその測定上客観性の面から制限されるにすぎないという考え方もある[56]。

2　環境保全と引当金

　環境保全との関係で引当金設定が問題なる。とりわけ不確定債務引当金がこの環境領域で問われる点についてBFHは以下の十分な具体化を要求する[57]。
① 一定期間以内での特定行為に対する義務がある。
② 通常は行政機関による命令もしくは行政上の契約の定めがある。
③ あるいは法的規定に基づいてだけの（補完的な）義務がある。

第1編　会計処理

④　具体的な法指令（Gesetzbefehl）を前提とする。
⑤　違反したときに罰せられる。

　文献ではBFHによるこの環境保全に対する具体化要求は私法上の義務よりも限定的であり、特別法（Sonderrecht）として批判されてきた。さらに、BFHは環境保全領域ではしかるべき権限のある行政機関としての債権者を要求する点でも批判がある。

　環境保全の種類には以下のものがある。
①　土地もしくは水の汚染等による浄化（Altlast）に対する義務
②　廃棄物除去（Abfallbeseitigung）
③　核施設等の除去義務
④　地下資源産出後の再整地義務
⑤　処分済品の回収義務
⑥　生産設備の改造及び適応

（1）浄化義務

　土地もしくは水資源の浄化義務は法的には経済的発生原因についても存在する。土地に関しては価値保持（Werthaltigkeit）の見地から追加的に土地の簿価に対する臨時償却もしくは部分価値による評価減が必要かどうかが問題となる。この点に関して税務当局は土地浄化引当金が要求されるときに、さらに部分価値による評価減は、土地の持続的な価値減少を条件とする。引当金の計上が認められないときには、土地の部分価値による評価減が可能となる[58]。

（2）生産プロセスによる廃棄物処理

　生産プロセスから廃棄物が生じるときには、その除去または再利用が必要である。この点について一般にBFHの判例は公法義務の有無を引当金設定の判定基準とする。この点に関して一方で一般に当該廃棄物除去の搬送委託契約を締結していないときには、BFHはその時点で引当金の計上義務はないと判断する。その段階ではまだ事業者自身の義務にすぎず、第三者としての債務たる

性格をもたないというのがその理由である[59]。

他方で、建設くずの選別に対する設備を設置する事業者は通常では提供された原料の加工に対する公法上の義務を負う。特に行政当局はその事業の活動を周知しており、それについて監督義務がある[60]。

（3）除去義務

除去義務のなかで中心的な存在は原子力施設の除去である。これ以外にも水力発電によるエネルギー施設の除去ないし取り壊し義務、借地権上の建物の解体義務なども含まれる。これらの特徴は当該義務が利用開始時点にすでに法的に発生しており、当該取引の完了が長期間に及ぶ点にある。

この会計処理に関して、すでに触れた法形式的観察法と経済的観察法との対立が鮮明化する。前者ではいうまでもなく法的義務の成立を示す原子力施設の建設時点で引当金の設定が義務づけられる。ただその場合、将来の除去支出を一括計上するのではなくて、利用期間に按分負担して計上する。このような引当金を配分引当金（Verteilungsrückstellung）という。これに対して、後者では経済的発生原因を重視する関係で核施設からの原子力エネルギーの発電による収益発生時点以降となる。しかも後者では引当金の計上は原則として各期間の収益の金額に応じて設定する[61]。これを累積引当金（Ansammlungsrückstellung）という。

（4）地下資源採取後等の再整備義務

地下資源採取後には再整備義務が発生する。この義務の範囲は原子力施設のケースとは違って鉱山物及び石炭などでは決算日までの実際採掘量に応じて変動し決定される。そのため、期間に対する均等配分に基づく配分引当金ではなくて、累積引当金を設定する[62]。

借地権で建てた施設の取り壊し義務については、その利用期間にわたって均等額による配分引当金が計上される。

(5) 電気製品等の引取及び廃棄処理に対する義務

使用済み電化製品の引取義務に伴うコストは買い取り時点での市場への分け前参加である（Marktteilnahme）。これは将来事象であるので、引当金の計上は認められない[63]。

(6) 生産設備の改造・適合

生産設備を環境保全面で改造しあるいは適合させるケースがある。このケースでは将来の生産プロセスが問題となるので、引当金の計上はできない[64]。

第4節　わが国及びIFRSの引当金

1　わが国の引当金

以上ドイツにおける引当金について検討した。以下、それをまずわが国の引当金と比較する。

(1) 企業会計原則

第1は引当金の範囲に関してである。わが国ではすでに昭和9年の臨時事業合理局財務管理委員会が公表した財務諸表準則が引当勘定について触れている。そこでは引当勘定は特定の損失に対する準備に対してその負担が当該会計年度に属し、その金額が見積によるものとされる。その結果、①特定の資産の減価として貸倒引当金、②特定の損費として修繕引当金や退職給与引当金、③特定の危険に因る損害に関するものとして自家保険引当金の3つの種類が例示されている。この考え方は基本的に昭和29年に修正された企業会計原則・〔注解17〕（引当金について）を経て、昭和57年に修正された企業会計原則・注解18

に引き継がれている。ここでの引当金の内容は次の通りである。

　昭和57年企業会計原則〔注解18〕：将来の特定の費用又は損失であって、その発生が当期以前の事象に起因し、発生の可能性が高く、かつ、その金額を合理的に見積もることができる場合には、当期の負担に属する金額を当期の費用または損失として引当金に繰入れ、当該引当金の残高を貸借対照表の負債の部又は資産の部に記載するものとする。

　ここから〔注解18〕の引当金は明らかに費用収益計算の面から規定されており、資産の部の控除としての性質をもつもの（評価性引当金）と、負債としての性質をもつもの（負債性引当金）とについて一元的に規定されている。

（2）旧商法及び会社法

　昭和37年商法は第287条の2において引当金規定をはじめて創設した。

　昭和37年商法第287条の2：特定ノ支出又ハ損失ニ備フル為ニ引当金ヲ貸借対照表ノ負債ノ部ニ計上スルトキハ其ノ目的ヲ貸借対照表ニ於テ明ラカニスルコトヲ要ス

　この規定は若干企業会計原則の系統とは異なる。というのは、商法上は負債として引当金が想定されているからである。それ故に、上述の①から③のうちで①、つまり資産の控除を示す評価性引当金は元来引当金の範囲から除外されていた。ただ、この引当金規定の範囲をめぐって多種多様な見解が展開された。会計上の費用収益計算から負債の部に計上される非債務性引当金に限定すべきという狭義説をはじめ、利益留保性も含む最広義説とが対立した。しかし、この対立は以下に示す昭和56年の改正商法第287条の2の文言修正によりようやく決着した。前者がベースであることが法文上明確化された。

　昭和56年商法第287条の2：特定ノ支出又ハ損失ニ備フル為ニ引当金ハ其ノ営業年度ノ費用又ハ損失ニ相当スル額ニ限リ之ヲ貸借対照表ノ負債ノ部ニ計上スルコトヲ得

　その後、平成14年にはこの規定が内容上の変更を伴わず商法本文から法務省令としての商法施行規則第43条にそのまま移行した。そして、平成17年の会社

法の制定に伴い、この商法施行規則第43条にあった引当金規定の内容は、平成18年に創設された会社計算規則第6条において以下のように大幅に変更されている。

　会社計算規則第6条2項：次に掲げる負債については、事業年度の末日においてその時の時価または適正な価格を付すことができる。
　　一　次に掲げるもののほか将来の費用または損失（収益の控除を含む。以下この号において同じ。）の発生に備えて、その合理的な見積額のうち当該事業年度の負担に属する金額を費用又は損失として繰り入れることにより計上すべき引当金（株主等に対して役務を提供する場合において計上すべき引当金を含む。）
　　　イ　退職給付引当金
　　　ロ　返品調整引当金

　また、会社計算規則75条2項一・二からは、引当金には資産に係る引当金と負債に係る引当金があることが明記されている。

　このような会社計算規則の規定の文言上からは負債の部だけを想定していたかつての引当金とは明らかに異なる方向を示唆するといってよい。むしろ、その規定が昭和57年の企業会計原則〔注解18〕をベースとしていることは明らかである。

　ただ、商法学者のなかには依然として旧商法に関する引当金規定を中心とした考え方、つまり現行の会社法上の引当金もあくまで負債の部に計上されるものが対象で、そのなかに含まれるのは債務たる性質をもたない会計上の引当金に限るとする少数的見解もある。法律上の債務であるものは引当金でなく、負債の部に計上されるのは当然であるというのがその根拠である[65]。しかし、この見解は少なくとも既述の会社計算規則上の規定から判断する限り、必ずしも正鵠を射たものとはいいがたい。

　いずれにせよ、旧商法中心の考え方だと引当金は債務性をもたない会計上の引当金に限定され、現行会社法の中心の考え方だと債務であるか否かを問わず負債性引当金一般と資産の控除を示す評価性引当金も含むことになり、それら

はドイツ商法上の引当金規定と根本的に異なる。すでに触れたとおり、現行ドイツ商法は費用性引当金の計上を一部の例外的項目を除き原則的に否定し、引当金の範囲を不確定債務引当金及び未決取引からの偶発損失引当金に限定するからである。

また、引当金の評価に関してわが国では退職給付引当金については現在割引価値による評価が行われるが、しかし長期の引当金全般に対する割引価値計算の規定及び適用する割引率については特に定めがない。

(3) 法人税法

法人税法において内国法人の事業所得は益金と損金との差額によって算定する（法人税法第22条1項）。その場合、益金及び損金の範囲に関して重要な収益及び費用については一般に公正妥当と認められる会計処理の基準に従って計算する（法人税法第22条4項）。その点で、税法上の所得計算は基本的に会計上の利益計算とリンクする。

平成10年改正前では法人税法上の引当金として貸倒引当金、返品調整引当金、退職給与引当金、賞与引当金及び特別修繕引当金の6つの計上が認められていた。ところが、平成10年の法人税法改正により経過措置を経て賞与引当金、特別修繕引当金及び製品保証引当金が廃止され、さらに平成14年の改正法人税法では退職給与引当金も経過措置を経て廃止された。その結果、法人税法上計上できる引当金はわずかに貸倒引当金及び返品調整引当金の2つにすぎなくなった。さらに、平成23年12月の税制改正により平成24年4月から①資本金1億円以下の中小法人等、②銀行・保険会社等、③リース債権を有する法人等を除き、貸倒引当金の計上が税務上できなくなった。もちろん、法人税法とは別個に所得計算との関連で国家政策の面から租税特別措置法が定められている。このなかには条件次第では既述の会計上の引当金に該当するものもありうる。しかし、その準備金の大半は利益留保性の性質を有する。

このようにみてくると、相対的にせよ依然として実質的基準性をなお堅持するドイツ税法とは違って[66]、わが国の法人税法上の引当金は上で触れた法人

税法第22条4項でいう一般に公正妥当な会計処理の基準に従っているとは到底いいがたい。どちらかというと、引当金は理論性よりもむしろ税収確保の面から租税政策的に決定されているといってよい。その点においてドイツ税法とは明らかに異なる方向を示す。ここでは債務性引当金を中心に客観性の面からその計上を限定的に制限するにせよ、一貫した理論性がある程度窺える。

2 IFRSの引当金

IAS第37号14項によれば、引当金（provision）は以下の3つの要件を満たすときに計上する。
① 企業が過去の結果から現在の義務を負う。
② 当該義務の履行にあたって経済的便益をもつ資源の流出が確実である。
③ 義務の金額について信頼できる見積が可能である。

①の要件における現在の義務とは法的義務と事実上の義務を含む[67]。その点では基本的にドイツ商法と同じスタンスといってよい。たしかにIFRSでも企業自身の自己拘束を示す修繕引当金の計上は認められない。しかし、一方でリストラクチャリングに伴う引当金は設定できる（IAS第37号72項）。この点でドイツ商法上の引当金において重視されている外部義務の基準が明確には意識されていない。その意味で、IASの事実上の引当金計上に関してドイツ基準と実質的な差異がある[68]。これが両者における第1の相違点である。

第2の相違点は、IASの引当金計上に際して②及び③の要件に関して二重の確実性をベースとしている点である。その結果、経済的便益を有する資源の流出の確率が50％を上回り、かつその義務の金額の見積に対する確率が同様に50％を上回り、両者の累積的な数学上の確率が条件となる[69]。これに対して、ドイツ商法は外部義務の発生ないし存在と当該義務の確実な要求との結合が重要である。その要求がないよりも要求がある確実性が高いのが条件であり、そこでは必ずしも厳密な数学上の確率は問題ではない[70]。

第3の相違点は、環境保全義務に属する資産除去義務に関してである。わが

国の資産除去債務会計基準と同様に両建処理を IFRS も前提とする。当該資産の取得原価もしくは製造原価に将来の除去支出の現在割引価値を加算し（IAS 第16号16項）、減価償却費の形でそれを利用期間にわたって費用計上するとともに、当初の負債たる現在割引価値の額に毎期の利息費用を加算させる。ただ、わが国では引当金から区別される資産除去債務に計上するのに対して、すでに触れた IAS 第37号14項に従い引当金として計上する。しかし、ドイツではそのような将来支出としての資産の除去義務は将来の経済的便益を示す資産概念に抵触するので、あくまで配分引当金による処理が原則である[71]。

第5節　結

本章の論旨を整理すれば以下の通りである。

第1に、1985年商法では静態論と動態論とを融合させながら、一方で不確定債務引当金及び未決取引による偶発損失引当金を中心としながらも、費用性引当金の計上選択権も認めていた。2009年改正商法は、商法の情報機能強化及び IFRS との調整から貸借対照表法の現代化を図り、修繕引当金等のごく一部の例外的項目を除き費用性引当金の計上を原則的に廃止する。

第2に、ドイツ商法上の引当金には不確定債務引当金、偶発損失引当金及び費用性引当金の3つの種類がある。ドイツ税法上の引当金は不確定債務引当金だけその計上が認められており、偶発損失引当金の計上は禁止される。

第3に、不確定債務引当金の計上根拠に関して法形式的観察法をベースとして法形式的義務の存在を重視する見解と、経済的観察法をベースとし経済的発生原因をもっぱら重視する見解とが対立する。法形式的観察法によると、原則として法的債務の発生ないしその存在が一義的である。したがって、法的債務の発生時点が経済的発生原因の時点よりも先行するときには法的債務の発生時点で当該引当金を計上する。ただ、経済的発生原因の時点が法的債務の発生時点よりも先行するときには二義的に経済的発生原因の時点で債務を計上する。

経済的観察法だともっぱら経済的発生原因のみが決定的である。ここでは法的債務の発生は必要条件でもないし十分条件でもない。

両見解の折衷的見解もある。これにはまず経済的観察法を中心としつつも、法的債務の発生が経済的発生原因よりも先行するときには、例外的に法的債務の発生時点で引当金を計上すべきとする見解がある。さらに、法形式的観察法か経済的観察法かは別として、完全性の原則及び用心の原則から法的債務の発生あるいは経済的発生原因のいずれか早期の時点で引当金を計上すべきとする見解がある。商法における債権者保護の見地に基づく債務弁済能力の判定を重視する立場からは、法形式的観察法もしくは折衷的見解に基づいて引当金を計上するのが妥当と解される。両者のアプローチは異なるが、その結果は同一となる。

なお、引当金の計上に関して解除不能性をメルクマールとすべきとする新動向も注目に値する。

第4に、商法上の引当金はその支払期限が1年を上回るときには過去7年の平均的な市場利子率で割り引いて評価するのが原則であるが、退職給付引当金については15年の平均的市場利子率でも評価でき、その評価の際に価格及びコストの上昇を加味できる。これに対して、税法は5.5％の割引率を用いて評価し、価格及びコストの上昇を加味して評価することはできない。

第5に、土地もしくは水の汚染に対する浄化義務、生産プロセスから発生する廃棄物処理、資産除去義務、地下資源採取後の再整備義務、電気製品等の引取及び廃棄処理などの環境保全に対する公法上の義務が発生した時点で引当金を計上する。

第6に、わが国の企業会計原則は費用収益計算から引当金を規定し、そこには債務性の有無にかかわらず負債性引当金と評価性引当金が含まれる。これに対して、昭和37年商法では引当金に関して利益留保性の積立金も含むとする最広義説と、会計上の引当金に限定する広義説、さらに非債務性引当金だけを意味するという狭義説の対立があった。そこでは評価性引当金は対象外であった。昭和56年の商法改正により狭義説を明文化した。平成17年の会社法及び会

社計算規則の制定に伴い、少なくとも文言上から判断すると狭義説から広義説に変更したと解される。このように、わが国の引当金規定は費用収益計算の面から規定され費用性引当金を含むのに対して、ドイツ商法は費用性引当金を除外し原則として債務性引当金に限定する点に大きな違いがある。引当金の計上範囲を徐々に制限する傾向が顕著なわが国の税法には必ずしもその根拠が明確ではなく、理論的なドイツの税法に比べてかなり租税政策の面の色彩が強い。

第7に、IFRSの引当金は基本的にドイツ商法の引当金に類似する。ただ、IASの場合には引当金に関して外部義務の基準がドイツほど明確でなく、引当金の計上に際して経済的資源の流出の確率及び義務の見積に対する確率をそれぞれ50％を上回ることが前提であり、ドイツ基準に比べてかなり厳格である点に違いがある。

注

（1） Adler・Düring・Schmaltz, Rechnungslegung und Prüfung der Unternehmen, 第6巻, 第6版, Stuttgart, 1998年, 401-402ページ。
（2） Adler・Düring・Schmaltz, 前掲書注（1）, 403ページ。
（3） Adler・Düring・Schmaltz, 前掲書注（1）, 405-406ページ。
（4） 拙著,『ドイツ会計制度論』森山書店, 平成24年, 11-12ページ。
（5） M. Binger, Der Ansatz von Rückstellungen nach HGB und IFRS im Vergleich, Wiesbaden, 2009年, 269ページ。
（6） 拙著, 前掲書注（4）, 80ページ。
（7） H. Ellrott etc. 編, Beck'scher Bilanz-Kommentar, 第8版, München, 2012年, 255ページ。
（8） H. Ellrott etc. 編, 前掲書注（7）, 213ページ。
（9） R. Winnefeld, Bilanz-Handbuch, 第4版, München, 2006年, 591ページ。
(10) H. Ellrott etc. 編, 前掲書注（7）, 253ページ。
(11)〜(13) H. Ellrott etc. 編, 前掲書注（7）, 258ページ。
(14) H. Ellrott etc. 編, 前掲書注（7）, 259ページ。
(15) D. Schubert, Der Ansatz von gewissen und ungewissen Verbindlichkeiten in der HGB-Bilanz, Düsseldorf, 2007年, 37ページ。

第1編　会計処理

(16)　D. Schubert, 前掲書注（15），42ページ。
(17)　H. Ellrott etc. 編, 前掲書注（7），260ページ。
(18)　J. Baetge・H. J. Kirsch・S. Thiele 編, Bilanzrecht 第1巻, Bonn, 2002年，§249, 43-44ページ。
(19)　M. Binger, 前掲書注（5），98ページ。
(20)　R. Winnefeld, 前掲書注（9），625ページ。
(21)　H. Ellrott etc. 編, 前掲書注（7），267ページ。
(22)　D. Schubert, 前掲書注（15），56-57ページ。
(23)　D. Schubert, 前掲書注（15），57ページ。
(24)　H. Küting・N. Pfitzer・C. P. Weber, Das neue deutsche Bilanzrecht, 第2版, Stuttgart, 2009年，325ページ。
(25)　H. Ellrott etc. 編, 前掲書注（7），309ページ。
(26)　A. Schiebel, Die unternehmensrechtliche Bilanzierung von Rückstellungen, Wien, 2012年，270ページ。
(27)　M. Heim, Rückstellungen in der Steuerbilanz, Hamburg, 2012年，174-176ページ。
(28)　K. B. Fugger, Die Bewertung von Rückstellungen nach EStG － de lege lata et ferenda, Hamburg, 2012年，128-129ページ。
(29)　M. Heim, 前掲書注（27），216-217ページ。K. B. Fugger, 前掲書注（28），144-145ページ。
(30)　H. Falterbaum・W. Bolk・W. Reiß・T. Kircher, Buchführung und Bilanz, 第21版, Achim, 2010年，990ページ。
(31)　M. Heim, 前掲書注（27），249ページ。
(32)　K. B. Fugger, 前掲書注（28），198-199ページ。
(33)　D. Schubert, 前掲書注（15），133-134ページ。
(34)　J. Hennrichs, §249 HGB, in: B. Kropff・J. Semler 編, Münchner Kommentar zum Aktiengesetz 第1巻, 第2版, München, 2003年，所収，565ページ。
(35)　A. Bach, Umweltrisiken in handelsrechtlichen Jahresabschluß und in der Steuerbilanz, Stuttgart, 1996年，99ページ。
(36)　A. Moxter, Grundsätze ordnungsmäßiger Rechnungslegung, Düsseldorf, 2003年，97-98ページ。
(37)～(39)　A. Moxter, 前掲書注（36），110ページ。
(40)　A. Moxter, 前掲書注（36），110-111ページ。

(41) K. Küting・C. P. Weber 編, Handbuch der Rechnungslegung, Einzelabschluß, 第 1 巻, 第 5 版, Stuttgart, 2005年, 19ページ。

(42) Adler・Düring・Schmaltz, 前掲書注（1）, 420-421ページ。Castan・Böcking・Heymann・Pfitzer 編, Beck'sches Handbuch der Rechnungslegung, B233 Rückstellungen（Dezember 2004）, 18-19ページ。R. Winnefeld, 前掲書注（9）, 597ページ。

(43) D. Müller, Verbindlichkeitsrückstellungen, Köln, 2008年, 122-123ページ。

(44) D. Müller, 前掲書注（43）, 126ページ。

(45) D. Müller, 前掲書注（43）, 128ページ。

(46) D. Müller, 前掲書注（43）, 150-151ページ。

(47) D. Müller, 前掲書注（43）, 152ページ。

(48) L. Woerner, Zeitpunkt der Passivierung von Schulden und Verbindlichkeitsrückstellungen － Problematik der „wirtschaftlichen Verursachung", in: W. Ballwieser etc. 編, Bilanzrecht und Kapitalmarkt, Festschrift für Adolf Moxter, Düsseldorf, 1994年, 所収, 505ページ。

(49) L. Woerner, 前掲論文注（48）, 505-506ページ。

(50) T. Siegel, Unentziehbarkeit als zentrales Kriterium für den Ansatz von Rückstellungen, in: Deutsches Steuerrecht, 第40巻第28号, 2002年 7 月, 1192ページ。

(51) T. Siegel, Rückstellungsbildung nach dem Going-Concern-Prinzip － eine unzweckmäßige Innovation, in: Deutsches Steuerrecht, 第40巻第38号, 2002年 9 月, 1636ページ。

(52) D. Müller, 前掲書注（43）, 212ページ。

(53) D. Müller, 前掲書注（43）, 225-226ページ。

(54) D. Müller, 前掲書注（43）, 226ページ。

(55) M. Binger, 前掲書注（5）, 221ページ。

(56) S. Wich, Entfernungsverpflichtungen in der kapitalmarktorientierten Rechnungslegung der IFRS, Wiesbaden, 2009年, 105-106ページ。

(57) W. D. Hoffmann・N. Lüdenbach 編, NWB Kommentar Bilanzierung, 第 4 版, Herne, 2013年, 355ページ。

(58)(59) W. D. Hoffmann・N. Lüdenbach 編, 前掲書注（57）, 358ページ。

(60) W. D. Hoffmann・N. Lüdenbach 編, 前掲書注（57）, 359ページ。

(61) D. Müller, 前掲書注（43）, 172-173ページ。

(62) W. D. Hoffmann・N. Lüdenbach 編, 前掲書注（57）, 360ページ。

(63)(64)　W. D. Hoffmann・N. Lüdenbach 編，前掲書注（57），361ページ。
(65)　江頭憲治郎『株式会社法』第 3 版，有斐閣，平成22年，596-597ページ。尾崎安央，「会社計算」，江頭憲治郎・弥永真生編『会社法コンメンタール』第10巻，計算等〔1〕，商事法務，平成23年，所収，98-99ページ。
(66)　ドイツの基準性の詳細は，拙著，前掲書注（4），37-63ページ参照。
(67)　M. Binger，前掲書注（5），121ページ。
(68)　M. Binger，前掲書注（5），121-122ページ。
(69)　M. Binger，前掲書注（5），128ページ。
(70)　M. Binger，前掲書注（5），131-132ページ。
(71)　W. D. Hoffmann・N.Lüdenbach 編，前掲書注（57），359ページ。

第4章　ドイツ原子力事業の会計

第1節　序

　周知の通り、ドイツでは2021年までにすべての原子力施設の停止が予定されており、核燃料廃棄物の最終保管期限を遅くとも2030年までとする最終目標がある。わが国においても平成23年に起きた東日本大震災に伴う東京電力福島原子力発電所の事故発生以降、原子力事業会計に対して最近とくに関心が高まっている。IFRS及びわが国の資産除去債務会計基準により、それに関する会計処理のルールはたしかに一応ある。しかし、その基準がドイツではすべてではない。この小論においては、ドイツにおける原子力事業会計に関して原子力発電所施設の除去と使用済核燃料棒の除去を中心に実務の現状及びその会計制度について検討することにしたい。

第2節　ドイツ原子力事業の会計実務

　ドイツにおける代表的な原子力事業を営む会社のうちでE.ON AG、Vattenfall Europe AG、RWE AG及びEnBW AGの4社に関する2012年連結決算書を分析した[1]。
　まずE.ON AGはIFRSに基づいて作成しており、貸借対照表上では核エネルギー領域除去引当金を一括計上するが、附属説明書のなかで民法上の契約締結済除去引当金と未契約除去引当金に分け、それぞれに関して①核燃料棒除

去、②使用済核廃棄物除去、③原子力発電所施設の除去に相当する明細を示す。このうち①と③のコストは有形固定資産の原価に算入している。割引率については決算日現在に妥当する市場利子率を用いる。

Vattenfall Europe AG も IFRS に基づき決算書を作成し、同様に附属説明書のなかで原子力発電所施設除去と使用済核燃料棒除去の明細を示す。原子力発電所施設除去コストは有形固定資産の原価に算入している。スウェーデンについては4.35%（前年は4%）、ドイツについては4.75%（前年は4.75%）の割引率を用いる。棚卸資産のなかに核燃料棒の額を示し、その消費分を当期の費用に計上する。

RWE AG も IFRS に基づいて作成し、附属説明書のなかで核エネルギー領域除去引当金に関して長期及び短期に分け、しかも民法上の契約締結済除去引当金及び未契約除去引当金それぞれについて E.ON AG と同様に①・②・③の明細を示す。③は有形固定資産の原価に算入し、5%の割引率を用いる。棚卸資産に含まれる核燃料棒は継続的な取得原価で評価し償却する。

EnBW AG も同様に IFRS で作成し、附属説明書のなかで公法上の義務あるものと事業認可による条件のあるものについて原子力関連除去の引当金を計上する。このうちで①及び③のコストの割引価値を始動時に生産設備の原価に算入し、規則償却する。割引率は5.4%（前年は5.5%）である。

このように、ドイツ原子力事業4社は商法第315a条1項に基づき③の原子力発電所施設の除去に関して IFRS に即した会計基準を適用することが判明する。ただ①及び②に関して IFRS に明確な規定がないため、4社とも統一的に処理しているかは必ずしも断定できない。このような IFRS による処理を支持する論者はドイツでは少数説[2]である。また③について資産化するにしても、固定資産の原価に除去コストを算入せず、むしろ原子力発電に伴う棚卸資産の製造原価にそれを算入すべきという見解もある[3]。支配説は、除去コストがそもそも将来の経済的便益という資産のメルクマールを満たさず、ドイツ固有の会計制度とは必ずしも整合性がないと主張する。例えば資産除去コストを固定資産の取得原価に算入する成果中立的要請は動態論、その義務の全額計上は静

第4章　ドイツ原子力事業の会計

態論にそれぞれ立脚し、その目標のコンフリクトを解消するプラグマティックな立場からの特別規定とみる考え方[4]や静態論と動態論の妥協的処理とみる考え方がある[5]。

第3節　原子力発電所施設除去の会計

1　法形式的観察法による見解

　将来のコストに関する会計処理として引当金がある。これに関しドイツ商法第249条1項は不確定債務引当金について規定する。その要件は、①第三者に対する義務が確実に存在すること、②法的もしくは経済的な発生原因があること、③事実上の要求が真剣に考慮されねばならないこと、④将来支出が取得原価もしくは製造原価に資産計上義務がないこと、⑤負債計上の禁止がないことである[6]。この不確定債務引当金の解釈をめぐってドイツでは大きな対立がある。

　1つは主としてBFHを中心とした法形式的観察による通説的見解である。これに従うと、商事貸借対照表の中心的役割は債権者保護にあるので、第三者に対する義務は民法上の義務及び公法上の義務といった法的義務が中心である。そのほかに商慣習上あるいは道徳上等の理由から回避できない事実上の義務も含まれる。但し、債務の存在根拠が不確定なときには、将来の義務に対する経済的発生原因があるときに限り、この義務も資本維持の原則、負債の完全性要求及び不均等原則（商法第252条1項4号）から、引当金として計上する。この経済的発生原因はあくまで補完基準にすぎず、これが引当金の決定的な基準ではない[7]。いずれにせよ、この見解では結果的に法的義務の存在もしくは経済的発生原因のいずれか早期の時点で引当金を設定する。

　この見解に従うと、原子力発電所施設除去の法的義務はすでに原子力事業の

認可時点で成立する。そこで、事業開始年度で原則としてその全額引当金（Vollrückstellung）を計上しなければならない。ところが、既述の④の要件からIAS第16号16項による資産除去コストをドイツでは製造原価に算入できない。費用処理すると会社は債務超過[8]に陥ってしまうからである。そこで、それを回避するための例外的措置が必要となる。負債計上の完全性原則を犠牲にして実現原則又は負担原則に基づいて決算日までに実現した収益に対応する負担分だけを原子力発電所施設の耐用年数にわたって均等額で配分引当金を計上する[9]。これは商法第252条1項4号の規定にも合致する。但し、改正商法により当該長期引当金については過去7年間の平均的利子率で割り引いて評価する（商法第253条2項2文）。

このような例外的処理に対して、一方で負債の完全性命令から原子力発電所施設除去の全額を事業開始期間に計上すべきで、他方でIASと違ってドイツではそれを固定資産の取得原価もしくは製造原価に算入できない関係で、それに代わる借方科目を計上するとすれば、その内容が問題となる。この点に関してジーゲルは立法論として倒産防止目的の調整項目として借方貸借対照表擬制項目の計上を提案する[10]。ルーデンバッハは商法第250条の計算限定項目における支出の拡大解釈を前提として借方計算限定項目の計上を提案する[11]。

私見では、後者について実際の支出を伴っていない以上、支出概念の拡張による借方計算限定項目はやはり問題を含む。たしかに前者に関して一理あるが、2009年の改正商法により貸借対照表擬制項目は廃止された。原子力の利用権もしくは事業認可といった一種の無形固定資産項目の計上も考えられるが、その資産性にやや難がある[12]。改正商法では資産負債法に基づく借方繰延税金は債務弁済能力としての資産の要件を満たさず特別項目に計上する（商法第266条2項Eの後）。その点に着目してひとまずこの特別項目へ計上してから、その後償却するのも一考であろう。

2　経済的観察法による見解

　法形式的観察法に基づく見解と鋭く対立するのが経済的観察法に基づく見解である。これは不確定債務引当金の計上要件をもっぱら経済的な発生原因だけで決定する考え方である。そこでは法的債務は必要条件でもなければ十分条件でもない。義務については企業財産に対する経済的負担が一義的だからである[13]。当該引当金の計上にとって重要となるのが期間帰属原則としての実現原則である。これによると、当期の収益実現に対応する将来的支出がその対象となる[14]。その結果、法的債務が存在してもその経済的発生原因がなければ引当計上できず、そこでは引当計上を制限する一方、逆に経済的発生原因があれば法的債務がなくとも引当計上する。

　この実現原則によると、原子力発電所施設除去に対する将来支出を施設の耐用年数にわたって原子力事業から得られる収益に対応して処理する[15]。そこでは売上高が各期間に変動すれば、それに連動した引当金が計上される。これを累積引当金という。この額を現在割引価値で評価する。

　これ以外に原子力固有の物理的な放射強度をベースとすれば、その始動時にそれが最も強くそれ以降は著しく減少する。このため原子力発電所施設の除去コスト全額を一括始動時に計上すべきという見解がある[16]。また毎年の原子力エネルギー生産に伴うリスクが初期の段階で高いときには累積引当金を逓減的に計上すべきとする見解もある[17]。ただ、このような原子力固有の発電量に応じた引当計上は、残余電気量の測定に関する客観性の面で問題がある[18]。

3　税務上の取扱い

　税務上、原子力発電所施設の除去に対する不確定債務引当金については、その始動時からその履行時点までの期間に累積引当金として計上する（所得税法第6条1項3a項d2文・3文）。除去の時点がまだ確定していないときには、

119

25年間とする。その際には5.5%の割引率を用いる（所得税法第6条1項3a項e）。その結果、毎期一定額ではなくて逓増的に金額は増加する。この規定に関して引当金の利子控除は実現原則に反するという批判がある[19]。商法上は将来の価格もしくはコスト上昇を考慮できるが、税務上は決算日の価値関係が評価の基準となり、将来の価格もしくはコスト上昇分を考慮しない（所得税法第6条1項3a項f）。

第4節　使用済核燃料棒除去の会計

核燃料棒自体は原子力発電に対する棚卸資産としての性質をもつので、その取得原価で評価し減少分を継続的に費用処理する。その使用済核燃料棒の除去について IAS 第16号16項による資産除去債務会計基準を適用できない。そこでは固定資産を前提としており、棚卸資産を想定していないからである。使用済核燃料棒の除去にはまずその取り出し、冷却及び最終保存というプロセスを経た一定期間を要する。これについても不確定債務引当金の対象となる。その際に価格・コスト・技術革新等の面を加味して設定する。

1　法形式的観察法的見解及び経済的観察法的見解

法形式的観察法によれば、既述の通り法的義務または経済的発生原因のいずれか早い時点が不確定債務引当金計上にとって決定的である。使用済核燃料棒に対する除去義務が発生するのは経済的発生原因に基づいて原子力発電による核分裂を生じた時点であり、その利用期間全体が負担すべき義務を負う[20]。このほかに、使用済核燃料棒の保管義務は原子力法（Atomgesetz）第9a条、その再利用義務は連邦鉱山法（Bundesberggesetz）第51条1項1文による公法的義務と解する見解もある[21]。

経済的観察法によれば、使用済核燃料棒の除去義務、再利用義務及び最終保

管義務が発生するのは同じく核分裂を生じた時点であり、実現原則に基づいて処理する[22]。

このように、両者とも基本的に使用済核燃料棒の除去について累積引当金を設定する。

その場合、核燃料棒の燃焼の大きさまたは発電の販売のいずれかに基づいて計上する[23]。

なお、使用済核燃料棒を再利用すると、その価格は新規の核燃料棒の価格よりも有利となる。この点をその除去コストの見積に際して考慮する必要がある[24]。

2 核燃料棒の評価単位

核燃料棒の除去に際してその評価単位の設定いかんで処理が異なりうる。

第1に、個々の核燃料棒を評価単位と考えると、核燃料棒を最初に照射した時点でその発生原因が生じたので当該除去引当金を計上する。平均的に4年経過すると使用済核燃料棒の取り出しをしなければならないと仮定すれば、核燃料棒合計の4分の1がその発生原因に基づいて除去の対象となり、ほぼ一定額を累積引当金として計上する[25]。

第2に、決算日に存在する核燃料棒を評価単位とみなすと、毎年すべての核燃料棒の4分の1が取り出され新規のものに交換される。このため、決算日時点で常に存在する核燃料棒すべてを除去対象とした除去引当金を毎年計上する[26]。

第3に、原子力発電事業の利用期間全体を評価単位とすると、原子力事業会社は少なくともある程度確実に投入予定の核燃料棒総数を許容範囲内で見積もることができるはずである。この考え方に従うと、核燃料棒の総数についてすでに始動時にその除去に対して一括引当金を計上する。その評価はもちろん現在割引価値による[27]。

上記の第2法による評価単位を前提とするときには、さらに固定コスト部分と変動コスト部分とに分けることも考えられる[28]。前者の固定費部分は核燃料棒の投入及び消費とは無関係に発生するので、その現在割引価値で全額引当

金を設定する。と同時にその相手科目は費用処理せずにその同額を IAS と同様に成果中立的に棚卸資産に示される核燃料棒の資産原価に算入する。これに対して、後者の変動費部分は発生原因に基づく累積引当金を設定する。ただ、ドイツでは前者を基本的には棚卸資産原価に算入できないけれども、製造原価概念を拡張しそれに算入するか、あるいは借方計算限定項目に計上すべきとする見解もある[29]。

3　税務上の取扱い

使用済核燃料棒除去については、税務上その発生原因がある始動時以降に毎期一定額を累積引当金として計上する（所得税法第6条1項3a号d1文）。ただ、この点に関して担税力課税の原則からは利益がそれを十分にカバーできていないときに損失補填を制限するのは問題であるという批判がある[30]。

プルトニウム酸化物を含むいわゆる MOX 核燃料棒の除去については、引当金の計上禁止規定がある（所得税法第5条4b項2文）。再利用の対象となる MOX 核燃料棒の価値は新規の核燃料棒価格よりも高いにもかかわらず、MOX 核燃料棒の簿価は新規ウラン核燃料棒の価格を上回ることはできない。この簿価と時価の差額について商法上は低価原則により新規の核燃料価格まで評価減をする（商法第253条3項3文）。

税務上では文献のなかに所得税法第5条1項の基準性原則及び所得税法第6条1項1号2文の許容（"kann"）表現により、部分価値による評価減に関しては税法上の選択権があるという見解がある。これに対して BFH は従来から部分価値による評価減を義務づけており、これは不均等原則からも根拠づけられる。このような理由から、MOX 核燃料棒は事実上新規の核燃料棒価格でのみ資産化され、その再利用コストが新規価格を上回る金額だけについて費用が発生する[31]。しかし、この規定についても再利用コストが新規の価格よりも高いときには、その差額は公法的義務の発生であり、税務上も不確定債務引当金を計上すべきとする見解がある[32]。

第5節　結

　以上の論旨を整理すれば、以下の通りである。

　第1に、上場しているドイツの原子力事業会社は連結決算書作成に際してIASに基づき、原子力発電所施設除去コストの現在割引価値を引当金に計上する一方で、その同額を固定資産原価に成果中立的に両建処理する。使用済核燃料棒の除去コストを現在価値に割り引いて引当計上し、その同額を棚卸資産原価に算入する。わが国の資産除去債務基準も基本的にはこれと同じコンセプトに立脚するが、引当金から区別した資産除去債務という別個の負債に計上する。この処理に賛成する論者もいないわけではない。しかし、除去コストは資産のメルクマールを満たさず、固定資産原価よりはむしろ棚卸資産原価に算入すべきという見解がある。さらに固定資産の取得原価算入による成果中立的処理は動態論、負債の一括計上は静態論にそれぞれ立脚しており、ドイツ会計制度ではIASの処理は問題を含むと解する見解が支配的である。

　第2に、ドイツ商法では原子力発電所施設除去に関してBFH中心の法形式的観察法では法的債務が存在する時点でその割引価値を一括引当金として計上するのが原則であるが、債務超過を回避するために、利用期間にわたって定額で計上する配分引当金を例外措置として設定する。これに対して、もっぱら経済的発生原因を一義的とする経済的観察法では実現原則に基づいて当該事業から得られる収益に関連づけて引当金を計上すれば累積引当金を設定する。このほかに経済的発生原因を収益に代えて原子炉の放射強度をベースとする考え方もある。それによると、原子力固有の物理的発電内容から逓減法による計上となる。ただ、原子力発電量による測定には客観性に問題があるという批判がある。いずれにせよ、ドイツでは両建処理は認められない。かりにIASと同様に両建処理するとしても固定資産原価に算入せず、倒産防止目的からの調整項目として借方貸借対照表擬制項目もしくは借方計算限定項目を設定したり、あ

るいは原子力の利用権もしくは事業認可といった一種の無形固定資産と解する考え方もある。この点に関して、改正商法では資産負債法に基づく借方繰延税金は債務弁済能力ある資産ではないので、資産固有の項目から明確に区別して借方特別項目として示す。そこで、これに準じて借方の特別項目として示し、それ以降償却する処理も一考に値する。税務上では、原則として累積引当金を設定する。

第3に、使用済核燃料棒の除去について商法及び税法とも経済的発生原因に基づき累積引当金を計上する。使用済核燃料棒の評価単位を各個別に捉えるか、期末時点で存在する核燃料棒とみるか、それとも原子力発電所施設利用全体で予定する核燃料棒と捉えるかによって、処理が異なりうる。また、その将来コストを固定費部分と変動費部分とに分別経理することも考えられる。但し、税法ではMOX核燃料棒除去に対してその除去引当金の計上禁止規定があるが、これに対する批判もある。

第4に、わが国の引当金については企業会計原則注解18しか現段階では存在しない。これは明らかに収益費用アプローチに基づく引当金規定である。旧商法第287条の2の規定に関連して債務たる引当金であるか非債務たる引当金であるのかというストック中心の引当金の区別がかつてあった[33]。現在ではIFRS及びドイツ会計制度も同様にストック中心に引当金を規制している。ドイツ改正商法は一部の例外項目を除き費用性引当金[34]の計上を禁止する（旧商法第249条1項3文・同条2項の削除）。このような傾向からは、わが国の引当金規定の早急な改正が不可欠である。

注

（1）すでにこの4社に関する決算書分析がある（S. Köhlmann, Die Abbildung vom nuklearen Entsorgungsverpflichtungen in IFRS-Abschlüssen, Wiesbaden, 2008年, 265-298ページ）。
（2）S. Köhlmann, 前掲書注（1）, 280-281ページ。I. Wulf, Bilanzielle Wirkungen von Entsorgungs- und Rückbauverpflichtungen, in: Zeitschrift für internationale kapital-

marktorientierte Rechnungslegung, 第6号, 2006年6月, 349ページ。
(3) S. Kaiser, Rückstellungsbilanzierung, Wiesbaden, 2008年, 97ページ。N. Lüenbach・W. D. Hoffmann 編, Haufe IFRS-Kommentar, 第11版, Freiburg, 2013年, 1081ページ。
(4) S. Wich, Entfernungsverpflichtungen in der kapitalmarktorientierten Rechnungslegung der IFRS, Wiesbaden, 2009年, 197・218ページ。
(5) M. Binger, Der Ansatz Rückstellung nach HGB und IFRS im Vergleich, Wiesbaden, 2009年, 198ページ。
(6) H. Ellrott etc. 編, Beck'scher Bilanz-Kommentar, 第8版, München, 2012年, 255ページ。
(7) D. Schubert, Der Ansatz von gewissen und ungewissen Verbindlichkeiten in der HGB-Bilanz, Düsseldorf, 2007年, 134ページ。C. E. Schrimpf-Dörges, Umweltschutzverpflichtungen in der Rechnungslegung nach HGB und IFRS, Wiesbaden, 2007年, 79・187ページ。W. D. Hoffmann・N. Lüdenbach 編, NWB Kommentar Bilanzierung, 第4版, Herne, 2013年, 333ページ。
(8) もちろん、これは負債が資産を上回る商法上の債務超過を意味し、倒産法（Insolvenzordnung）第19条で定める債務超過ではない（S. Kaiser, 前掲書注（ 3), 103 ページ脚注752）。
(9) W. D. Hoffmann・N. Lüdenbach 編, 前掲書注（ 7), 334-335ページ。
(10) T. Siegel, Umweltschutz im Jahresabschluß, in: Betriebs-Berater, 第48巻第5号, 1993年2月, 336ページ。
(11) N. Lüdenbach, Rückbauverpflichtungen nach internationaler Rechnungslegung und deutschem Bilanzrecht: Praktische Unterschiede und kritischer Rechtsvergleich, in: Betriebs-Berater, 第58巻第16号, 2003年4月, 840ページ。
(12) S. Wich, 前掲書注（ 4), 149-152ページ。
(13) A. Moxter, Grundsätze ordnungsmäßiger Rechnungslegung, Düsseldorf, 2003年, 97-98ページ。M. Pisoke, Ungewisse Verbindlichkeiten in der internationalen Rechnungslegung, Wiesbaden, 2004 年, 92ページ。
(14) J. Baetge・H. J. Kirsch・S. Thiele, Bilanzen, 第12版, Düsseldorf, 2012年, 422-423ページ。
(15) M. Binger, 前掲書注（ 5), 198ページ。
(16) U. Gotthardt, Rückstellungen und Umweltschutz, Köln, 1995年, 143-144ページ。

(17)　A. Tischbierek, Der wirtschaftliche Verursachungszeitpunkt von Verbindlichkeitsrückstellungen, Frankfurt am Main, 1994年, 162ページ。
(18)　S. Kaiser, 前掲書注（3）, 103ページ。
(19)　M. Heim, Rückstellungen in der Steuerbilanz, Hamburg, 2012年, 236-237ページ。
(20)　M. Heim, 前掲書注（19）, 227ページ。
(21)　S. Kaiser, 前掲書注（3）, 54-55・58-59ページ。
(22)　G. Führich, Theorie und Praxis der Rückstellungsbildung für die Entsorgung von Kernbrennelementen nach deutschem Bilanzrecht（Teil 1）, in: Die Wirtschaftsprüfung, 第59巻第20号, 2006年10月, 1275-1276ページ。
(23)　G. Führich, 前掲論文注（22）, 1276-1277ページ。
(24)　H. Ellrott etc.編, 前掲書注（6）, 279ページ。S. Wich, 前掲書注（4）, 213ページ脚注1514。
(25)　S. Köhlmann, 前掲書注（1）, 103ページ。
(26)　S. Köhlmann, 前掲書注（1）, 103-104ページ。
(27)　S. Köhlmann, 前掲書注（1）, 104ページ。
(28)　S. Köhlmann, 前掲書注（1）, 105-106ページ。
(29)　D. Müller, Verbindlichkeitsrückstellungen, Köln, 2008年, 279ページ。
(30)　M. Heim, 前掲書注（19）, 228ページ。
(31)　この所得税法第5条4b項2文の法規定により，具体的な貸借対照表能力は抽象的な貸借対照表能力より狭く解され，結果的に基準性原則が適用されない。特定の事業活動を営む企業に対してだけエネルギー政策の見地から商法上の不確定債務引当金の計上を制限する意味で，税務上の特別規定導入に伴う不当な取扱いであるという見解がある（W. Scheffler, Besteuerung von Unternehmen Ⅱ（Steuerbilanz）, 第7版, Heidelberg, 2011年, 286-287ページ）。
(32)　M. Heim, 前掲書注（19）, 200ページ。D. Müller, 前掲書注（29）, 279ページ。
(33)　わが国の現行会社法でも旧商法と同様に会社法上の引当金は依然として債務たる性質をもたない会計上の引当金であるという見解もある（江頭憲治郎『株式会社法』第3版, 有斐閣, 平成22年, 596-597ページ, 尾崎安央「会社計算」江頭憲治郎・弥永真生編『会社法コンメンタール』計算等［1］, 商事法務, 平成23年, 98ページ）。
(34)　この費用性引当金は立法論としては利益発生の範囲でも利益処分の範囲でもオンバランスできない項目と解する見解がある（A. Schiebel, Die unternehmensrechtliche Bilanzierung von Rückstellungen, Wien 2012年, 337-338ページ）。

第5章　補助金の会計

第1節　序

　昭和49年改正前の企業会計原則によると、資本的支出に充てられた国庫補助金は経済的維持の面から出資に準ずるものとして資本取引とみなされていた（昭和38年企業会計原則・注解7）。昭和49年改正企業会計原則は、株主集合体説をベースとする商法との調整からその点を是正したといわれる（昭和49年企業会計原則・注解19）。少なくとも制度上はそれを境に国庫補助金を資本取引とは捉えずに利益と捉えるようになり、現在に至っている（平成21年企業会計基準第5号「貸借対照表の純資産の部の表示に関する会計基準」37項）。
　本章では、ドイツ会計制度における補助金の会計を取り上げ、日独及びIFRSの補助金の会計処理について比較検討することにしたい。

第2節　商法における補助金

1　補助金の概要

（1）補助金の種類

　補助金には次の2つの種類がある。1つは法（Gesetz）、行政規定（Verwal-

第 1 編　会計処理

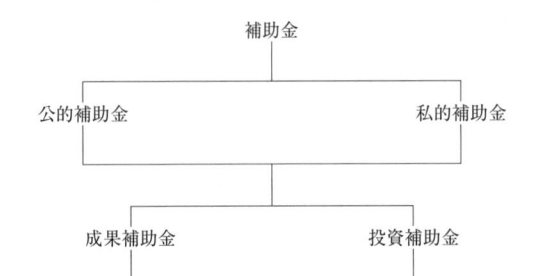

図表 5-1　補助金の種類

```
                    補助金
                      │
          ┌───────────┴───────────┐
       公的補助金                私的補助金
          │
    ┌─────┴─────┐
 成果補助金    投資補助金
          │
  ┌───────┼───────┐
償還不要  条件付償還  償還必要
```

出典：K. Küting・A. Pfirmann・D. Ellmann, Die bilanzielle Behandlung von öffentliche Zuwendungen für Forschungs- und Entwicklungstätigkeiten im HGB-Recht, in: Deutsches Steuerrecht, 第 48 巻第 43 号, 2010 年 10 月, 2207 ページ。

tungsvorschriften) 及び指令 (Richtlinien) などによる公的補助金 (öffentliche Zuwendungen) である。もう 1 つはそれ以外の企業などによる私的補助金 (private Zuwendungen) である。この補助金の目的から投資の実施を刺激するための投資補助金 (Investitionszuwendungen) と、収益補助もしくは費用補助を目的とした成果補助金 (Erfolgszuwendungen) とがある。また、補助金に関して償還の有無により償還を要しないタイプ、条件付償還のタイプ及び償還を要するタイプがある。この点を図示すれば**図表 5-1** の通りである。

　なお、税法との関連では投資助成金 (Investitionszulagengesetz; InvZulg) に基づいて所得税法上の所得に属さない非課税の助成金 (Zulage) と、所得税法の対象となり課税される補助金とがある。

2 公的補助金

(1) 償還を要しない公的投資補助金

① 種々の処理法

まず公的補助金のうち償還の必要のない補助金について取り上げる。

補助金受給の実質的前提を履行する以前に補助金をすでに受け取ったときには、その金額をまずその他の債務に計上しておき、その前提を履行した時点で補助金に振り替える。償還を要しない公的補助金が投資補助金に該当するときの主な処理には5つの処理法がある。

第1法は投資する資産の取得原価もしくは製造原価から補助金を直接的に控除して圧縮記帳する方法（直接法）である。その結果、補助金を受領した時点では成果中立的な処理が行われる。これは、商法第255条で定める取得原価もしくは製造原価との関係で会社にとって事実上支出したのが補助金を控除した純額である点を根拠とする[1]。

第2法は、補助金を受給した時点でその目的にかかわらず収益に計上する方法である。というのは、それは他人資本でもないし自己資本でもないからである。その結果、当期の損益計算における収益とみなす[2]。

第3法は投資の取得原価もしくは製造原価をマイナスせず、補助金を投資補助金として貸方項目として計上する方法である[3]。財産状況及び財務状況の適正な表示面からは第1法の直接法だと情報の歪みが生じる点をその根拠とする。この貸方項目に関して、2009年改正前商法では準備金部分を有する特別項目（Sonderposten mit Rücklageanteil）を税務上の課税所得計算との関連で逆基準性原則により引当金の前に計上できた（改正前商法第273条）。改正商法は逆基準性原則を廃止した関係で、それを計上することができない。このため、それに代えて唯一残されているのが商法第265条5項に基づく特別項目の計上である[4]。

第4法は商法第250条2項で定める貸方計算限定項目（passive Rechnungsabgrenzungsposten）に計上する方法である[5]。その根拠は、補助金がいわゆる経過勘定としての計算限定項目に類似する点にある。この処理は、投資補助金の行為義務を履行する以前に補助金を受給したときに適用される。補助金収入が決算日までに会社にあり、それ以降の期間に収益化されるからである。その場合、収入の期間限定を厳格に適用せず、"一定の期間"の内容を広義に解釈し見積も含むことを前提とする[6]。

　第5法は、投資補助金の額を商法第272条2項4号で定める資本準備金に計上する方法である。その根拠は、その補助金が出資者による出資に準じたものと解しうる点にある。ただ、公的投資補助金には会社権が付与されないため、商法第272条2項1号から3号までの拘束性のある資本準備金とは異なり、それを拘束性のない第4号資本準備金として計上する[7]。

　この5つの方法のうちで第5法は必ずしも一般的ではない。というのは、公的補助金と会社関係（Gesellschaftsverhältnis）による出資者による出資とは明らかに性質を異にするからである[8]。

　なお、この4つの処理法のほかに実体維持の見地から取替資金の確保の意味で次のような方法も展開されている。つまり、補助金が最終的には利益分配の対象となることを回避するために、補助金に対する利益準備金の設定を利益処分（Gewinnverwendung）の段階で実施し、投資助成金を将来の取替資金の確保に役立たせようという方法である。ドイツでは、利益準備金の設定について次のように規定する。株主総会が年次決算書（Jahresabschluß）を確定するときには、定款の定めで受給した補助金の額が年度剰余額（Jahresüberschuß）の2分の1を上回らないときには、利益処分によりそれをその他利益準備金（andere Gewinnrücklagen）に計上できる（株式法第58条1項）。同様に取締役会及び監査役会が年次決算書を確定するときにも、受給した補助金を年度剰余額の2分の1を上回らないときにはその他利益準備金に計上できる（株式法第58条2項1文）。受給した補助金の額が年度剰余額の2分の1を上回るときには、定款の定めで取締役会及び監査役会に対して利益準備金を設定できる権限

を与えることができる（株式法第58条2項3文）。このような手段を通じて例えば第1法によって補助金の額だけ減価償却費の減少分を上記のような利益処分の形で留保すれば、実体維持の見地から取替資金の確保に役立つ[9]。

② 通説的解釈と新見解
1）通　説
　通説は第1法と第2法の選択権を支持する。しかし、これが必ずしも正規の補助金会計の原則とまでは形成されてはいない[10]。
　第1法による補助金の額だけ取得原価もしくは製造原価をマイナスすることに対する強制力はないし、取得原価の決定はその資金源泉とは別だからである。また、第2法による即時的な収益計上もまた義務はない。公的補助金の支給は一般的にいって一定の法的もしくは促進条件で確定された前提の履行を要求する。それ故に、取得原価の減額も強制ではなく、その処理を選択権とみるのが妥当である[11]。即時的な収益計上は用心の原則による利益実現原則に反する結果をもつ[12]。なお、即時的な収益計上が認められるのは、補助金対象物が即時的に償却されるか、あるいは損失填補に対する更生補助金に限るという見解もある[13]。また、第4法についても、計算限定項目に関する一定期間を広義に当該固定資産の耐用年数と解するのは妥当ではないという考え方もある[14]。
　この点に関してオーストリア財務報告及び監査委員会（Austrian Financial Reporting and Auditing Committee; AFRAC）は投資補助金会計について第1法の直接減額法よりも第3法の間接法を以下の理由から支持する。第1法は財産の表示を歪め、行われた財務の意義及び要求が開示されず、同業他社との企業比較が困難であるという欠点をもつ[15]。第1法が許容されるのは、公的機関が権利主体及び事業のように、その継続が補助金に実質的に依存している場合だけに限られる。
2）新見解
　補助金会計に関して投資補助金を受給する会社側の反対給付義務を狭義に法

的な双務契約取引（synallagmatische Rechtsgeschäft）として捉えるのではなくて、むしろ経済的な観点からリスク負担が反対給付義務にあるか否かを中心に考察すべきとする新たな見解が展開されている。これによると、補助金の受給に伴う履行リスクがあるときには補助金の受領時点で成果中立的に処理し、リスク負担が確実に消滅した時点で成果作用的に処理する[16]。この処理によれば、取得時点または製造時点では資産の取得原価または製造原価から補助金を直接的に控除した金額が資産増加の尺度となる。つまり、原則として第1法と同様である。但し、将来のキャッシュ・フローが見積上当該資産からの支出額を回収できず、あるいは投資によって増加すべき売上が将来的に減価償却費の合計を下回ると見込まれるときには、不均等原則はより低い付すべき価値による評価を要請する。その結果、臨時償却による損失を計上する。このようなリスクがあるときには処理が第1法と相違する[17]。また、第1法の限界は例えば無形固定資産のように補助金の対象物が第三者に譲渡可能な個別評価できる資産としての特性を十分に備えていないときにも生じる。このケースでは財産増加の成果作用性原則により補助金の実現時点が決定される[18]。補助金の対象物が非償却性固定資産や流動資産のケースでは、臨時的評価減もしくは当該資産の売却ないし消滅の時点で成果作用的に処理される[19]。

（2）償還条件付投資補助金

償還条件付補助金の場合には、次の2つのタイプがある。停止条件付償還義務（aufschiebend bedingte Rückzahlungsverpflichtung）のタイプと、解除条件付償還義務（auflösend bedingte Rückzahlungsverpflichtung）のタイプがそれである。

① 法形式的観察法による見解
1）停止条件付償還義務のある補助金

停止条件付償還義務が生じるのは、補助金の条件で定められている特定の事象が発生したときである。例えば将来の利益に依存する結果を条件とする場合

である。具体的には会社更生に対する補助金に関して、会社更生により再び利益の獲得が見込まれる年度にはじめてすでに受給した補助金の償還義務が生じる。その時点でその債務を計上する[20]。

　条件の発生が補助金が促進するプロジェクトに依存する場合もある。成果の発生が見込まれるときには、その段階での負債はまだ不確定債務である。そこで引当金としてそれを計上する。引当金として計上した後に、補助金の償還請求がないことが判明したときには、その引当金を成果作用的に取り崩す。補助金の対象となる資産がまだ全額償却されていなときには、次期以降に相殺されるべき補助金の成果作用的部分は損益計算に影響させずに特別項目に振り替え、それ以外の部分は成果作用的に取り崩す。この特別項目は減価償却費に比例して取り崩す[21]。

　例えば、ある企業が240,000ユーロの機械を4年間で定額法で償却する。この機械に対して条件付の補助金を受給し、その生産による生産物の売上が最初の2年間で100,000ユーロを上回るときに当該補助金の償還義務があるとする。最初の2年間の売上の見込みが200,000ユーロと見込まれるときには、補助金の償還可能性により引当金を計上する。

(借)当 座 預 金	100,000	(貸)営 業 外 収 益	100,000
機　　　　　　械	240,000	当 座 預 金	240,000
減 価 償 却 費	60,000	機　　　　　　械	60,000
補助金引当金繰入	100,000	補 助 金 引 当 金	100,000

　2年度目に売上高が80,000ユーロであることが確定したときには、償還義務を要しない補助金が存在する。そこで、以下の仕訳で示すように次期以降に相殺されるべき成果作用的補助金部分は成果中立的に特別項目に振り替えることによって、補助金引当金を取り崩す。それを上回る部分は成果作用的に取り崩す[22]。

第1編　会計処理

（借）減価償却費	60,000	（貸）機械	60,000
補助金引当金	50,000	営業外収益	50,000
補助金引当金	50,000	補助金特別項目	50,000

なお、補助金引当金を何ら負債化する必要がないときにも、あらゆる場合において償還義務の可能性は停止条件付債務を示す。このため、それを商法第285条3号により附属説明書でその他の財務上の義務として注記する。

２) 解除条件付償還義務のある補助金

解除条件付償還義務のある補助金の場合には、停止条件付償還義務のあるそれとは違って、条件の事象発生ではなくて原則として当初から受給した補助金について負債として計上する。つまり、法的には補助金を受け取った時点で償還義務が発生し、解除条件の事象が発生した段階で償還義務が消滅する。解除条件の事象が発生しないときには、通説によると債務のまま負債計上する。このケースでは補助金受給の成果作用的実現と償還義務の負債計上との間の区別はない[23]。

オーストリアでもこのような法形式的な観察法による見解が償還条件付補助金の会計処理として重視されている[24]。これが一般に通説を形成している。

② 経済的観察法による見解

このような法形式的見解に対して停止条件付償還義務も解除条件付償還義務も条件の発生あるいは消滅に関する推定時点を想定する点では、経済的には何ら区別する必要はないという経済的観察法による有力な見解がある。

例えば、「解除条件付償還義務はすでに行政行為の交付時点ないし契約締結時点（及び補助金の支払時点）ですでに債務として計上されるべきではなく、2つの他の基準が満たされるときには、事象の消滅時点で債務として計上されねばならない。そのプラスの根拠が、解除条件付償還義務は法的観察法でもまた未決状態のために無条件の償還義務との違いを示す点にある」[25]。同様に「（停止条件のついた）特定の事象が発生したり、あるいはこの事象が解除条件

のもとで法的効力をもつときには、償還義務が法的に効力をもつかどうかは経済的には同一の事実を示す。経済的観点のもとでは例えば研究開発に対する公的補助金がそれがうまく成功したときに償還されねばならないことと、借入金が供与され、それが失敗したときに免除されることとは何ら違いがない。かくして、停止条件と解除条件の法技術的手段は交換可能である。いずれのケースでも経済的にみると停止条件あるいは解除条件の事象発生までは未決の状態である。というのは、解除条件が発生しないことは事実上停止条件の償還義務の発生に等しいからである。その限りで負債計上しない原則は法的債務だけには適用されるが、しかし経済的に存在する債務には適用されない」[26]。

そこで、このような立場に立つとき、条件付償還義務を伴う補助金の処理が問題となる。この点に関して、補助金を受領した時点でまずそれを収益に計上しておき、その条件発生の可能性が十分に確実になるときにその負債を計上するという処理が考えられる。この"発生の可能性が高い"（überwiegend wahrscheinlich）とは具体的にはその発生の可能性が51％でなければならないことを意味し、それを満たすときには引当金を計上する。ここでは条件発生に対する可能性の判断が不可欠である。つまり、条件付支払義務の計上は明らかに成果作用性原則から導かれる[27]。

しかし、このような発生の確実性に対する判断または見積には主観的な裁量の余地が介入する余地が多分にある。したがって、補助金の受領時点であらかじめ収益に計上し最低限度の確実性があるときに強制的に補助金償還に対する負債を計上する処理法は、確実な請求権を重視する商法上の原則に反してまだ確実に収益とはいえない補助金を配当財源とする危険性を示す[28]。

このような理由からボルフ（S. Wolf）は条件付償還義務のある補助金に関して、貸借対照表法上における補助金関係に内在する経済的リスク状況の面からそれを受領した時点ではまず成果中立的な処理を主張する。この時点における補助金は無利子の借入金としての性質をもつ。その結果、将来の利益あるいは売上高といった成果から補助金の返済を定める契約は一種の購入価格に対する猶予（Kaufpreisstundung）と解される。その結果、その時点ではまだ収益実現

とはみなされない[29]。そこではまだ不確実な利益だからである。但し、この成果中立性原則には例外がある。それは、補助金受領者自身が事実上償還義務を免れうるときには別である。また、補助金の受領時点で償還リスクの見積に対する具体的で十分に客観化できる根拠が過去のデータあるいは業種の慣行などにより存在するときには、成果作用的処理も認められうる[30]。十分なデータがあれば、補助金償還に対するリスクを統計的な見積方法で数量化して処理し、負債計上を決定することもできる[31]。

（3）成果補助金

公的補助金のうちで投資補助金ではなくて成果補助金については次のように処理する。

まず成果補助金のうちで償還義務のないものについては原則としてその補助金を成果作用的に収益として処理する。補助金の受領年度以降に当該補助金が支出されるときには、受領年度には貸方計算限定項目を設定し、支出年度にそれを利益に振り替える。

条件付償還義務のある補助金の場合には、すでに説明した償還条件付投資補助金に準じて処理する。例えば、研究プロジェクトの促進に対する補助金の受領年度後3年以内に当該事業のプロジェクトが黒字になるときには、償還義務があるとする。補助金の受領年度は次のように処理する。

(借)当 座 預 金　100,000　　(貸)営 業 外 収 益　100,000
　　営 業 外 費 用　100,000　　　　引　　当　　金　100,000

3年経過後に停止条件付償還義務が発生したときには、すでに設定した引当金を確定した債務として未払金に振り替える[32]。

(借)引　　当　　金　100,000　　(貸)未　　払　　金　100,000

成果補助金の償還義務が企業の将来利益に関連づけられているときには、負債計上の義務はない。というのは、義務は補助金の受領年度には経済的にも法的にもその原因がまだないからである。償還義務の発生した年度にはじめて債務を計上する。

3　私的補助金

公的補助金と対照的なのが私的補助金である。これは経済的な交換関係に基づき補助金の受領者の反対給付義務に根拠をもつ点で公的補助金との違いがある。この私的補助金にも投資補助金と費用及び収益に対する補助金とがある。

(1) 投資補助金

私的補助金のうちで投資補助金としての性質をもつケースでは、補助金の提供者が特定の資産に対する取得原価または製造原価を補助するときに補助金の受領者は通常その目的を実現する義務を負う。したがって、補助金の受領者には一方で当該資産の取得または製造と、他方でその行為目的の遂行という反対給付が課せられる。その際に補助金の受領者が当該資産の所有者か否かによって処理が異なる。

① 資産の所有権が補助金の受領者にあるケース

資産の所有権が補助金の受領者にあるときには、そこでは異なるタイプの重要な要素を含むミックスした契約から出発する必要がある。この契約にとって資産の取得ないし製造という主要義務及びそれに関連する副次義務が特徴ではない。むしろ通常は多くの主要義務の相互関係が生じる。これらが本質的に重要であるから、そのうちの1つでも履行しないときには、給付義務が履行されていないと判断される。これに対して、副次義務の要求は重視されない。

実現原則に基づいて自己の果たすべき重要な反対給付を行ったときに補助金の受領者は収益を計上する。資産の取得ないし製造のほかに補助金提供者の目

的として資産の維持をベースとした補助金が支給されるときには、その受領者の行為義務が問題となる。

この場合の行為義務については完全履行が反対給付の条件となる[33]。

1）補助金がその受領者の期間に関連した反対給付に基づくとき

受領した補助金は期間に応じて成果作用的に処理する。補助金受領者が給付義務を負う期間がカレンダーでは決定できないときには、客観的な基準でそれは慎重に見積もられねばならない。その基準として資産の耐用年数は必ずしも決定的とは限らない。

補助金受領者の未履行反対給付に相当する投資補助金部分は貸方計算限定項目に計上する。その場合、実現原則によれば、特定期間が正確に決定できず見積によらざるをえないケースでも、貸方計算限定項目の計上が要求される。その場合の期間見積は慎重原則に基づいて行われねばならない[34]。

2）補助金が数量に依存する反対給付のとき

実際の数量に応じて成果作用的に処理する。未履行の数量的給付義務に対する補助金相当部分は通常の営業活動の範囲では前受金として処理し、それ以外のときにはその他の債務（未払金）として処理する[35]。

3）反対給付義務が異なる義務要素のとき

反対給付義務が異なる義務要素のミックスしたケースもある。いくつかの主要義務があるときには、収益実現は慎重な評価原則に従い最低の履行義務をベースとする。反対給付が期間及び数量に依存する補助金のケースでは、決定的な期間がないので、貸方計算限定項目としては計上できない。通常の営業活動の範囲では前受金として、それ以外では未払金として計上する[36]。

② 資産の所有権が補助金提供者側にあるケース

補助金提供者側に資産の所有権があるときには、かかる契約の経済的目標は補助金受領者が自己に委ねられた資産を保有し、一定の引渡を保証する点にある。

経済的所有は補助金受領者のままであれば、それを資産計上する。これに対

第5章　補助金の会計

して、経済的所有者が提供者側に移転するときには、補助金受領者は得られた補助金に対する反対給付義務を引渡によって行い、それ以外に何ら副次的義務がなければ、補助金を成果作用的に収益として計上する。

（２）費用補助金または収益補助金

　私的補助金が費用及び収益補助金としての性質をもつときには、すでに示した投資補助金の処理が適用される。つまり、費用補助金もしくは収益補助金のケースでは、補助金受領者の反対給付義務は補助金の処置あるいは義務の引受にある。これらの場合、補助金は実現原則に従い反対給付義務の履行の尺度に応じて成果作用的に処理する[37]。

　私的補助金で反対給付を伴わないものについては、補助金受領者は得られた補助金を資産増加として処理する。金銭以外の補助金であれば、資産の時価を上限に計上する。

　出資者が補助金を会社に提供し、当該補助金を商法第272条2項4号の資本準備金に計上することもある。その場合、出資者は明確に自己資本への計上を説明しなければならない。第三者が自己資本への計上を条件に補助金を会社に提供するときには、会社機関はそれを利益処分として処理する義務がある[38]。

第3節　税法における補助金

1　投資補助金

　税法における投資補助金を納税義務者は事業収入（Betriebseinnahme）として処理するか、あるいは補助金部分だけ資産の取得原価もしくは製造原価を圧縮するかのいずれか選択権がある（所得税施行令第6.5条2項）。取得原価もしくは製造原価の発生以前に補助金を受領したときには、非課税の準備金（steuerfreie Rücklage) に計上する。判例では補助金の処理をめぐって対立がある。連邦財政裁判所第3部・第4部及び第9部は商法第255条1項3文に従い取得原価もしくは製造原価から直接的控除を強制する。これに対して、連邦財政裁判所第1部及び第10部は原則として事業収入と捉えるが、しかし同時に利益実現を延期する可能性にも言及する[39]。

(1) 公的補助金

投資補助金のうち公的補助金の処理には通常既述の通り選択権がある。ここでは代償を伴わないので、貸方計算限定項目は設定できない。補助金の提供に関係する特定の投資行為はまだ反対給付を示さないからである。さらに、この補助金には一定期間が定められていない。公的補助金が補助金としてみなされるか、あるいは借入金としてみなされるかどうかが一定期間後に決定されるのであれば、それは当初において負債計上されねばならない。そこではまだ事業収入への計上も圧縮記帳もできない。公的補助金の提供者が受領した資本会社に投資し、これが一般に妥当する補助金の条件に合致するときには、隠れた出資[40] (verdeckte Einlage) は問題とならない[41]。

かつてガス供給会社の消費者への将来サービス提供に対する建設コスト補助金については連邦財政裁判所は1977年の判決で後述する収益補助金としての処理を決定した。その後、電力及びガスに対するエネルギー法の自由化に伴い、税法は従来の立場を変更した。エネルギーの譲渡及び供給の分離を通じて、それに応じた会計経理が義務づけられた。これにより税務当局は電力及びガスの供給に関して従来の収益補助金としての処理から、所得税施行令第6.5条の意味における投資補助金としての処理に変更した。その結果、その建設コスト補助金は事業収入あるいは資産の取得原価もしくは製造原価の圧縮記帳のいずれかの選択権を用いて処理する[42]。

(2) 私的補助金

投資補助金のうち私的補助金については、拘束的となる投資目的決定との緊

密な前提が仮定されねばならない。補助金受給者が単に法的義務を履行するだけでは不十分である。

扶養事業のために顧客から必要な建設コストの補助金を要求するときには、その建設コスト補助金は投資補助金に該当する。その結果、選択権を通じて処理される[43]。

2　収益補助金

収益補助金は即座に事業収入として課税の対象となる。その例として公的補助金は事業移転後の一般的流動性の強化のために支給される場合もあるし、農業経営の停止に対する補助金が支給される場合もある。

ここでもまた利益実現は貸方計算限定項目、法的な配分ルールあるいは引当金によって処理される。補助金の受給者が給付に対して期間に関連した義務を負うときには、貸方計算限定項目を設定する。例えば、一定期間にわたって研修所に補助金が支給されるケースがこれに該当する。農産物の商品化を5年間断念したときの補助金もそうである。

建物賃借人用建設コスト補助金については、その契約期間にわたってその収入を期間配分する。資産の取得原価もしくは製造原価から補助金を圧縮することはできない。

万一受給した補助金に対して償還義務があるときには、引当金を設定する。その償還義務が将来の収入もしくは将来の利益に依存するときには、引当金は設定できない（所得税法第5条2 a項）。著者から出版に際して当初は印刷費用の一部を負担してもらい、その出版物の最低販売部数が確保されたときにその負担金を著者に返還する条件となっている場合がある。この補助金については出版物の製造原価に対して引当金が設定される[44]。

第4節　わが国及びIASにおける補助金

1　わが国の補助金

（1）国庫補助金

　すでに触れたように、昭和49年改正前企業会計原則・注解7のなかに資本的支出に充てられた国庫補助金（建設助成金）及び工事負担金は資本剰余金に含まれるという規定があった。国庫補助金がけっして収益または費用の補填としての性質をもたず、むしろ国庫補助金が固定資産に事実上投資されることによって、当該固定資産を経済的に維持するため広義の資本の一種とみなすという考え方がベースであった[45]。

　昭和49年改正企業会計原則・注解19はその従来の規定を変更し、資本剰余金の例示項目から資本的支出に充てられた国庫補助金及び工事負担金を削除した。その理由について明らかではないが、その主な理由は以下の通りである。
① 補助金が資本的支出に充てられるという、いわばその使途に応じた補助金の資本剰余金の妥当性には問題がある[46]。
② 企業を株主の集団とみる立場からは、資本拠出者は株主に限定される[47]。

　この理由からわが国の現行制度は資本的支出に充てられた国庫補助金等を資本剰余金とみなしていない（企業会計基準第5号「貸借対照表の純資産の部の表示に関する会計基準」第37項）。その結果、国庫補助金は利益剰余金として処理される。

　利益剰余金として処理する場合、次の2つの方法がある。1つはすでに触れた第1法による直接的控除方式による圧縮記帳である。もう1つは第2法による積立金方式による利益処分方式である。いずれの方法も課税の繰延べとして

の処理である点で共通する。

　昭和57年企業会計原則・注解24は直接減額方式による圧縮記帳の容認に言及するに留まり、特に両方式の妥当性には触れていない。

　わが国では補助金の支給目的に反した場合のペナルティーとしての補助金返還のケースを別とすれば、一般に補助金支給の前提として返還条件が付くケースはほどんどない。かりにそのような返還条件がある補助金の場合には、その受給時点で国庫補助金仮受勘定もしくは国庫補助金未決算勘定に計上するという考え方がある。その場合、この仮勘定は負債性としての性質をもつといわれる[48]。つまり、これはいわば解除条件付負債的な解釈である。

（2）工事負担金

　わが国では工事負担金も国庫補助金に準じて処理するのが通説である。ただ、かつてこの工事負担金の性格については一部に前受収益と捉える見解もあった[49]。この点に関して企業は工事負担金の返還義務がなく、当該負担金によって取得・建設された施設が企業に帰属する点で、工事負担金を前受収益とは解しえないという考え方が強い[50]。

2　IASにおける補助金

　IASでは公的補助金の処理に関して2つの考え方がある。1つはIAS第20号の見解であり、もう1つはIAS第41号の見解である。

　前者はいわゆる費用収益対応の原則に基づいて投資補助金を繰延処理または直接控除方式による圧縮記帳をベースとした処理法である（IAS第20号26項・27項）。収益補助金についてはその受領年度に収益に計上する。これに対して、後者は資産負債アプローチに基づいて処理するのが特徴である。その場合、投資補助金が条件付なのか否かによって処理が異なる。無条件のケースでは公的補助金を受領した時点で収益に計上する（IAS第41号34項）。条件付のケースでは公的補助金の条件を履行した時点で収益に計上する（IAS第41号35

2008年12月にIASB はFASB と共同で「顧客の契約における収益認識の予備的見解」を公表した。これによる収益実現モデルは、収益を企業の純資産のプラスの変動と捉え、資産負債アプローチの立場に立つ。そこでは顧客と実施しうる契約上の権利もしくは負債が発生する。この予備的見解では無条件の補助金を収益に計上するのは、その受領者が法的に実施しうる請求権を取得したり、あるいはその補助金を事実上取得した時点のうち、いずれか早い時点で収益が実現する。条件付補助金の場合には、特定の事象が発生し補助金の償還を要する見込みがあるときにそれを債務に計上する。このため、償還義務の条件が履行されるまで債務として計上する。補助金の条件を完全に履行し補助金の償還義務が消滅した時点で成果作用的に処理する[51]。

　この予備的見解に基づく処理法について、ボルフは契約当事者に対して実施しうる反対給付請求権の増加を収益とみなすので、法形式中心の静態論的な収益実現解釈（statische Interpretation der Ertragsvereinnahmung）と解する[52]。

　このような法形式的な反対給付概念の解釈によると、不作為の義務が存在するときには、収益実現とはいえない。このため、ボルフはこのような静態論的収益実現の解釈を経済的立場からさらに修正する必要があると説く。つまり、法形式的ではなくて、むしろ経済的なリスク・報酬基準の面を重視すべきと主張する。その基準によると、無条件の補助金及び条件付の補助金の区別に際して確実性基準（Wahrscheinlichkeitskriterien）がそのメルクマールとなる[53]。さらに、収益の条件が実質的に履行された時点で収益は実現する。そこでは法的な権利及び義務に対する絶対的な要求は重要な契約履行の意味における確実性基準の補完によって明らかに相対化される。

　このように、義務発生の最低限度の確実性は補助金償還を具体的に示す。この点に関してボルフによれば、最低限度の確実性に代えて償還条件付補助金処理を経済的にみて複合金融商品との類似性に着目し、その面からの処理を主張する。具体的には、IAS 第18号を適用し、利益実現を当該取引の償還リスクに左右させる。とりわけ契約締結のなかで売り手の買戻権あるいは買い手の購

入取消権が問題となる。個々のケースにおいて利益実現は当該取引の買戻権あるいは購入取消権に依存する[54]。

第5節　結

1　論旨の整理

以上の論旨を整理すれば次の通りである。

第1に、ドイツ商法では償還不要の公的補助金の処理としては、①直接控除による圧縮記帳による方法、②補助金の受領時点で収益に計上する方法、③補助金を特別項目に計上する方法、④貸方計算限定項目としての方法、⑤拘束性のない資本準備金に計上する方法、さらに⑥実体維持の見地から補助金を利益処分とみなす方法がある。このうちで通説は第1法と第2法である。しかし、それは必ずしも正規の補助金会計までには至っていないのが現状である。最近では経済的観点から補助金の受領時点では成果中立的に処理しておき、リスク負担が確実に解消した時点で成果作用的に処理する見解が有力である。

第2に、償還条件付公的補助金についてまず法形式的観察法による見解によると、停止条件付のケースでは特定事象が発生した時点ではじめて債務に計上するのに対して、解除条件付のケースでは当初から債務に計上しておき、特定の事象発生時点で補助金の債務を解除する。これに対して経済的観察法による見解では両者のケースとも同一であり、補助金受領段階ではいずれも収益に計上し、償還条件の発生が確実になった時点で引当金を計上する。これを更に展開して償還リスク面から負債計上を決定すべきとする考え方もある。

第3に、公的補助金のうちで成果補助金に関しては償還義務のないものは原則としてその受領時点で収益に計上し、条件付償還義務のあるものは上記の償還条件付公的補助金に準じて処理する。

第1編　会計処理

　第4に、私的補助金については当該補助金の受領者に資産の所有権があるときには主要義務のすべてを受領者が完全に履行した時点で収益に計上する。資産の所有権が補助金提供者側にあるときには補助金受領者が経済的所有の場合にはそれを資産化し、経済的所有が補助金提供者に移転するときには反対給付義務を履行した時点で補助金を収益に計上する。

　第5に、ドイツ税法上では投資補助金は事業収入またはすでに触れた直接控除法による圧縮記帳のいずれか選択権がある。収益補助金については受領時点で事業収入として処理する。

　第6に、わが国の国庫補助金及び工事負担金はいずれも利益とみなされる。

　第7に、IFRSでは補助金についてIAS第20号では費用収益アプローチに基づき第1法または繰延処理が、第41号では資産負債アプローチに基づき償還条件がないときには受領時点で収益に計上し、償還条件付のときには条件を履行した時点で収益に計上する。収益の予備的見解との関連では補助金を法形式的な反対給付面から静態論的に実現原則を解釈する見解と、経済的立場からリスク・報酬面から捉える見解とが展開される。

2　補助金会計の検討

　以上の論旨を踏まえて補助金会計についていくつか検討することにしたい。
　第1に、制度上における会計主体論の面からは、会社を株主の集合体と捉えれば公的補助金は資本ではなくて事実上利益とみなされる。この点は特に問題ない。
　ただ、会社の出資者が会社に補助金を供与したときの処理が若干問題となる。わが国ではこのような補助金に関して株主に対して会社権が付与されないので、出資者による補助金であっても外部者からも補助金と同様に利益と解するのが一般的である。けれども、その点はドイツと異なる。ドイツ商法では出資者が会社に支払う給付のうちで会社権が付与されないときには、出資者によるその他の追加支払額（andere Zuzahlungen）とみなされる。それは商法第272

条2項4号で規定する拘束性のない資本準備金に計上する。つまり、損益取引ではなくて、広義の資本取引と解される[55]。ドイツ税法では、出資者による会社への給付が会社関係に起因し、第三者比較を通じて公示の出資（offene Einlage）に対する隠れた出資に該当するときには、課税所得とはならず、税務上の資本とみなされ、税務上の出資勘定（steuerliches Einlagekonto）に計上される[56]。IFRSでは出資者の資本取引以外は利益と解される。ただ、この資本取引のなかに会社権の付与されない取引が含まれるか否は必ずしも明らかではない。資本取引を法形式的に解釈せずに経済的に解釈すれば、出資者による出資意図が明確なものについては資本に含まれる可能性がある。

第2に、公的補助金のうちで償還不要の投資補助金について、一般に財産状況、財務状況及び収益状況に関する情報提供の面から特別項目計上による総額処理が支持されている。ただ、直接控除方式による圧縮記帳処理が全く合理性がないかどうかは別途検討する必要がある。資産の取得原価と補助金の受給とがワンセットとなっており、その一取引的な処理も考えうるからである。この点について次の論述は注目に値する。「取得原価の算定にあたって経済的見地からは、第三者が資産取得に対して（その一部の）支出を負担し、それ故にその金額だけ取得価格が減少しあるいは買い手に例えば価格の引き下げが与えられるかはどうでもよい。"それぞれの目的結合の取り決め"は個々のケースで個別評価原則に合致して取得ないし製造取引及び補助金の供与の一体化を要求する」[57]。この意味で、直接控除方式の圧縮記帳も一理ある。

第3に、償還条件付公的投資補助金について、それが停止条件付にせよ解除条件付にせよ、それらを法形式的に処理するのではなくて、ボルフが主張するように経済的にリスク面から同一の処理が妥当であると解される。

注

（1） R. Winnefeld, Bilanz-Handbuch, 第4版, München, 2006年, 934ページ。
（2） HFA des IDW, Stellungsnahme HFA 1 /1984: Bilanzierungsfragen bei Zuwendungen, dargestellt am Beispiel finanzieller Zuwendungen der öffentlichen Hand, in: Die

Wirtschaftsprüfung, 第37巻第22号, 1984年11月, 613ページ。
（ 3 ） R. Winnefeld, 前掲書注（ 1 ）, 934ページ。
（ 4 ） K. Küting・A. Pfirmann・D. Ellmann, Die bilanzielle Behandlung von öffentliche Zuwendungen für Forschungs- und Entwicklungstätigkeiten im HGB-Recht, in: Deutsches Steuerrecht, 第48巻第43号, 2010年10月, 2208ページ脚注（24）参照。
（ 5 ） HFA des IDW, 前掲論文注（ 2 ）, 614ページ。
（ 6 ） P. Kupsch, Bilanzierung öffentlicher Zuwendungen, in: Die Wirtschaftsprüfung, 第37巻第14号, 1984年 7 月, 374ページ。A. Uhlig, Grundsätze ordnungsmäßiger Bilanzierung für Zuschüsse, Düsseldorf, 1989年, 329ページ。M. Groh, Bilanzierung öffentlicher Zuschüsse, in: Der Betrieb, 第41巻第48号, 1988年12月, 2418ページ。
（ 7 ） Adler・Düring・Schmaltz, Rechnungslegung und Prüfung der Unternehmen, 第 1 巻, 第 6 版, Stuttgart, 1995年, 352ページ。
（ 8 ） A. Uhlig, 前掲書注（ 6 ）, 143・145ページ。
（ 9 ） A. Uhlig, 前掲書注（ 6 ）, 364-365ページ。
(10) H. Ellrott・G. Förschle etc. 編, Beck'scher Bilanz-Kommentar, 第 8 版, München, 2012年, 611ページ。
(11)(12) H. Ellrott・G. Förschle etc. 編, 前掲書注（10）, 611ページ。
(13) Adler・Düring・Schmaltz, 前掲書注（ 7 ）, 352ページ。
(14) K. Küting, Die Erfassung von erhaltenen und gewährten Zuwendungen im handelsrechtlichen Jahresabschluß（Teil 1 ）, in: Deutsches Steuerrecht, 第34巻第 7 号, 1996年 2 月, 279ページ。S. Wolf, Bilanzierung von Zuschüsse nach HGB und IFRS, Wiesbaden, 2010年, 71 ページ。
(15) Austrian Financial Reporting and Auditing Committee, Entwurf einer Stellungsnahme, Bianzierung von Zuschüsse bei Betrieben und sonstigen ausgegliederten Rechtsträgen im öffentlicher Sektor, 2008年 3 月, 29項。
(16) S. Wolf, 前掲書注（14）, 67・215-216ページ。ボルフは投資補助金と成果補助金の区別に関して, 通説によるその主要目的の拘束にウェイトを置く考え方には区別上の曖昧さがあり問題と考える。それに代えて, ほぼ確実な請求権を重視する立場からは, 補助金受給者に特定の行為を促す目的に対する手段として補助金が支給されるときには, 成果作用的な財産増加原則に基づいて成果補助金とみなす。これに対して, 投資自体の実施に際して補助金受給者自身のリスク負担のある給付行為が成果中立的な財産増加原則に基づいて真の投資補助金と解する（S. Wolf, 前掲書注（14）, 67ページ）。

第5章　補助金の会計

(17) S. Wolf, 前掲書注 (14), 95ページ。
(18) S. Wolf, 前掲書注 (14), 96ページ。
(19) S. Wolf, 前掲書注 (14), 97-98ページ。
(20)～(22) K. Küting, 前掲論文注 (14), Teil 2, in: Deutsches Steuerrecht, 第34巻第8号, 1996年2月, 313ページ。
(23) K. Küting, 前掲論文注 (14), Teil 2, 313-314ページ。
(24) R. Hofians, Zuschüsse und Subventionen im Handels- und Steuerrecht, in: R. Bertl・E. Eberhartinger etc.編, Eigenkapital, Wien, 2004年, 所収, 164-165ページ。Austrian Financial Reporting and Auditing Committee, 前掲論文注 (15), 33-35項。
(25) A. Uhlig, 前掲書注 (6), 133ページ。
(26) S. Wolf, 前掲書注 (14), 108ページ。
(27) S. Wolf, 前掲書注 (14), 110ページ。
(28) S. Wolf, 前掲書注 (14), 115ページ。
(29) S. Wolf, 前掲書注 (14), 118ページ。
(30)(31) S. Wolf, 前掲書注 (14), 120ページ。
(32) K. Küting, 前掲論文注 (14), Teil 2, 314ページ。
(33) HFA des IDW, Stellungsnahme HFA 2/1996: Zur Bilanzierungsfragen privater Zuwendungen, in: Die Wirtschaftsprüfung, 第49巻第19号, 1996年10月, 710-711ページ。
(34)～(36) HFA des IDW, 前掲論文注 (33), 711ページ。
(37)(38) HFA des IDW, 前掲論文注 (33), 712ページ。
(39) L. Schmidt, EStG, 第29版, München, 2010年, 512ページ。
(40) ドイツにおけるこの隠れた出資については, 拙著, 『ドイツ会計制度論』森山書店, 平成24年, 190-215ページ参照。
(41) L. Schmidt, 前掲書注 (39), 513ページ。
(42) S. Wolf, 前掲書注 (14), 68-69ページ。この点に関してボルフによると, 建設コスト補助金は電力及びガスの料金決定に考慮される。しかし, これを盛り込んだ価格の引き下げは必ずしも義務ではない。とすれば, 原子力発電所などに対する建設コスト補助金は投資補助金に該当する。このため, これを一種の供給企業のリスクプレミアムとみれば, 建設コスト補助金を成果中立的財産増加原則により処理し, 直接控除方式による圧縮記帳が望ましいと主張する (S. Wolf, 前掲書 (14), 70ページ)。
(43) L. Schmidt, 前掲書注 (39), 513ページ。
(44) L. Schmidt, 前掲書注 (39), 514ページ。

第 1 編　会計処理

(45)　丹波康太郎『資本会計』中央経済社,昭和32年,200-206ページ。
(46)　新井清光『資本会計論』中央経済社,昭和40年,180-181ページ。
(47)　弥永真生『「資本」の会計』中央経済社,平成15年,89ページ。
(48)　新井著,前掲書注(46),184ページ。
(49)　飯野利夫「剰余金に関する注解とその問題点」黒澤清編『解説企業会計原則』(改訂版)中央経済社,昭和39年,197-198ページ。醍醐聡『会計学講義』(第4版)東京大学出版会,268ページ。
(50)　新井著,前掲書注(46),184ページ。弥永著,前掲書注(47),88ページ。
(51)　S. Wolf,前掲書注(14),185-186ページ。
(52)　S. Wolf,前掲書注(14),186ページ。
(53)　S. Wolf,前掲書注(14),189ページ。
(54)　S. Wolf,前掲書注(14),202ページ。
(55)　この点については,拙著,前掲書注(40),129-133ページ参照。
(56)　この点については,拙著,前掲書注(40),202-205ページ参照。
(57)　S. Wolf,前掲書注(14),95ページ。

第6章　商法会計制度における資本取引

第1節　序

　昭和49年改正前の企業会計原則は資本取引を単に株主からの払込資本だけでなく、それ以外の要素も含め、いわば企業維持の見地から経済的に維持すべきものを資本取引と解していた。現行制度上は商法及び税法と同様に資本取引を株主の払込資本に限定するという解釈が一般的である。それは、企業会計基準第1号「自己株式及び準備金の額の減少等に伴う会計基準」60項及び企業会計基準第5号「貸借対照表の純資産の部の表示に関する会計基準」28項及び37項から明らかである。

　本章では、ドイツ商法会計制度における資本取引の内容を検討する。ここでは資本と利益の源泉別区別に基づく資本取引面と、負債と資本の貸借対照表上の区別に基づく資本取引面とにそれぞれ分けて論じることにしたい。

第2節　資本と利益の区別に基づく資本取引

1　自己資本の部の分類

　まずドイツ商法会計制度における資本と利益の区別に基づく資本取引について取り上げる。ここでは主として出資取引と関連する資本取引の内容が中心と

第1編　会計処理

なる。
　ドイツ商法は貸借対照表における自己資本を次のように分類する（商法第266条3項A）。
　1　引受済資本金（Gezeichnetes Kapital）
　2　資本準備金（Kapitalrücklage）
　3　利益準備金（Gewinnrücklagen）
　　（1）法定準備金（gesetzliche Rücklage）
　　（2）支配企業もしくは過半数投資企業に対する持分準備金（Rücklage für Anteile an einem herrschenden oder mehrheitlich beteiligten Unternehmen）
　　（3）定款準備金（satzungsmäßige Rücklagen）
　　（4）その他利益準備金（andere Gewinnrücklagen）
　4　繰越利益／繰越損失
　5　年度剰余額／年度欠損額
　1978年におけるEC会社法第4号指令第9条を国内法に変換した1985年商法以降、わが国と同様に資本準備金と利益準備金とによる資本の源泉別分類がベースである。問題は資本準備金の内容である。

2　資本準備金

資本準備金には次の4つがある（商法第272条2項）。
1　持分発行に際して引受持分を含め、額面金額あるいは額面金額がないときには計算的価値（rechnerischer Wert）を上回って得られる金額
2　転換社債及び持分取得に対するオプション権に対して得られる金額
3　出資者が自己の持分の優先的付与に対して提供する追加支払額
4　出資者が自己資本のなかに供与するその他の追加支払額

（1）第1号から第3号までの資本準備金

　この第1号資本準備金は株式の額面価額もしくは無額面株式の場合には資本金に相当する計算的価値を上回る発行プレミアム（Agio）を指し、1965年株式法第150条2項2文の規定に合致する。会社の合併あるいは分割に際しても承継資産に対して持分の簿価を上回る金額で新持分が発行されたときにも、第1号資本準備金に計上する[1]。

　第2号資本準備金は、わが国の新株予約権付社債の発行において新株予約権に該当するする部分である。ドイツ商法はこの新株予約権相当部分を経済的に新株の取得に対する反対給付として旧株主への出資とみなし、その発行時点で資本の増加と解する[2]。その行使時点で資本の増加と捉えるわが国とは相違する。

　第3号資本準備金は、出資者が会社に対して現金または物的給付を会社法上の優先権を得るために供与したときに発生する。この追加支払のもとには単に利益分配あるいは清算剰余に関する特別な優先権の獲得だけでなく、議決権の獲得もしくは株式併合の回避に対して支出されたものも含まれる[3]。

　このほかに、簡易の減資により生じる減資差益（株式法第229条）及び簡易の株式消却益（株式法第237条5項）についても、拘束性のある第1号から第3号までの資本準備金に計上する[4]。また、2009年の改正商法から自己持分処分差益を株式の再発行とみなして第1号資本準備金に計上する（改正商法第272条1b項）。

　第1号から第3号までの資本準備金は拘束性のある資本準備金で、資本金への組入れまたは欠損填補しか取り崩すことができない（株式法第150条・208条）。

（2）第4号資本準備金

　第4号資本準備金は第3号の資本準備金規定を受けて1985年商法ではじめて登場した。"その他の追加支払額"という表現からそれは明らかである。従来それは臨時収益と処理されていた。問題はその具体的内容である。

第1編　会計処理

① 通説的見解

　第1号から第3号までの資本準備金のように出資者が会社に資産を提供する見返りとして会社法上の権利、例えば利益請求権もしくは残余財産分配権といった反対給付を有する場合と異なり、第4号の資本準備金には出資者に対してそのような会社法上の権利は付与されない。出資者が会社関係から会社にその他の追加支払額を供与する場合、そのなかには単に金銭の提供だけでなく現物出資も含まれる。通説は無償取得の無形固定資産が出資可能である。出資者による債権放棄や、物権上の利用権のほかに第三者に対して譲渡可能な請求権が具体化する債務上の利用権も一定の要件を満たすときには第4号資本準備金とみなされる。いずれにせよ、通説は出資者による明確な出資意図をもつ資産提供をその条件と解する[5]。なお、この第4号資本準備金のなかには出資者自身だけでなく、第三者が出資者の指示でまたは出資者のために供与する部分も含むと解する見解もある[6]。

　この第4号資本準備金については拘束性がない。それは仮収容所（Auffang）とみなされ、しかるべき権限をもつ組織機関の決定でいつでも取崩が可能である[7]。

　このように資本取引の範囲を、わが国の現行会計制度のように単に出資者給付に対する反対給付として会社権を付与する払込資本だけに限定せず、会社権が付与されなくとも出資者が出資意図を明確にしたその他の追加支払額も広く資本取引とみなすのが特徴である。

② 通説に対する批判的見解

　この通説的な第4号解釈とは異なる見解もある。

　1つめは会社と出資者との間における区分原則（Trennungsprinzip）に基づくウィルヘルム（J. Wilhelm）の見解である。会社は出資者から提供された資本を運用し、その結果として得られた利益は出資者に対する分配の対象となるのに対して、出資者が会社に提供した資本は利益ではない。それはむしろ出資であり、利益として出資者に分配されてはならない[8]。

第6章　商法会計制度における資本取引

　2つめは、出資者による出資意図という主観性に対する批判的見解である。
　この点について第1にティーレ（S. Thiele）は、商法第272条2項4号規定に関する立法上の資料解釈よりも、むしろ条文自体の目的論的解釈を優先すべきであると考える。彼の考え方はこうである[9]。会社関係に起因する出資者の追加支払額は営業活動による資本増加ではないので、それを損益取引とみずに強制的に資本準備金に計上すべきである。また、出資者と会社との間の取引のうちで、一般市場条件からみて会社に有利となる出資者からの財産移転は、隠れた出資とみなされる。その処理に関して契約購入価格を中心とする簿価方式と、会社への売却取引を中心とした時価方式とがある。このうち当該資産の取得原価が客観的な尺度となるときには、前者の簿価方式を原則とする。また、同族会社のように出資者と会社との間に全く利害の対立が存在しない契約購入価格に関しては当事者間における取得原価の客観性に乏しいので、例外的に後者の時価方式が妥当である。この時価と契約上の購入価格との間の差額は第4号資本準備金に該当する。
　第2に、このティーレの見解をさらに発展させたのがアルトホフ（F. Althoff）の見解である。彼によれば、出資者と会社間における取引のうちで会社法上の取引ではなくて債務法上の取引に該当するときには次の処理を主張する[10]。①会社が一般市場条件よりも著しく高い価格で出資者に財または用役を提供したときに一般市場価格を上回る部分と、②出資者が会社に対して一般市場条件よりも著しく安い価格で財または用役を提供したときに一般市場価格を下回る部分とはいずれも隠れた出資に該当し、第4号資本準備金に計上する。
　3つめは、商法上の出資に関する客観基準を投資価値増加の可能性に求めるカステデロ（M. Castedello）の見解である[11]。この意味で商法上の出資を捉えるとき、会社が正常な財務内容のケースと危機的な財務内容のケースによって商法上の出資の範囲は異なる。まず前者のケースでは、会社が出資者から公示の補助金（offene Zuschuss）の提供を受けたり、出資者が市場よりも高い価格で会社の財またはサービスに対して支払うときには、正常な価格を上回る部分

は隠れた補助金（verdeckte Zuschuss）として強制的に第4号の資本準備金に計上する。出資者が会社債権を放棄したときにも、投資の価値増加の可能性が常に存在するので、その券面額を任意の出資とみなし第4号の資本準備金に計上する[12]。これに対して後者のケースでは、出資者が会社債権を放棄したときには、当該債権自体が価値を有する部分だけを資本準備金に計上し、価値を全く喪失した部分は収益に計上する。会社の財務内容が改善したときに債務弁済の取り決めを定めた財務改善債務証書（Besserungsschein）を出資者が放棄し、会社が財務危機を克服できないときには投資価値は増加しないので、出資に該当せず第4号資本準備金に計上しない。出資者の補助金が投資価値増加の可能性のある会社更生としての性質をもつときには、出資に該当し第4号資本準備金に計上する。しかし単に債務超過または支払不能の回避などの目的のときには価値増加の可能性がないので、出資に該当せず第4号資本準備金に計上しない[13]。

このように、少数説もまた通説と同様に単に会社権の付与された払込資本だけでなく、それ以外の部分も含めて広義の資本取引と解する点で共通する。

第3節　負債と資本の区別に基づく資本取引

損益計算との関連で資本と利益の区別に基づく資本取引とは違って、負債と資本の区別に基づく資本取引も貸借対照表表示上きわめて重要である。これはこれまで資本取引とは呼ばれていないが、事実上負債から識別されるべき資本の範囲を決定する点で、一種の資本取引と捉えることができる。

1　実質的自己資本概念

ドイツ商法では資産と負債との差額としての形式的自己資本（formelles Eigenkapital）概念のほかに、債権者保護の見地から実質的自己資本（materielles

Eigenkapital）概念が展開されている。後者の直接的な切っ掛けは享益権の処理である。ここで享益権とは一般に債務法上の請求権を意味し、そこでは成果参加権と残余財産分与権という財産権が付与される。この内容からみて、享益権は株式に類似する性質を有する。HFAの公式見解は、商法上の債権者保護の観点から経済的観察法に基づいて享益権の自己資本表示について次の4つを要件とする[14]。

① 劣後性（Nachrangigkeit）
② 報酬の成果依存性（Erfolgsabhängigkeit der Vergütung）
③ 全額までの損失負担（Teilnahme am Verlust bis zur vollen Höhe）
④ 資本提供の長期性（Längerfristigkeit der Kapitalüberlassung）

①の劣後性とは、倒産時もしくは清算時にすべてのその他の債権者の債権弁済後にはじめて享益権資本の弁済を意味する。この劣後性の要件には特に異論はない。②のうちで報酬の成果依存性に関しては、HFAは特に触れていない。ただ、報酬の成果依存性により分配した後には配当規制があり、基準となる利益として年度剰余額、貸借対照表利益及び配当可能利益などが考えられる。③の全額までの損失負担については、遅くとも返済時点で損失負担が実施され、配当規制のある自己資本構成要素に影響せず、発生損失と自己資本構成要素との相殺は、享益権資本の金額がゼロとなった場合にのみ認められるという2つの前提がある。④の資本提供の長期性について1993年に公表された"享益権会計"のHFA草案では、清算ないし破産の前に享益権の所有者による解約の可能性がなく、無期限の資本提供が実は享益権の自己資本表示に対する要件であった。1994年のHFA公式見解は資本提供の長期性に変更した。つまり解約の可能性があり、あるいは享益権の返済期限が無期限でなくとも、資本提供が長期的であれば享益権の自己資本表示を妨げない。この資本提供の長期性に関する具体的な期間についてHFAは明示していない。

2 HFAに対する種々の見解

このようなHFAの見解に対して種々の見解がある。

(1) 4つの要件を堅持する見解

その1つは上記の4つの要件を堅持しながらも、それをさらに発展させる見解である。

① ティーレの見解

ティーレは資本会社及び人的会社に共通する自己資本の要件としてまず3つを指摘する[15]。
 1) 倒産時ないし清算時における資本返済請求権の劣後性
 2) 期限の定めのない資本提供。但し、資本提供者側による5年間の解約権あるいは5年間の事後責任
 3) 資本提供に対する成果依存的報酬。成果の具体的内容は年度剰余額である。

次に、資本会社固有の自己資本の要件としてさらに2つが追加要件となる。
 4) 財産拘束による支払規制
 5) 貸借対照表における当期損失との相殺

② ルューンの見解

ルューン（M. Lühn）は享益権の自己資本化に対する要件として次の6つを指摘する[16]。
 1) 資本提供に対する期限を定めないこと
 2) 少なくとも5年間の解約期限もしくは事後責任
 3) すべての債権者に対する享益権資本の劣後性
 4) 清算前に特別に維持すべき自己資本からの返済がないこと

5）特別に維持すべき自己資本から継続的な享益権報酬がないこと
6）すべての債権者に対する享益権報酬の劣後性

この6つのうち、劣後性の要件は清算時の3）及び報酬に対する6）の両者を規制し、また4）のいわゆる損失負担は強制的な劣後性から導かれる[17]。

（2）それ以外の見解

これに対して、4つの要件とは異なる見解がある。

第1は、4つの要件のうち資本提供の長期性を否定し、3つの要件のみを支持するデュール（U. L. Dürr）及びシュレッカー（T. Schrecker）の見解である。その理由について、デュールは商法第272条に含まれる資本の構成要素は必ずしも企業に拘束されるとはいえない[18]。シュレッカーは資本提供の長期性が法の安定性を保持することができず、さまざまな解釈の可能性を指摘する[19]。

第2は、劣後性と報酬の成果依存性の2つだけを実質的自己資本の要件とみなす見解である。これを支持するのはエバーハルティンガー（E. Eberhartinger）である。この見解では資本提供の長期性及び損失負担が否定される。その理由は、利益準備金及び貸借対照表利益に関しては資本拘束はないし[20]、人的会社には定款で損失負担を除外する定めを設定しうるからである[21]。バウアー（D. C. Bauer）もこの立場に立つ[22]。

第3は、劣後性及び損失負担の2つの要件が財務論的な見地からみて資本構成に関する責任機能を示すと捉えるヘッカー（J. Hecker）の見解である[23]。清算時の劣後性は直接的な責任機能を、損失負担は間接的な責任機能をそれぞれ満たす。また、各期間における利益参加は全体計算を想定すれば必ずしも自己資本の要件ではない[24]。

第4は、劣後性のみを実質的自己資本の不可欠な要件とみなす見解である。これを支持するのがローアシェク（R. Rohatschek）＆シーマー（V. S. Schiemer）である。彼らは分配規制のある自己資本要素を維持しさえすれば成果に独立した最低限度の報酬も可能であるので、報酬の成果依存性の要件は必要ない。またリスクは損失負担ではなく、むしろ請求権弁済の劣後性に示され

るので、この損失負担の要件も否定する[25]。

第5は、自己資本をリスク資本とみなし、しかもその特性を経営経済的に損失吸収[26]（Verlustabsorption）と捉えるシーマーの見解である。この考え方によると、債権者保護の見地を中心に責任機能としての劣後性を強調するのは問題であり、むしろ経済的考察に基づいてファイナンス関係から企業活動に対する支配（Herrschaft）の面を重視する[27]。

第6は、これまで述べてきた実質的自己資本に関する立場そのものを全く批判的にみる見解である。これを主張するのはヘアーニング（A. Hoerning）である。むしろ形式的自己資本のメルクマールたる一般的な支払規制（Auszahlungssperre）で十分であるとみなす[28]。

第4節　結

以上の考察結果を整理し、わが国の資本取引と比較すれば以下の結論が得られる。

第1に、資本取引の内容に関しては主として損益計算との関連で払込資本と留保利益との源泉別区別と、元入資本と当期純利益の区別が中心である。だが、貸借対照表の表示上において負債と資本（純資産）との区別もまたそれに劣らず重要である。この2つの面から資本取引を整理する必要がある。

第2に、資本取引の源泉別区別におけるドイツ商法会計制度の特徴の1つめとして、資本取引の範囲を単に出資者に対して反対給付として会社権の付与を伴う払込資本だけに限定せず、会社権を付与しない取引も含める。前者には資本金及び第1号から第3号までの拘束性のある資本準備金が該当する。これに対して、後者に属するのが拘束性のない第4号資本準備金である。これは出資者が会社に対してその他の追加支払額を会社に給付した額を意味し、出資者の給付に対する反対給付として会社権は付与されない。通説はこの第4号資本準備金について出資者による出資意図を明確にしたものと解する。この種の資本

準備金は、権限のある会社機関の決議でいつでも取り崩すことができ分配可能となる。

　この資本取引の解釈は基本的にはわが国の考え方と同じ立場に立つといってよい。ただ、わが国の会計制度では資本剰余金に計上される項目が限定的であるのに対して、ドイツ商法会計制度では第4号資本準備金規定からみてわが国より範囲が広い。後者は出資者が会社に対する資本供与のうち実質的に出資に該当するものを広義の資本取引と捉えるからである。

　2つめとして、ドイツでは拘束すべき資本準備金と非拘束性資本準備金との区別がきわめて明確である。前者に属するのは会社権が付与される商法第272条2項第1号から第3号までの資本準備金である。会社権が付与されるときに生じる資本準備金はすべて拘束性がある。この点に関して拘束性資本準備金の範囲を配当政策の面から一定の部分だけに限定し、さらに組織再編に伴う払込資本増加の内訳を契約に基づいて自由に決定でき、場合によっては一律拘束性のない部分ともできるわが国とは明らかに異なる。これに対して後者に属するのは会社権が付与されない第4号資本準備金である。この第4号資本準備金はたしかにわが国のその他資本剰余金と類似する。しかし、第4号資本準備金はしかるべき会社機関の決議により取り崩すことができ分配可能となるが、その決議があるまで暫定的に株主に対して分配可能額に含められない。その他資本剰余金を直ちに分配可能額に算入するわが国とは異なる。

　第3に、資本取引に関して出資者の出資意図を重視する通説的解釈にはいくつかの批判がある。例えば、出資者と会社間の取引は事業活動によるものではないので、すべて出資取引または払戻し取引と捉えるウィルヘルムの最広義の見解がある。会社権が付与されなくとも会社関係に起因する出資者の追加支払額は強制的に拘束力のある資本準備金に計上し、一般市場条件からみて会社に有利となる出資者からの財産移転を隠れた出資とみなすティーレ及びアルトホフの見解もある。さらに商法上の出資を投資価値増加の可能性と捉える立場から、資本取引の範囲を会社の財務内容が正常なケースと危機的状況なケースとを区別するのがカステデロの見解である。

第1編　会計処理

　第4に、負債から区別されるべき資本取引の内容に関してである。ドイツでは債務法上享益権の処理をめぐって1994年に HFA は実質的自己資本のメルクマールとして次の4つを指摘する。①劣後性、②報酬の成果依存性、③全額の損失負担、④資本提供の長期性がこれである。ドイツでは債権者保護の見地から形式的自己資本概念に代えてこの実質的自己資本概念を重視するのが特徴である。

　第5に、この4つの要件に関して種々の見解がある。1つはこの4つの要件をさらに厳格化する方向である。この立場を主張するのがティーレ及びリューンの見解である。それとは対照的に4つの要件を緩和する見解もある。④の資本提供の長期性を自己資本の要件から除外し残りの3つを要件と解するのがデュール及びシュレッカーの見解である。①の劣後性及び③の損失負担の2つの要件が財務論的な責任機能を示すとみるヘッカーの見解もある。①の劣後性と②の報酬の成果依存性の2つだけを自己資本の要件とみるのがエバーハルティンガー＆バウアーの見解である。そして、①の劣後性だけを唯一の要件と捉えるのがローアシェック及びシーマの見解である。また、自己資本をリスク資本とみなし、損失吸収と捉えて自己資本のメルクマールを債権者保護の見地から解放し企業活動の支配面を重視するのがシーマの見解である。実質的自己資本概念はその解釈にあたって問題を含むので、むしろ一般的な支払規制を中心とする形式自己資本概念で十分とするヘアーニングの見解もある。

　このように、ドイツ商法会計制度における資本取引は、資本と利益の源泉別区別の意味にせよ負債資本区別の意味にせよ、わが国の会計制度と相違する。後者の妥当性を検討する際に前者は一つの注目すべき重要な考え方を示唆していえよう。

注

（1）（2）　K. Küting・C. P. Weber 編, Handbuch der Rechnungslegung, Einzelabschluss, 第2巻, 第5版, Stuttgart, 2005年, 34ページ。資本準備金規定については拙著, 『ドイツ会計制度論』森山書店, 平成24年, 121-144ページ参照。

(3) Adler・Düring・Schmaltz 編, Rechnungslegung und Prüfung der Unternehmen, 第 5 巻, 第 6 版, Stuttgart, 1997年, 357ページ。
(4) この詳細については拙著,『資本会計制度論』森山書店, 平成20年, 92-93ページ参照。
(5) K. Küting・C. P. Weber 編, 前掲注 (1), 44-45ページ。
(6)(7)　Adler・Düring・Schmaltz 編, 前掲書注 (3), 356ページ。
(8)　J. Wilhelm, Die Vermögensbindung bei der Aktiengesellschaft und der GmbH und das Problem der Unterkapitalisierung, in: H. H. Jakobs・B. Knobbe-Keuk・E. Picker・J. Wilhelm 編, Festschrift für Werner Flume, Köln, 1978年, 所収, 368ページ。J. Schultze-Osterloh, Die anderen Zuzahlungen nach §272 Abs.2 Nr.4 HGB, in: K. P. Martens・H. P. Westermann・W. Zöllner 編, Festschrift für Carsten Peter Claussen, Köln・Berlin・Bonn・München, 1997年, 所収, 775ページ。
(9)　S. Thiele, Das Eigenkapital im handelsrechtlichen Jahresabschluß, Düsseldorf, 1998年, 198-200ページ。
(10)　F. Althoff, Rechtsgeschäfte zwischen Gesellschaften und Gesellschaftern in der externen Rechnungslegung nach HGB und IFRS unter besonderer Berücksichtigung gesellschaftsrechtlicher Kapitalerhaltung, Franfurt am Main, 2009年, 119-127ページ。
(11)　M. Castedello, Freiwillige („verdeckte") Einlagen im handelsrechtlichen Jahresabschluß von Kapitalgesellschaften, Frankfurt am Main, 1998年, 70ページ。
(12)　M. Castedello, 前掲書注 (11), 197ページ。
(13)　M. Castedello, 前掲書注 (11), 285ページ。
(14)　HFA, Zur Behandlung von Genußrechten im Jahresabschluß von Kapitalgesellschaften, in: Die Wirtschaftsprüfung, 第47巻第13号, 1994年 7 月, 420ページ。この詳細は拙著, 前掲書注 (4), 7 -11ページ参照。
(15)　S. Thiele, 前掲書注 (9), 164ページ。このティーレの詳細については, 青木隆「ドイツにおける自己資本の特質」『商学集志』(日本大学商学研究会) 第76巻第 4 号, 平成19年 3 月, 17-34ページ参照。
(16)　M. Lühn, Bilanzierung und Besteuerung von Genussrechten, Wiesbaden, 2006年, 298ページ。ルューンは最近の著書のなかでは 1) から 6) の要件のうちで, 5) と 6) を一緒とし, 5 つの要件を指摘する (M. Lühn, Genussrechte, Wiesbaden, 2013年, 80ページ)。
(17)　M. Lühn, 前掲注 (16), 87ページ。
(18)　U. L. Dürr, Mezzanine-Kapital in der HGB- und IFRS-Rechnungslegung, Berlin,

2007年, 153ページ。

(19) T. Schrecker, Mezzanine-Kapital im Handels- und Steuerrecht, Berlin, 2012年, 74-75ページ。

(20) E. Eberhartinger, Bilanzierung und Besteuerung von Genußrechten, stillen Gesellschaften und Gesellschafterdarlehen, Wien, 1996年, 84・87ページ。

(21) E. Eberhartinger, 前掲書注 (20), 78ページ。

(22) D. C. Bauer, Genussrechte – ein zivilrechtlicher Überblick, in: M. Schragl・M. Stefaner編, Handbuch Genussrechte, Wien, 2010年, 所収, 34ページ。

(23) J. Hecker, Kapitalausweis nach IFRS unter besonderer Berücksichtung von Residualkapitalderivaten, Köln, 2011年, 63ページ。

(24) J. Hecker, 前掲書注 (23), 61-62ページ。

(25) R. Rohatschek・V. Schiemer, Auswirkungen von Genussrechten auf die Bilanzierung nach nationalen und internationalen Rechnungslegungsnormen, in: M. Schragl・M. Stefaner編, 前掲書注 (22), 所収, 79-80ページ。

(26) この概要については, 青木隆「欧州における負債・持分の区分の動向」『中央学院大学商経論叢』第25巻第2号, 平成23年3月, 106-112ページ参照。

(27) V. S. Schiemer, Das Property Rights Equity Concept, Wiesbaden, 2011年, 34-36ページ。

(28) A. Hoerning, Hybrides Kapital im Jahresabschluss, Berlin/Boston, 2011年, 133-134・206ページ。

第7章 税務会計制度における資本取引

第1節 序

　ドイツ税法も商法と同様に資本の定義はない。その意味で税務会計制度における資本取引を直ちに導き出すことはできない。しかし、それはその手掛かりが全くないことを意味するわけではない。有力なヒントとなるのが出資に関する考え方である。税務上における出資は民法（Bürgerliches Gesetzbuch; BGB）をベースとする。これを通じてまず税務上の資本取引を検討する。ここではまさに税務上の資本と利益との区別に基づく資本取引が対象となる。これが税務上課税所得計算の面から一義的に重要である。

　しかし、それだけが資本取引のすべてはない。このほかに負債と資本との区別に基づく資本取引も考えられる。この資本取引の内容に関しては法人税法と所得税法とが対象となる。前者においてはとりわけ債務法上の享益権に関する税務上の取扱が、また後者では共同事業体（Mitunternehmerschaft）の解釈がそれぞれ問題となる。

　本章では、このようなドイツ税務会計制度における資本取引を検討する。

第2節　ゲゼルシャフト法における出資

1　出資規定

　民法における債務法（Schuldrecht）及び物権法（Sachrecht）には出資（Einlage）に関する規定はないが、民法上のゲゼルシャフト（Gesellschaft）に関して出資規定がある。このゲゼルシャフトは単に組合だけでなく社団（Verein）も含めて私法上共通の目的を達成する人的会社を意味する[1]。このゲゼルシャフトを規制するのがゲゼルシャフト法である。その結果、わが国の会社（但しわが国の合名会社などの人的会社はドイツでは会社ではなくて民法上の組合とみなされる。）はもちろん、匿名組合（stille Gesellschaft）や登記された協同組合（eingetragene Genossenschaft）もこのゲゼルシャフト法の対象となる。

　民法上のゲゼルシャフトに対して拠出（Beitrag）と出資に関する規定がある（民法第705条・706条）。一般に拠出とは構成員がゲゼルシャフトに対してゲゼルシャフト関係に基づくすべての目的促進のための行為もしくは不作為をいう。これが上位概念である。これに対して、出資は構成員がゲゼルシャフトに対して実際に供与した拠出をいい、ゲゼルシャフトの財産に移行し責任量（Haftungsmasse）の増加をもたらす。出資は常に拠出であるが、しかし拠出は実際の供与という要件を満たすときだけ出資となる。このため、出資は拠出の下位概念である[2]。ゲゼルシャフト法の意味における狭義の出資は物権上の履行を意味するが、広義の出資は出資義務の根拠及び出資の履行を含む。

2　出資の内容

　出資には金銭出資（Geldeinlage）のほかに現物出資（Sacheinlage）がある。

後者は出資可能な財だけが認められる。独自に評価可能な流通価値ある財産がその要件である。それは評価可能性ないし把握可能性があれば十分で、必ずしも商事貸借対照表法の意味における貸借対照表能力を前提としない[3]。その点で両者の範囲は相違する。ゲゼルシャフト法において有形・無形の財、有価証券及び処分取引を通じてゲゼルシャフトに移転しうる権利は出資可能である。労働サービス及び単なる利用（Nutzung）は出資可能ではない。用益などの物権上の利用権は出資可能である。賃貸料などの債務法上の利用権は一般に当該権利を譲渡できないので出資可能でない。但し、その利用権が解約不能で清算時または倒産時に当該ゲゼルシャフトに処分権が帰属するときに限り、例外的に出資可能となる[4]。ゲゼルシャフト法の出資は総じて法的所有権のある財産譲渡が中心となる。

第3節　資本と利益の区別に基づく資本取引

1　税務上の出資規定

所得税法第4条3項によると、利益は一会計期間における事業財産の期首及び期末の変動に基づいて原則として測定される。出資及び払戻し（Entnahme）は事業活動以外の原因による会社と出資者との間の取引を意味する。出資はその利益の減少を、払戻しは利益の増加をそれぞれもたらす。この点から、出資は所得税法における資本取引を一義的に規制するといってよい。事業財産に関しては税法上の経済財概念が決定的である。これは商法上の資産概念と基本的に一致する。税務貸借対照表では無形固定資産の資産化は禁止される（所得税法第5条2項）。税務上は出資規定がこの資産化禁止規定に優先するので、自己創設もしくは無償取得の無形固定資産による出資は可能である。この意味で、税務上出資可能な資産の範囲は拡大され、必ずしも貸借対照表能力ある経

済財に限定されない。

　法人税法において出資規定はない。通説は所得税法における出資規定を資本会社に対する法人税の出資規定に準用する。但し、そこで算定される利益額は税務貸借対照表以外の隠れた利益配当（verdeckte Gewinnausschüttung）だけ増加し、隠れた出資だけ減少する（法人税法第8条3項2文）。ここで隠れた利益配当とは、会社関係に基づく財産減少もしくは阻止された財産増加である。これは会社法上の利益処分に基づかない課税所得の増加である。これに対して、隠れた出資は会社関係に基づいて課税所得を減少させるので、税務上における一種の資本取引に該当する。

2　公示の出資と隠れた出資

　出資には公示の出資と隠れた出資とがある。前者には出資者の出資に対して会社権が付与される。これは事実上商法における出資者による払込資本に相当する。つまり、出資者が会社に出資として供与する金銭もしくは資産の反対給付として会社権が与えられる。これに対して、後者には会社権が反対給付として与えられない点に前者との違いがある。

（1）隠れた出資規定

　隠れた出資について法人税通達（Körperschaftsteuer-Richtlinien; KStR）40-1は次のように規定する。

　　法人税通達40-1-1：出資者もしくはその近親者が会社法上の出資以外で出資可能な資産を法人に供与し、この供与が会社関係によるときには、隠れた出資が存在する。

　　　同　　40-1-2：隠れた出資はそれを受領した法人の所得の額に影響してはならない。隠れた出資が税務貸借対照表利益を増加させたときには、課税所得の算定に際して貸借対照表の枠外で控除しなければならない。…〈以下、省略〉…

同　40-1-3：隠れた出資とみなす前提は常に出資者もしくはその近親者の供与が会社関係に起因する場合である。会社関係の原因が存在するのは、出資者以外の者が正規の商人による慎重さを適用するときに第三者との比較を通じて会社に資産を提供しなかったであろう場合だけである。

　同　40-1-4：隠れた出資の評価は原則として部分価値で実施されねばならない。所得税法第6条1項5号は適用されない。というのは、所得税法第17条1項1文の意味における資本会社への持分の隠れた出資は所得税法第17条1項1文に従い出資者には売却と同一視され、それ故に出資時点で秘密積立金に対して課税されるからである。所得税法第6条1項5号aは出資した経済財がその流入時点より直近の3年前に取得あるいは製造されたケースに留意されねばならない。しかし、売却とみなされ、したがって出資時点で同様に秘密積立金の課税に通じる所得税法第23条1項1文は資本会社の隠れた出資ではない。

　同　40-1-5：隠れた出資としての給付の性質にとって、義務のある者が給付に対する自己の約束をしたという事情が基準となる。…〈以下、省略〉…

（2）隠れた出資の要件

　まず各規定の概要を示す。
　法人税通達40-1-1は隠れた出資の要件を定めている。それを整理すれば以下の通りである。
① 出資者（もしくはその近親者）の出資である。
② 資本会社などの法人に適用される。
③ 会社法上で定める出資以外の出資である。
④ 出資可能な財産が供与される。
⑤ この供与が会社関係に基づく。
このうちで②は特に問題ない。
①との関連で隠れた出資は必ずしも出資者自身だけとは限らず、近親者も含

まれる。例えば出資者の近親者にあたる自然人もしくは同族会社などの法人がその具体例である。その近親者による給付が隠れた出資に該当するか否かはその動機による[5]。但し近親者自身の経済的利益があるときには、出資者の隠れた出資ではない。それは成果作用的な財産増加となる。コンツェルンの場合、ある資本会社がそれぞれ100％出資する子会社が2社あり、一方の子会社が自己の保有する土地を他方の子会社に無償譲渡するときには、親会社にとってそれは隠れた出資に該当する[6]。

すでに触れたように③は出資者の隠れた出資に対しては会社権が付与されないことを意味する。

④との関連で出資の対象が貸借対照表能力のある経済財に限定される。隠れた出資は出資者が出資可能な資産を会社に有償または無償で譲渡する形で実施される。この場合、出資者は経済財を会社に譲渡するだけでなく、会社に対する自己の債権放棄という形をとるケースもある。一般に無形の経済財は有償取得の場合のみ計上できるが（所得税法第5条2項）、これは出資の場合には適用されない。但し、利用に伴うメリットは出資可能ではない[7]。

⑤の具体的内容は資本会社と出資者との間で出資可能な資産が供与されることを意味する。そこでは資本会社において資産増加がこの会社関係の原因となる。この判断は、堅実な商人が慎重さを適用するときに出資者以外の者がそのような資産を供与するかどうかという第三者との比較によってある程度客観的に決定される[8]。

（3）隠れた出資の取扱い

法人税通達40-1-2により、隠れた出資は課税所得計算に影響しないことがわかる。税務貸借対照表での課税所得計算において、この隠れた出資が加算されているときには、税務貸借対照表の枠外で課税所得から減算される。

法人税通達40-1-3により、隠れた出資かどうかの認定は第三者比較によって決定される。つまり、会社と全く利害関係のない第三者が果たしてそのような隠れた出資を会社に供与するかどうかによる判断を前提とする。その意味で

はある程度隠れた出資に対する客観性が確保される。

法人税通達40-1-4により、隠れた出資の評価は原則として部分価値が基準となる。

法人税通達40-1-5により、隠れた出資について給付の取り決めがあることが条件となる。

3 隠れた出資の処理

税務上、会社側における隠れた出資に関する具体的な会計処理は以下の通りである。

出資者が取得した土地の簿価が100,000ユーロとする。その取得時点で次のように仕訳される。

　　（借）土　　　　　地　100,000　　（貸）現　　　　　金　100,000

出資者がこの土地を会社に売却し、その時点の部分価値が150,000ユーロであると仮定する。この場合には次の仕訳のいずれかが必要となる[9]。

　　（借）土　　　　　地　50,000　　（貸）資 本 準 備 金　50,000

あるいは

　　（借）土　　　　　地　50,000　　（貸）特 別 利 益　50,000

後者の仕訳のときには税務上の利益が増加してしまう。そこで、その成果作用的な効果を打ち消すために、税務貸借対照表の枠外で課税所得を50,000ユーロだけ減額する必要がある。隠れた出資が商事貸借対照表に計上されないケースでは、税務貸借対照表上この隠れた出資の金額だけ土地の評価額を修正する

ために成果中立的な調整項目を設定することができる。その場合の仕訳は以下の通りである[10]。

　　（借）土　　　　　地　　50,000　　（貸）税務上の調整項目　　50,000

　出資者が150,000ユーロで取得した土地を1年以内に会社に売却し、その時点の部分価値が220,000ユーロであると仮定する。このケースでは取得した時点から売却までの期間が10年以内である。このため、税務上出資者について売却利益70,000ユーロが発生する（所得税法第23条1項5文2号）。この二重課税を回避するために、会社は所得税法第6条1項5号1文前半に従い、土地を部分価値で計上しなければならない[11]。ここでは所得税法第6条1項5号1文aによる例外的な3年ルールはこのケースでは適用されない。

　出資者が50,000ユーロで購入した機械（耐用年数10年）を取得後6年経過した時点で会社に売却し、その機械の部分価値が60,000ユーロであると仮定する。この機械の出資価値はもちろん60,000ユーロである（所得税法第6条1項5号1文前半）。但しこの時点までの機械の減価償却累計額が所得税法第7条1項5文により30,000ユーロであれば、会社はこの時点以降において出資価値たる60,000ユーロと未償却残高20,000ユーロ（50,000－30,000ユーロ）との差額である40,000ユーロが残余期間4年間に対する税務貸借対照表上の簿価となり、この金額に基づいて減価償却が実施される[12]。

　出資者は、50,000ユーロで取得した機械（耐用年数5年）を取得後1年以内に会社に隠れた出資の形で譲渡した。その出資時点の機械の部分価値が40,000ユーロであると仮定する。このケースは、機械の取得後3年以内に該当する。そこで、当該機械は出資の原則的な評価である部分価値による評価に代えて、例外的に取得原価で評価する（所得税法第6条1項5号1文a・5号2文）。減価償却累計額が5,000ユーロであるとすれば、機械は45,000ユーロ（50,000－5,000ユーロ）と評価される[13]。

　出資者が会社に対する債権50,000ユーロを放棄し、そのうち30,000ユーロは

第 7 章　税務会計制度における資本取引

まだ価値を有するが、残りの20,000ユーロはすでに価値を喪失したと仮定する。このケースに関してBFHの考え方では以下のように仕訳する。

　（借）出 資 者 借 入 金　50,000　　（貸）特　別　利　益　20,000
　　　　　　　　　　　　　　　　　　　　　資　本　準　備　金　30,000

　このように、出資者借入金の減少分のうち当該債権が依然として価値を有する部分は隠れた出資とみなし資本準備金として処理する[14]。しかし、価値を喪失した部分については特別利益として処理する。

　出資者が会社に対して無利息の貸付金100,000ユーロを 4 年間にわたって資金提供すると仮定する。このケースでは、会社側では債務の名目額を税務上5.5％の利率で割り引いて評価しなければならない（所得税法第 6 条 1 項 3 号）。その結果、利子相当分は14,800ユーロである。これについて以下のように仕訳する。

　（借）出 資 者 借 入 金　14,800　　（貸）受　取　利　息　14,800
　　　　受　取　利　息　14,800　　　　　　資　本　準　備　金　14,800

あるいは

　（借）受　取　利　息　14,800　　（貸）税務上の調整項目　14,800

　この受取利息の減少処理に代えて税務貸借対照表の枠外で成果中立的な記帳を行わず、修正する処理も可能である[15]。一方、商事貸借対照表では債務の利子控除に対する規定はないので、修正記入は必要ない。

　出資者が一般市場利子率よりも低く抑えて会社に貸付金を提供し、その未収利息1,000ユーロを放棄したと仮定する。低廉の出資者貸付金は隠れた出資に該当しない。会社が未払利息に対する貸方計算限定項目を設定していたときに

173

は、出資者の利息放棄に伴い貸方計算限定項目は解消する。そこで、以下のように仕訳される。

(借)貸方計算限定項目　1,000　　(貸)資　本　準　備　金　1,000

あるいは

(借)貸方計算限定項目　1,000　　(貸)特　別　利　益　1,000

　隠れた出資は課税所得を増加させない。それ故に、前者の仕訳では特に修正する必要はない。しかし後者の仕訳では、その所得に対する影響を除くために、税務貸借対照表の枠外で1,000ユーロだけ所得を減額する[16]。
　出資者が会社から受け取る予定の年金の一部を放棄し、その減額分について隠れた出資が生じる。例えば出資者が40,000ユーロの年金期待権を放棄すると、以下のように仕訳される。

(借)退職給付引当金　45,000　　(貸)資　本　準　備　金　45,000

あるいは

(借)退職給付引当金　45,000　　(貸)特　別　利　益　45,000

　この2つの仕訳のうち下段の仕訳は課税所得を増加させてしまうので、隠れた出資への修正が必要となる。そこで、税務貸借対照表の枠外で利益45,000ユーロ分を減額する。
　但し、出資者の見地からみた年金期待権の部分価値が会社の年金期待権の部分価値と異なるケースがありうる。出資者の見地では出資の評価は年金期待権の再調達原価である。例えばこの金額が50,000ユーロで会社側の年金期待権が

45,000ユーロの場合には、税務上の費用5,000ユーロがその差額分だけ発生する[17]。その結果、これは以下のように仕訳される。

(借)退職給付引当金　45,000　　(貸)特　別　利　益　50,000
　　　特　別　損　失　 5,000

　出資者が自己の遺産を会社に相続させたり、あるいは現金による助成金を会社に供与したときにも、隠れた出資が発生しうる。なお、出資者が会社に対して低廉もしくは無償による利用譲渡のケースでは、隠れた出資は生じない[18]。同様に出資者の経済財の使用もしくは利用に対する譲渡並びに無償の労働サービスの提供についても隠れた出資は発生しない。

　親会社がいずれも100％出資する2つの子会社間で、子会社Aが子会社Bに対して簿価150,000ユーロの土地を無償譲渡し、その時点の土地の流通価値が200,000ユーロであると仮定する。この土地の無償譲渡はいわば間接的な親会社の隠れた出資を示す[19]。したがって、この200,000ユーロの隠れた出資については貸借対照表の枠外で修正されねばならない。

4　税務上の資本取引の処理

　税務上の資本取引の処理については、資本金と税務上の出資勘定を用いる（法人税法第27条1項1文）。

　税務上の出資勘定の出発点は法人税法第39条で定める税務上の出資勘定がプラスであるEK04の額である。この金額がマイナスのときにはゼロである。

　この税務上の出資勘定は以下のケースで増加する[20]。

① 持分所有者による額面資本金のなかに提供されない出資（隠れた出資も含む）
② 新持分の発行に伴う発行プレミアム（商法第272条2項1号）
③ 優先株式に対する持分所有者の追加払込額（商法第272条2項3号）

④ 有限会社の社員による追加払込額及び直接的に準備金に計上する出資者によるその他の給付（商法第272条2項4号）
⑤ 隠れた利益配当の返済
⑥ 持分所有者に対する形式的減資
⑦ 合併または分割による財産増加

税務上の出資勘定は以下のケースで減少する[21]。
① 出資勘定の処分とみなされる給付
② 分割による財産減少
③ 会社財源（Gesellschaftsmitteln）による資本金増加

　税務上の出資勘定は税務上の特別計算（steuerliche Sonderrechnung）である。このため、それは商法第272条で規定する資本準備金と類似する。しかし両者は必ずしも同一ではない。両者の主な相違は以下の通りである。

　第1に商法上では払込資本ではなくて収益と把握されるが、税務上は隠れた出資として税務上の出資勘定に記入される場合がある。すでに隠れた出資の箇所で具体的に説明した通りである。第2に利益準備金を原資とする会社財源による資本金の増加は商法上額面資本金の増加となるが、税務上はこの出資勘定の処分とみなされる。第3に、商法第272条2項2号で規定する新株予約権付社債の発行に際して新株予約権に相当する部分については発行時点で出資者による払込資本が増加するのに対して、税法では発行時点ではなくて新株予約権の行使時点ではじめて出資者による払込資本が増加する[22]。このうちで第3点を別とすれば、概して商法上の資本準備金よりも税務上の出資勘定のほうが範囲が広いといってよい。

第4節　負債と資本の区別に基づく資本取引

　税務貸借対照表法上において、資本と利益の区別の意味のほかに、負債と資本の区別に基づく資本取引が問題となる。

1 所得税法における資本取引

　所得税法における資本の範囲を規定するのが所得税法第15条1項2文の規定である。これによると、合名会社、合資会社及び出資者が事業の企業者、つまり共同事業者（Mitunternehmer）とみなされねばならない出資者の利益持分（Gewinnanteil）は営利事業の所得と解される。ここで問題なのは共同事業者に関してである。この共同事業者となる要件は次の2つである。
　① 共同事業者リスク（Mitunternehmerrisiko）
　② 共同事業者イニシアティブ（Mitunternehmerinitiative）
　この2つの要件を満たす共同事業者による事業は共同事業体（Mitunternehmerschaft）となる。
　まず、①の共同事業者リスクとは、利益及び損失の参加並びにのれん（Geschäftswert）を含む会社財産への秘密積立金（stille Reserve）への参加を意味する[23]。これに対して、②の共同事業者イニシアティブとは、一義的に企業の意思決定への参画を意味する。但し、この意思決定に関しては出資契約に伴う権限をもつ必要はない。業務執行者等で関与しさえすれば十分である
　この点に関して、匿名組合員（stille Gesellschafter）は一般に企業管理には関与せず、合資会社の有限責任社員（Kommanditist）の権利をもたないのが普通である。このため、2つの要件のうちで共同事業者イニシアティブの要件はそれほど強くない。したがって、商法第233条に従い、閲覧権（Einsichtsrecht）及び監督権（Kontrollrecht）を有していれば十分である[24]。具体的には年次決算書及び状況報告書（Lagebericht）が匿名組合員に交付されればよい。これに対して、共同事業者リスクのほうは、共同事業者イニシアティブに比べてより重要となる。匿名組合員が合資会社の有限責任社員と違って損失負担をしないという条件のもとでは共同事業者とはならない。また、匿名組合上の事業財産に債務法上参加していないときには、特別な事情がある場合に限り、非典型的匿名組合（atypisch stille Gesellschaft）とみなされる。例えば、当該匿名組合員

が、典型的匿名組合員（typisch stille Gesellschaft）よりも内容上広範囲に企業に対する影響力を有していたり、あるいは企業の業務執行を任されているケースなどがそれに該当する[25]。

この共同事業者となりうるのは、自然人あるいは法人だけではない。合名会社、合資会社、共同事業を営む民法上の組合（Gesellschaft bürgerlichen Rechts）もなりうるし、非典型的匿名組合も同様である。

このうちで特に問題となるのは匿名組合である。というのは、所得税法第20条1項4号1文に従うと、出資者が共同事業者とみなされないときには、匿名組合員として事業経営に出資した金額から生じる収入は資本財産所得として捉えられるからである。ここでいう匿名組合がすでに触れた典型的匿名組合に相当する。これに対して、所得税法第15条1項でいう所得は非典型的匿名組合による所得に該当する。その結果、前者において営業者（Inhaber）が典型的匿名組合員に対して支払う利益持分は所得税法上事業所得から控除される。これに対して、後者において非典型的匿名組合に支払う利益持分は事業所得から控除されず、いわば所得処分（Einkommenverwendung）とみなされる。

この点から、非典型的匿名組合員の出資は実質的に所得税法上の自己資本と解される[26]。それは税務上の資本取引となる。

2　法人税法における資本取引

（1）享益権に関する規定

法人税法第8条3項2文は享益権について次のように規定している。

法人税法第8条3項2文：隠れた利益配当及び資本会社の利益と清算剰余額への参加の権利と結びついている享益権のすべての配当は、所得を減額しない。

この規定により、継続的な利益への参加及び清算剰余額への参加の定めのある享益権は税務上の自己資本と解される。したがってそれに対する配当は法人

税法上の所得をマイナスせず、所得処分とみなされる。

ドイツ税法では債務法上の契約関係にある享益権であっても、それを税務上の担税力の面から出資者による資本提供との経済的負担比較を通じて、上記の２つの要件を満たせば出資者と同様の性質とみなすのが特徴である[27]。それは財産法上の構成員としての地位をもつ財産法上の立場を前提とする。

（2）利益の参加

利益参加にとっては利益請求権による事業リスクへの関与があれば十分である。

享益権の報酬には一定の最低限度による報酬と利益依存的追加報酬とがミックスしたタイプがある。この場合、最低限度の固定部分が一般市場におけるその享益権に類似する社債の利率を下回るときには、利益参加の要件を満たす[28]。最低限度額による固定報酬部分と利益依存的変動報酬部分とに分けて、前者を他人資本、後者を自己資本にそれぞれ分別経理する処理は認められない。

享益権の報酬として固定報酬を原則とする。但し十分な貸借対照表利益をその条件とするケースや、固定報酬に関して優先的な取戻請求権の条件のあるケースもある。貸借対照表利益がないため、事後的に優先的な報酬が支払われるときには、資本提供者の経済的負担面からは累積的優先株式のケースに類似し、利益参加の要件を満たす[29]。

損失が発生しているときには報酬のリスク負担があっても、遅くとも返済時点でそれ以外の条件はなく、利益依存的報酬の取り戻しが何ら決定的性質をもたず、単に支払の猶予にすぎない条件の場合には、利益参加の要件を満たさない[30]。

（3）清算剰余額への参加

清算剰余額への参加については次のように判定される。

清算以前に券面額による返済の定めがあるときには、資本提供者との負担比較面で清算剰余額への参加とはみなされない。ただ、税務当局は清算以前でも

30年という期間を超えたときには事実上清算時とイコールとみなし、清算剰余額への参加があったと判定する[31]。

清算時に秘密積立金参加の条件があるときには、出資者と同様の地位があるとみなされ、清算剰余額への参加があると判定される。

清算時に券面額による返済の定めがあるときには、税務当局は券面額の返済でも清算剰余額への参加があると認定する。これに対して、通説はそれを否定的に解する[32]。

清算以前に秘密積立金の参加条件として返済の定めがあるときの処理には見解が対立する。税務当局は秘密積立金への参加をもって清算剰余額への参加があったと認定する。これに対して、通説は出資者との比較で清算以前での返済であるので、清算剰余額への参加はなかったとみなす。但し、清算以前でも享益権の最低返済請求権の定めがなく、その返済請求権の一定の保証がなく、あくまで残余額として決定されるときには清算剰余額への参加があったと判定される[33]。一定の保証額があるときは別である。

返済請求権の定めがない享益権のケースについて、税務当局は清算剰余額の参加があったと認定する。通説はこの見解に否定的である。返済の定めがないのは実務上契約上の利益持分が高く設定されるのが普通なので、それは出資者との経済的な負担の一致はないからである[34]。

上記に示した利益への参加及び清算剰余額への参加という2つの要件を累積的に満たす享益権は、税務上の資本取引となり自己資本に計上される。既述の通り、それを法人税法第27条の意味における出資として税務上の出資勘定で処理する[35]。このように、法人税法上、単に出資者に対して会社権を付与する出資取引のほかに、一定の要件を満たす債務法上の債券もまた経済的にみて税務上の負担面で出資者と実質的にイコールであれば税務上の資本取引となる。

享益権に関する税務上の自己資本の要件は必ずしも商法上のそれと同一ではない。税務上は損失負担が自己資本の要件とみなされていないのに対して、商法上はそれが一般に自己資本の要件の1つだからである。

第5節　結

　以上の論旨を整理すれば次の通りである。
　第1に、ドイツ税法上資本取引には資本と利益の区別の意味と、負債と資本の区別の意味とがある。
　第2に、ドイツ税法上資本と利益の区別の意味における資本取引にとって重要なのは出資概念である。ドイツ税法では出資としては評価可能な流通価値ある資産がその要件で、必ずしも商法上の貸借対照表能力を前提としていない。この出資には会社権が出資者に付与される公示の出資と、それが付与されない隠れた出資とがある。
　第3に、隠れた出資とは、出資者もしくは出資者の近親者が会社法上の出資以外で出資可能な資産を会社に対して会社関係から供与したものである。このなかには出資者が会社に対する債権を放棄する場合も含まれる。隠れた出資の有無については第三者比較を通じて判定される。隠れた出資は部分価値で評価される。隠れた出資について税務貸借対照表利益を増加させたときには課税所得の算定上貸借対照表の枠外で控除する。
　第4に、税務上の資本取引については資本金と税務上の出資勘定で処理する。この税務上の出資勘定の増加として処理されるのは、商法第272条2項で定める4つの資本準備金のほかに、隠れた出資、隠れた利益配当の返済、持分所有者の形式的減資などである。これに対して税務上の出資勘定の減少となるのは出資勘定の処分とみなされる給付、分割による財産減少及び会社財産の資本金増加などである。
　第5に、負債と資本の区別の意味における資本取引に関して、所得税法における資本取引については共同事業者リスク及び共同事業者イニシアティブの2つの要件を満たすときに所得税法上の資本取引となる。非典型的匿名組合がその具体例である。

第1編　会計処理

　第6に、負債と資本の区別の意味に関する法人税法上の資本取引として利益への参加及び清算剰余額への参加のある債務法上の享益権も出資者との経済的負担面から含まれる。この法人税法における自己資本の要件は債権者保護を目的とする商法上の享益権に関する自己資本の要件と必ずしもイコールではない。

　最後に、このようなドイツ税務会計制度における資本取引をわが国の税務会計制度のそれと比較する。わが国の税法も株主の出資による会社の純資産の増加を資本等取引と捉え、所得金額の増加とはならない（法人税法第22条5号）。ここで資本等取引とは資本金等の額の増加または減少を伴う取引、利益または剰余金の分配をいう。この点ではたしかに両者の基本思考とも相違はない。しかし、わが国の税法上資本等取引の内容は会社法上の資本取引を事実上指す。つまり、会社権が株主に付与される株主の払込資本の変動を伴う取引に限定する。これに対して、ドイツ税法ではそれ以外にさらに隠れた出資も含まれるのが特徴である。わが国のみなし配当制度はドイツの隠れた利益配当制度と同様である。しかし、ドイツには隠れた出資概念が存在するけれども、わが国ではそれがない。適正な課税所得計算を前提とするとき、経済的観察法の視点からはやはりわが国でも隠れた出資制度をぜひとも検討する必要があろう。

　また、負債と資本の区別の意味における資本取引に関してドイツではきわめてユニークな考え方を示す。一方で所得税法上の自己資本に関するメルクマールとしては共同事業者リスク及び共同事業者イニシアティブの2つの要件が、他方で法人税法上の自己資本のメルクマールとして債務法上の享益権について利益参加及び清算剰余金への参加がそれぞれ示されている点に大きな特徴がある。わが国でも匿名組合事業が営業者の単独事業であれば、匿名組合契約における共同事業の実態に関係なく当該組合事業の損益は営業者に帰属し、匿名組合員の損益分配を損金または益金に算入する（法人税基本通達14-1-3）。但し、匿名組合員が営業者の事業の重要な業務執行の意思決定に参画する共同事業としての性格が強いときには、営業者の事業内容により事業所得またはその他の各種所得として処理する（所得税基本通達36・37共-21の2）。この点で、

第7章 税務会計制度における資本取引

負債と資本の区別に関してわが国の税法でもドイツ税法ときわめて類似する。
　このように、ドイツ税務会計制度における資本取引は、資本と利益の区別の意味にせよ、あるいは負債と資本の区別の意味にせよ、わが国の会計制度のそれとは明らかに相違しており、そのなかに検討すべき内容が示唆されている。

注

（1）　K. Schmidt, Gesellschaftsrecht, 第4版, Köln etc., 2002年，4ページ。
（2）　R. Adam, Einlage, Tausch und tauschähnlicher Vorgang im Zivilrecht und im Steuerrecht, Frankfurt am Main, 2005年，30ページ。
（3）　R. Adam, 前掲書注（2），35-36ページ。
（4）　K. Schmidt, 前掲書注（1），574-575ページ。
（5）　N. Marenbach, Die Erweiterung der Kapitalbasis einer GmbH: (Verdeckte) Einlage und Gesellschafterdarlehen, Hamburg, 2006年，92ページ。
（6）　N. Marenbach, 前掲書注（5），93ページ
（7）　B. Jäger・F. Lang, Körperschaftsteuer, 第17版, Achim, 2005年，150ページ。
（8）　B. Jäger・F. Lang, 前掲書注（7），154ページ。
（9）〜(12)　N. Marenbach, 前掲書注（5），141ページ。
(13)(14)　N. Marenbach, 前掲書注（5），142ページ。
(15)(16)　N. Marenbach, 前掲書注（5），143ページ。
(17)　N. Marenbach, 前掲書注（5），144ページ。
(18)　N. Marenbach, 前掲書注（5），145ページ。
(19)　N. Marenbach, 前掲書注（5），146-147ページ。
(20)　E. Dötsch 編, Verdeckte Gewinnausschüttung/ Verdeckte Einlage, Stuttgart, 2004年，99ページ。
(21)　E. Dötsch 編, 前掲書注（20），100ページ。
(22)　E. Dötsch 編, 前掲書注（20），99ページ。
(23)　G. Söffing 編, Besteuerung der Mitunternehmer, 第5版, Herne/Berlin, 2005年，98ページ。
(24)　G. Söffing 編, 前掲書注（23），99-100ページ。
(25)　G. Söffing 編, 前掲書注（23），112-113ページ。
(26)　E. Brezski・T. Lübbehüsen・T. Rohde・O. Tomat, Mezzanine-Kapital für den Mit-

telstand, Stuttgart, 2006年, 165ページ。S. Briesemeister, Hybride Finanzinstrumente im Ertragsteuerrecht, Düsseldorf, 2006年, 158ページ。

(27) S. Briesemeister, 前掲書注 (26), 113-115ページ。
(28) S. Briesemeister, 前掲書注 (26), 121ページ。M. Lühn, Bilanzierung und Besteuerung von Genussrechten, Wiesbaden, 2006年, 191ページ。T. Schrecker, Mezzanine-Kapital im Handels- und Steuerrecht, Berlin, 2012年, 125ページ。
(29) S. Briesemeister, 前掲書注 (26), 121ページ。
(30) S. Briesemeister, 前掲書注 (26), 124ページ。
(31) S. Briesemeister, 前掲書注 (26), 126ページ。
(32) S. Briesemeister, 前掲書注 (26), 128-129ページ。
(33) S. Briesemeister, 前掲書注 (26), 131-132ページ。
(34) S. Briesemeister, 前掲書注 (26), 135-137ページ。
(35) T. Schrecker, 前掲書注 (28), 143-144ページ。

第8章　会社・出資者間の取引

第1節　序

　資本会社は出資者から独立した法人格を有し、それ自身権利義務の主体となる。その意味で両者の区分原則が成立する。ただ、資本会社は出資者の集合体としての側面もあり、出資者と会社との間における取引の処理が問題となる。本章では、ドイツ商法におけるこの出資者と会社との間における取引の処理についてアルトホフ（F. Althoff）の所説に即して考察し、IFRSとの違いに関して比較検討することにしたい。

第2節　会社・出資者間における法取引

1　会社・出資者間取引の種類

　会社と出資者間の法取引には次の2つの種類がある。
　1つは会社・出資者間における会社法上の関係による法取引である。これを会社関係に基づく法取引という。そこでは会社に対する出資者の給付に対して会社の共益権及び自益権といった会社権が会社側から付与される。
　もう1つは、会社関係に起因しない出資者と会社との間の取引である。いわゆる債務法上の法取引である。ここでは出資者は第三者と同様に取り扱われ、

出資者に対して会社権は付与されない。

2　会社関係に基づく会社法上の取引

　会社関係に基づく法取引とは出資者による会社への出資を意味する。この出資には金銭出資と現物出資とがある。資本会社では労務出資は認められない。このような出資によって会社の自己資本は増加する。それは商法第266条3項Aの自己資本の部における引受済資本金及び資本準備金に計上される。
　出資額のうち引受済資本金に計上されない部分が資本準備金となる。これには商法第272条2項で規定する次の4つの種類がある。
　① 持分発行に伴うプレミアム（第1号）
　② 債務証券の発行に伴うプレミアム（第2号）
　③ 会社持分に対する優先権に対する追加支払額（第3号）
　④ 自己資本の部に示す出資者のその他の追加支払額で、会社の反対給付を伴わない任意の出資（第4号）

①から③まではすでに触れた会社権が出資に対する反対給付として出資者に付与される。これに対して、④は出資者には反対給付として会社権が付与されない。その意味で任意の出資といわれる。このように商法上自己資本の部に示されるのは、出資者の会社への出資のうち、会社権が付与される会社関係に基づくものだけでなく、会社権が付与されない任意の出資も含まれる。
　株式法第57条1項の規定により、株主に対して出資の払戻し（Einlagerückgewähr）は禁止される。

第3節　債務法上の取引

　会社関係に基づく会社法上の取引のほかに、出資者と会社との間の取引には債務法上の取引がある。

1　一般的市場条件による取引

(1) 会社側の処理

債務法上の取引のなかで出資者と会社との取引には第三者と同様に一般的市場条件による取引がある。この取引は交換取引に該当する。そこでは一般的な会計ルールに基づき処理される。

このような法取引は資本会社における商法会計において重要な資本維持規定に反しない。その結果、返済義務ないし損害賠償義務を考慮する必要はない。

ただ、ガバナンスの面から、その取引について附属説明書での情報開示が不可欠である（商法第285条1文3号・9a号・9c号、1文・4号）。

(2) 出資者側の処理

資本会社と出資者との分離原則に基づいて出資者は会社との法取引を締結できる。これに際してはGoBに即して処理する必要がある。

一般的市場条件による取引は会社法上の結果につながらない。したがって、返済義務はない。出資者は年次決算書において資本会社と同様に会社との取引に関する情報を開示する必要がある。

2　一般的市場条件以外の取引で会社側に有利なケース

(1) 会社側の処理

一般的市場取引とは明らかに異なる条件での取引もある。つまり、第三者との比較を通じて対等関係とはみなしえない取引がこれに該当する。これには次の4つの種類がある[1]。

　① 会社が出資者に対して市場条件よりも著しく高い価格で資産を売却する

ケース
② 会社が出資者に対して市場条件よりも著しく高い価格でサービスを提供するケース
③ 出資者が会社に対して市場条件よりも著しく低い価格で資産を売却するケース
④ 出資者が会社に対して市場条件よりも著しく低い価格でサービスを提供するケース

このような債務法上の取引に関して適正な会計処理が必要である。その場合、とりわけ重要なのがいうまでもなく資本と利益との明確な区別である。それを通じて商法上の債務弁済能力及び年度成果を適切に算定しなければならない。

損益取引に関して出資者による契約上の給付の一部は、その動機及びその経済的内容からみて債務法上の交換取引と内容上結合しない場合がある。「むしろ、資本会社は出資者給付のなかでその交換上の給付を上回る部分をその引渡、労働サービスないし金銭の支払いといった財産移転のためではなくて、会社法上の結合によって根拠づけられる財産移転の枠組みで受け取る。これによって、異なる2つの相互の交換取引が根拠づけられる。1つは債務法上の交換取引、他の1つは出資者による利益供与（Vorteilgewährung）に関係する」[2]。

①の取引は、会社が出資者について市場価格よりも著しく高い価格で財を売却したときに相当する。たしかに契約自体は債務法上の交換取引である。しかし、出資者はその支払の一部を資産の取得ではなくて、会社法上の結合から支出する。したがって、2つの取引からそれは構成される。1つは、一般的市場価格部分に関しては債務法上の売買取引である。もう1つは、一般的市場価格を上回る部分に対する出資者の支払いは隠れた出資と解される。ここで隠れた出資とは、すでに触れた出資者に対する反対給付として会社法上の会社権が付与される出資、つまり公示の出資とは明らかに区別されねばならない。ここでは会社権が出資者に付与されないのが特徴である。

例えば、ある商品を会社が一般的市場価格10万円の商品を出資者に対して20

万円で売却したときには、次のように仕訳される。

(借)現　　　　　　金　200,000　　(貸)売　　　　　　上　100,000
　　　　　　　　　　　　　　　　　　　隠 れ た 出 資　100,000

　この隠れた出資は事業活動によるものではなく、むしろ会社関係に基づくもので既述の第4号資本準備金に計上される。その結果、その取引時点では拘束性のない資本準備金となり、損益取引とは解されない。会計上は暫定的に成果中立的に配当規制される。これはその後しかるべき会社機関の決議によってその暫定的な拘束を解けば配当財源となりうる。
　②に関しては、会社側において一般的市場条件を上回る受取部分についてサービスに関する隠れた出資の把握が考えられる。このケースも①と同様に経済的交換取引に属する部分と、会社関係に起因する部分とを分別経理する必要がある[3]。
　③は、会社側が出資者から資産を著しく低廉で購入したケースである。ここでもまた一般的市場価格を下回って取得した部分は隠れた出資に該当する。例えば、会社が出資者より一般的価格では50万円の備品を30万円で取得したと仮定する。それはまず次のように仕訳される。

(借)備　　　　　　品　300,000　　(貸)現　　　　　　金　300,000

この仕訳を一般的市場価格に基づいて修正すると、以下のようになる。

(借)備　　　　　　品　200,000　　(貸)隠 れ た 出 資　200,000

　その結果、備品の取得原価は実際に会社が支出した金額30万円と相違する。その意味で、それは取得原価主義ないし収支主義（Grundsatz der Pagatorik）に反する。この点についてアルトホフは次のように述べる。「しかし、この2

つの GoB（取得原価主義ないし収支主義—筆者注）は資産評価の枠組みでは、取り決められたしかも客観的な代用価値あるいは補助価値による市場条件のもとで会計上の計上を実施する目的に最終的に役立つ。けれども、まさしく上記のGoB に不可欠な価値評価の客観性に対する前提として問題のケースでは会社関係で根拠づけられるべき価格引き下げとはみなされない。事実上会社と出資者との間で取り決められた購入価格はそれによってまさしく収支主義及び取得原価及び製造原価主義という GoB の意味において市場条件によって十分に客観化されない。これは、会計報告に関連する要求の面から上記の原則の例外を正当化する」[4]。

また、取得された資産の時価評価に基づく隠れた出資の計上は用心の原則にも反しない。別言すれば、用心の原則は会計報告目的によって一定制限される。

④も基本的には③と同様である。対象が会社側の資産取得ではなくてサービスの著しく安い提供を受けた点に代わったにすぎない。例えば、借入金に関して市場条件よりも低い利息の支払いがその典型である。ここでもまた一般的利率よりも低い利息部分に関して隠れた出資が生じる。

このように、①から④まですべて隠れた出資が発生する。それはすでに触れた商法第272条2項4号の資本準備金に計上される。つまり、それは出資者が会社の自己資本に供与するその他の追加支払額に相当する。したがって損益取引ではなく資本取引と解される。

その結果、それは成果中立的に処理されるので、商法上の資本維持には反しない。

この隠れた出資による処理に抵触する商法上の規定はない。また、その把握は商法上の会計目的に合致し、GoB にも何ら違反しない[5]。

（2）出資者側の処理

①のケースは、債務法上の交換取引と会社関係による会社への隠れた財産移転（verdeckte Vermögensverlagerung）とから成り立つ。そこで、両者を分別

経理する立場に立てば、出資者側は一般的市場価格をベースとした支払分については前者で、それを上回る価格の支払分については後者でそれぞれ処理するのが妥当である[6]。例えば出資者が会社に対して一般的市場価格では40万円の商品を70万円で購入したときには、次のように仕訳される。

(借)備　　　　品　　400,000　　(貸)現　　　　　金　　700,000
　　隠れた出資による財産移転　300,000

　この処理上の問題点は次の通りである。第1は、備品の取得原価を実際の支出額が70万円であるにもかかわらず、資産の市場価格を示す40万円の時価とするのが妥当かどうかという問題である。70万円を取得原価と捉えるときには、そこには出資者と会社との間の会社法上の結合関係が考慮されていない。その限りで商法第253条1項1文で規定する取得原価とは反する。つまり、過大に支払った部分は資産本来の取得原価を構成せず、それ故に別途の処理が必要となる。また経営経済的視点からは、仮に取得時点で70万円として計上し、決算時点で低価主義により30万円だけ評価減を実施するとすれば、過大償却ないし過大購入価格の相殺より出資者の収益状況が歪められる結果をもたらす[7]。第2は会計報告面からの吟味である。この観点では資産は取得時点で一般的市場価格による条件で表示するのが望ましい。これによって資産評価に関する恣意性が排除される。

　②も同様である。出資者が会社の提供するサービスに対して一般的市場価格よりも著しく高い金額を支払うときの過大支払分は一般的サービス提供とはいえず、むしろ会社関係に起因する。

　③に関して一般的市場価格よりも低い売却部分は会社関係に起因する。その結果、その差額は隠れた出資に基づく会社への財産移転を意味する。例えば出資者が会社に対して資産の一般的市場価格50万円の資産を35万円で売却したと仮定する。その際に次のように仕訳される。

第1編　会計処理

　（借）現　　　　　　金　350,000　　（貸）備　　　　　品　500,000
　　　　隠れた出資による財産移転　150,000

　この貸方の資産評価方法は収支主義に反しない。というのは、収支主義の基礎は収入支出が取引において客観的な尺度であることを前提とするからである。その限りで会社関係に基づく一般的な市場価格と相違するときには、この前提は崩れる。したがって、この隠れた出資のケースでは収支主義の例外が正当化される[8]。
　④についても③と同様である。出資者が会社に低廉な価格で賃貸しているときがこれに該当する。隠れた出資部分の特別な把握に際しては第三者比較を通じて恣意性が介入しないように留意しなければならない。
　①から④までに共通するのは借方に生じる隠れた財産移転をどう処理するかである。それが抽象的な資産化の要件を満たすときに資産化がはじめて可能となる。その要件は独立した利用可能性（Verwertbarkeit）である。つまり、財の売却、利用権の供与、条件付放棄あるいは強制執行の方法による金銭に転換できるか否かである。しかし、隠れた財産移転はこのような資産化要件を満たさない。いうまでもなく、それは独立した法取引とは解されないからである[9]。それ故に、それは資産化されない。
　ただ問題となるのは、財産移転が原初取得原価の事後的な増加もしくは事後的な費用としての性質をもつのかどうかである。まず隠れた出資については事後的な取得価格の増加は生じない。原則として会社持分に対して取り決められた購入価格ないし拠出すべき出資と、その後の特典の供与との間には何ら関係がないからである。また、すでに取得された資産に対する事後的な支出の資産化が義務づけられるのは、その支出が取得と密接に関連する場合だけである。しかし、隠れた財産移転についてはそのような資産の取得との関係はない。
　ただ、会社持分の原初状況の改善がさらに事後的支出の可能性としていつ仮定されねばならないかは問題となる。この点に関して隠れた財産移転はけっして出資者の追加的権利を根拠づけない。また商法上の固定資産における市場価

格の増加は原則として事後的取得原価の前提ではない。むしろ一方で取得原価の測定と他方でその後の価値測定とを明確に区別する必要がある[10]。このように隠れた出資による資本会社への持分に関する状況の改善については、理論論上において事後的取得原価とはならない。

一部の文献で会社の設立は製造取引であり、隠れた出資は事後的製造原価とみなす見解がある。これによると、事後的製造原価は資産化されねばならない。しかし、出資は製造に対する範囲で特徴づけられる財産ではない[11]。

また、隠れた出資を公示の出資と類似するという考え方から、両者を同様に資産計上すべきという見解もある。しかし、公示の出資は商法会計において当該出資に対して持分権が付与されるので、交換取引である。これに対して、隠れた出資には持分権が付与されない。このため、隠れた出資は交換取引ではない。「出資者が隠れた出資の後でこれによって増加した資本会社の自己資本に参加するという事実は、資産化原則によって要求される独立した利用可能性という面から十分に説明されえない」[12]。

かくして、隠れた財産移転の資産化は理論的にみて妥当ではないので、それを費用処理するほかない。その結果、出資者と資本会社側とが対応して成果中立的に処理する会計は強制されない[13]。

3　一般的市場条件以外の取引で出資者側に有利なケース

（1）　会社側の処理

一般的市場条件以外の取引で、今度は逆に出資者側に有利となるケースもある。

① 会社が出資者に対して一般的市場価格よりも低い価格で資産を売却するケース
② 会社が出資者に対して一般的市場価格よりも低い価格でサービスを提供するケース

③ 出資者が会社に対して一般的市場価格よりも高い価格で資産を売却するケース
④ 出資者が会社に対して一般的市場価格よりも高い価格でサービスを提供するケース

①に関しては、2つの取引から成る。1つは一般的市場価格をベースとする損益取引で、経済的な交換取引である。もう1つは一般的市場価格を下回る部分をベースとする会社関係に起因する資本取引で、これは隠れた財産移転に相当する。例えば、会社が出資者に対して一般的市場価格が60万円の商品を40万円で売却したときには、次のように仕訳される。貸方の売上は仮定上の市場価格で計上される。その結果、借方に隠れた財産移転が発生する。

(借) 現　　　　　金　400,000　　(貸) 売　　　　　上　600,000
　　 隠れた財産移転　200,000

この隠れた財産移転はいわゆる隠れた配当を意味する。ここで問題なのは、その処理が実現原則に反しないかどうかである。資産は販売市場から調達されたので、実現原則には特に違反していない。ただ、仮定上の収益を計上している関係で収支主義に抵触しないかどうかも問題となる。この収支主義の意味は取引の記帳にあたって収支に基づけば客観的な評価に資するという点にある。ところが、通常の市場取引ではなくて会社関係に基づく取引のときには、この客観性は確保されない。このため、隠れた分配のケースでは収支主義の例外が生じる[14]。

②についてもまた、一般的市場価格を下回る部分については交換取引ではない。それは隠れた分配を意味する。隠れた分配は一般市場価格との実際価格との差額として把握される。

③に関しては、出資者が会社に資産を実際に売却する時点の一般市場価格を把握しなければならない。これと契約上の実際販売価格との差額が隠れた財産移転であり、隠れた分配となる。例えば出資者が会社に備品を90万円で売却す

る契約を締結するが、その備品の市場価格が45万円であれば、次のように仕訳される。

(借)備　　　　品　450,000　　(貸)現　　　　金　900,000
　　隠 れ た 分 配　450,000

　経営経済的な観点では会社が資産取得に対して過大に支払った金額は給付交換ではない。それは会社関係に基づく隠れた財産移転である。かりに備品の取得原価を90万円と記帳すれば、隠れた分配のケースではその取得原価は恣意的に決定されてしまう危険性がある[15]。
　④についても同様に、例えば出資者が会社から一般市場金利よりも低利で融資を受けているときにも２つの取引を分別経理する必要がある。
　この①から④に共通して把握されるのが隠れた分配である。これは経済的にみて交換取引ではなく、成果中立的に処理できない。それは事実上会社関係による会社財産を出資者に分配したことを意味し、この処理はGoBのシステムに適合する[16]。
　この隠れた分配は貸借対照表利益及び分配可能利益を減少させるが、年度成果には影響しない。
　ただ、株式法第311条１項には事実上のコンツェルンに関して資本会社に不利となる法取引についてはその不利益の補償（Nachteilausgleich）規定がある。この不利益はすでに会社法上の見地から出資者の反対給付とみなされるので、それを支配企業に対する補償請求権が発生する。この株式法第311条の補償が行われず、株式法第317条で規定する損害賠償請求権が利益を享受した株主に対して発生すれば、それを資産化しなければならない。これを通じて隠れた分配の補償が根拠づけられる。その結果、経済的観察法では資本会社による財産移転は存在しない[17]。
　仮に隠れた利益分配に基づく法取引を実施してはならず、あるいは否認されることを会社法上の資本維持ルールが要求するとすれば、この法取引自体は会

第1編　会計処理

計上取り消されねばならない。したがって、法取引も隠れた分配も年次決算書には含まれず除かれる。

かくして、隠れた分配に基づく財産移転は商法上の会計報告目的に従い貸借対照表及び損益計算書に原則としてその基礎となる法取引から区別して把握されねばならない[18]。

（2）出資者側の処理

アルトホフによると、出資者側は①に関して商法上の会計目的に即して一般的市場条件をベースとした処理を要求する。たしかにこの処理は収支主義とイコールではないが、取得原価主義及び収支主義にも反しない。この2つのGoBは資産の評価範囲において会計上の評価を契約され客観化された補充価値あるいは補完価値による市場条件のもとで実施することに役立つ。けれども、会社関係による価格引き下げがあるケースでは価値評価にとって不可欠な客観性に対する前提はない。その結果、むしろ2つのGoBから相違することが要求される[19]。例えば、出資者が会社から市場価格65万円の商品を35万円で取得したときには、次のように仕訳される。

（借）備　　品　　650,000　　（貸）現　　　　金　　350,000
　　　　　　　　　　　　　　　　　　隠れた財産移転　300,000

用心の原則もまた隠れた分配の範囲で取得された資産を市場価格で評価することに違反しない。会社関係から生じた資産の取得原価を低く評価すると、秘密積立金の設定につながる。これはたしかに資本維持の面からは用心の原則に合致する。しかし、商法上の会計報告目的からは隠れた分配とその基礎となる取得原価を明確に区別するのが妥当である[20]。

②は基本的に①と同様である。

③は例えば出資者が会社に市場価格35万円の商品を55万円で会社に売却したケースである。その際の仕訳は以下の通りである。

第8章　会社・出資者間の取引

(借) 現　　　　　金　550,000　　(貸) 売　　　　　上　350,000
　　　　　　　　　　　　　　　　　　隠れた財産移転　200,000

　市場価格をベースとした交換取引と、出資者への財産移転に関する資本取引とが区別される。
　④も③と同様である。
　このような出資者において貸方側に示される隠れた財産移転は会計上収益作用的に処理する。この結果は経営経済的見地からは財産移転に伴い分配可能な性質をもち、資本維持規定とも結合しうる(21)。
　事実上のコンツェルンにおいて資本会社の見地から不利となる法取引に対して株式法第311条１項で定める要求が行われるときには、出資者はこの義務を計上しなければならない。この補償が出資者によって何らなされず、損害賠償義務が株式会社に対して生じるときには（株式法第317条)、義務のある出資者を通じてそれに対応する義務が負債化されねばならない(22)。
　これに対して、隠れた分配に基づく法取引が実施されてはならず、あるいは無効によって取り消されねばならないことを会社法上の規定が要求するときには、会計上法取引の取消が考慮されねばならない。

4　会社・出資者間における法取引の特殊ケース

　出資者・会社間の法取引においてはいくつか特殊ケースがある。

(1) 無形固定資産

　無形固定資産の売買が両者間の法取引であるケースがある。商法上無形固定資産を取得したときの処理が問題となる。第１は、商法第248条２項が無償取得の無形固定資産の禁止を規定しているので、有償取得のケースは資産化できるとする見解である。第２は、無償取得による無形固定資産は隠れた出資による出資可能な資産としての性質を有し、現物出資とみなしうるという見解であ

る。この2つの見解のうちアルトホフは後者を支持する。というのは、出資者と会社間の法取引においては経済的関係から財産移転と取得対価の要求が明確だからである。したがって、無形固定資産は商法第248条2項の例外としてではなく市場価格で計上されねばならない。ただ、無形資産に関する市場価格の測定は困難な場合が少なくない。そこで、その測定には慎重な見積が不可欠である。

無形固定資産の計上禁止について改正商法は自己創設による商標、印刷権、版権及び顧客リスト等に限定する（商法第248条2項2文）。自己創設による無形固定資産（開発費）の計上選択権を新たに容認したのは（商法第248条2項1文・255条2a項）それを端的に示すといってよい[23]。

ただ、その規定はあくまで自己創設の無形固定資産たる開発費に限定されるという考え方も成り立つ。しかし、民法上契約当事者の独立性が注目されねばならず、それは無形固定資産一般の法的効力を可能とする[24]。

（2）資金の貸借

出資者と会社間で資金の貸借関係がある場合、利息の額が支払能力ないし担保の確保と関係するときには、一般市場を前提に評価されねばならない。そのような評価がなされないときには、資金の貸借により隠れた出資ないし隠れた配当が発生しうる。これは明らかに経済的観察法に合致する。

この面はまた改正有限会社法第30条1項2文ないし第57条1項3文の規定にも根拠づけられる。というのは、それらの規定は会社から借り入れた出資者に対してはその返済請求権の全額が保証されているときにだけ会社法上の資本維持規定の例外が予定されているからである[25]。もし返済請求権の全額が保証されていないときには、会社は出資者に対して弁済請求権が発生する。

（3）債権放棄

出資者と会社間の法取引で債権放棄が生じる。その場合、この債権放棄が一般市場ないし第三者比較をベースとしていないときには、その誘因は会社関係

にある。会社関係に根拠づけられる債権放棄は商法会計では原則として隠れた出資及び隠れた分配の会計ルールで処理する[26]。

但し、この具体的な処理をめぐっては通説と少数説とが対立する。前者は出資者が出資意図を明確にしたときにだけ、それを拘束性のない資本準備金に計上する。それ以外は臨時収益に計上する[27]。後者は出資者の出資意図は主観的で、これに代えて客観的な基準を提案する[28]。さらに債権放棄の評価に関しても対立がある。それを券面額の簿価で評価する方法と、価値を有する債権部分だけ時価評価し、価値を失った債権部分は損益として処理する方法とがある[29]。

第4節　IFRSに基づく処理

1　一般的市場条件による法取引

IFRSによると、一般的市場条件の法取引に関して、会社側はすでに触れたドイツ商法上の債務法上の交換取引と同様に処理する。

出資者が第三者比較をクリアするときには、すでに一般的市場条件のもとで触れた債務法上の交換取引と同様にIFRSでも処理する。

2　一般的市場条件以外の法取引

出資者と会社間で一般的市場条件以外の法取引との処理がIFRSでは問題となる。ここではその基準が明確でないからである。したがって、基準がないときには、IFRSの情報提供面からそれを補完して考察する必要がある。

第1編　会計処理

(1) 会社側に有利な取引のケース

① 会 社 側

　出資者・会社間の法取引のうち会社側に有利なケースにおいて隠れた出資がIFRSで認識できるか否かが問題となる。

　IFRSでは、いうまでもなく資本と利益の区別に関して会社固有の営業活動に伴う部分と、出資者自身の会社への拠出（Zuwendung）とを明確に区別するとすれば、当然隠れた出資が後者に含まれる。隠れた出資は明らかに会社の利益獲得活動ではないからである。その意味で、IFRSにおいても成果作用的取引と成果中立的資本取引（erfolgsneutrale Kapitaltransaktion）との区別が不可欠である。これを通じて企業の将来的なキャッシュ・フローの予測を可能とすることによって投資家の投資意思決定に大いに役立つからである。

　アルトホフはIFRSの決算書のなかに隠れた出資の経済的内容を表示しなければならないと考える。この隠れた出資はIAS第18号13項の規定に即する。そこでは、個々の取引の経済的内容に関する適切な表示が規定されているからである。隠れた出資を適切に処理することによって、会社と出資者との間の給付交換取引と出資者による会社への拠出とが明確に表示できるからである。それはIFRSの経済的観察法、言い換えれば経済実質優先思考（substance over form）に合致する[30]。

　この点に関してアルトホフは次のように述べる。「経営経済的観察法によれば、財産移転は出資者の拠出を示し、それは資本会社が市場現象への参加で生じるものではない。むしろそれは所有者の財務上の強化とみなされねばならず、それは資本会社においてけっして成果作用的関連を示さない。それによって、それは資本会社の見地からは出資者により出資への影響に類似し、これは契約上の返済期限がなく資金を利用でき、これによって営業基盤ないし責任基盤を改善する。この見地はさらに一般に追求される隠れた出資の目的に合致する。その結果、財産移転において出資者の資本取引は会社のために認識できる」[31]。

第8章　会社・出資者間の取引

　この隠れた出資に関する成果中立的な財産移転としての認識は、IFRS会計においても資本準備金の構成要素として示される。それはドイツ商法第272条2項4号で規定する出資者によるその他の追加支払額に相当する。

② 出資者側

　出資者側は一般的市場条件以外の法取引で会社側に有利なケースでは、一般市場価格と契約の定めとの差額をどう処理するかが問題となる。別言すれば、それを成果作用的に処理するのか、それとも成果中立的に処理するのかである。IFRSでは出資者による財産移転の資産化は特に問題とならない。
　それが事後的な取得原価に相当するかについても問題となる。それが将来の経済的な便益を示すかが論点である。しかし、この財産移転は一般に更生目的を意識していることが多い。このため、将来の経済的便益は想定されていない。
　また、財産移転の成果中立的処理は、ドイツ商法規定のように出資者による自己資本への直接的な記帳によってだけ考察されうる。ところが、IFRSにはそのような特別規定はない。このように、出資者による会社への財産移転はIFRSでは負債の減少でもなく、資産化もできない。その結果、費用処理せざるをえない[32]。
　かくして、会社側の隠れた出資による処理と、出資者側の費用処理との間には対応した会計（korrespondierende Bilanzierung）の関係はない[33]。

(2) 出資者側に有利な取引のケース

① 会 社 側

　このケースにおいてIFRSにとって重要な意思決定の有用な会計情報の面からは、会社の隠れた分配は営業活動の取引としてあるいは持分所有者の払戻しとしての資金処分と解される。これは特に持分変動計算書において出資者との資本取引を営業結果から生じる損益取引から峻別するというIAS第1号107項の考え方に示される。隠れた分配の経済的内容については、IFRSに基づく決

算書の表示に特に意義がある[34]。

IFRS は債務法上の交換取引と、出資者及び会社間の財産移転とに区別する。法取引は市場価値で処理されねばならない。しかし、会社から出資者に対する財産移転は原則として成果中立的に処理するのが原則である。但し、場合によってはそれを公示の分配処理に準じて処理するケースもありうる[35]。これが隠れた分配に相当する。

② 出資者側

このような取引は出資者側にとっては、一方で交換取引に属する部分と、他方で経済的観察法では会社に対する払込資本としての資本取引とは必ずしもいえず、出資者自身に利益となる部分とから構成される。後者をどのように処理するかが問題となる。この点に関して、IAS 第1号89項によれば、出資者によって増加する成果中立的な財産移転の把握は特定の規定が基準にある場合だけに限られる。しかし、当該規定はこのような出資者に有利な財産移転には関係していない。その結果、成果中立的な処理は根拠づけられない[36]。かくして、出資者側はそれを成果作用的に処理する。

第5節 結

以上の論旨を整理すれば以下の通りである。

第1に、会社・出資者間の取引には会社法上の会社権をベースとして会社関係に基づく法取引と、会社関係に起因しない債務法上の法取引とがある。

第2に、会社関係に基づく取引は事実上出資者による会社への出資を意味する。これには金銭出資と現物出資とがある。この出資額は引受済資本金または資本準備金として処理する。

第3に、債務法上の取引に関しては、それが一般市場条件によるときには会社側及び出資者とも第三者取引と同様に交換取引として処理する。

第8章　会社・出資者間の取引

　第4に、債務法上の取引のうちで一般市場条件以外で会社側が出資者に対して財またはサービスを提供し会社側に有利な取引がある。会社側では隠れた出資が生じる一方、出資者にはこの隠れた出資に伴う財産移転が生じる。会社側はそれを一種の資本取引とみなし、商法上は商法第272条4号の拘束性のない資本準備金に計上する。出資者はそれが資産の要件をみたさないため事後的な取得原価とせず、費用処理する。

　第5に、債務法上の取引のうち一般市場条件以外で出資者に有利となる取引がある。会社側にはそれは隠れた財産移転となり、出資者に対する隠れた配当として処理する。出資者にとっての隠れた財産移転は商法上収益として処理する。

　第6に、IFRSでは、一般的市場条件の法取引のケースではすでに触れたドイツ債務法上の交換取引と同様に処理する。一般市場条件以外の取引のうち会社側に有利な取引を、IFRS上どのように処理すべきかが問題となる。これに関して経済実質優先思考に基づいてIFRSも出資者による会社への拠出とみなし成果中立的に隠れた出資と同様に処理し、出資者はそれを費用処理する。これに対して、出資者に有利となる法取引については、会社側はIFRSにおいて持分所有者の払戻し、つまり隠れた利益分配として処理し、出資者は収益として処理する。

　このような会社と出資者間の法取引の会計処理法については、会計主体及び納税主体との関連で、わが国の会社法においても十分な議論と検討が必要である。

注

（1）　F. Althoff, Rechtsgeschäfte zwischen Gesellschaften und ihren Gesellschaftern in der externen Rechnungslegung nach HGB und IFRS unter besonderer Berücksichtigung gesellschaftsrechtlicher Kapitalerhaltung, Frankfurt am Main, 2009年, 117ページ。
（2）　F. Althoff, 前掲書注（1），118ページ。
（3）　F. Althoff, 前掲書注（1），120ページ。
（4）　F. Althoff, 前掲書注（1），121-122ページ。

（5） F. Althoff, 前掲書注（1），127ページ。
（6） F. Althoff, 前掲書注（1），132ページ。
（7） F. Althoff, 前掲書注（1），134ページ。
（8） F. Althoff, 前掲書注（1），135ページ。
（9） J. Baetge・H. J. Kirsch・S. Thiele, Bilanzen, 第10版，Düsseldorf, 2009年，159ページ。
（10） F. Althoff, 前掲書注（1），138-139ページ。
（11）（12） F. Althoff, 前掲書注（1），140ページ。
（13） F. Althoff, 前掲書注（1），141ページ。
（14） F. Althoff, 前掲書注（1），149ページ。
（15） F. Althoff, 前掲書注（1），152ページ。
（16） F. Althoff, 前掲書注（1），153ページ。
（17） F. Althoff, 前掲書注（1），155-156ページ。
（18） F. Althoff, 前掲書注（1），157ページ。
（19） F. Althoff, 前掲書注（1），163ページ。
（20） F. Althoff, 前掲書注（1），164ページ。
（21） F. Althoff, 前掲書注（1），168ページ。
（22） F. Althoff, 前掲書注（1），169ページ。
（23） この詳細は拙著，『ドイツ会計制度論』森山書店，平成24年，8-9ページ参照。
（24）（25） F. Althoff, 前掲書注（1），177ページ。
（26） F. Althoff, 前掲書注（1），177ページ。
（27） 拙著，前掲書注（23），195ページ以下参照。
（28） 拙著，前掲書注（23），194ページ参照。
（29） F. Althoff, 前掲書注（1），179ページ。この詳細は拙著，前掲書注（23），254ページ以下参照。
（30） F. Althoff, 前掲書注（1），267ページ。
（31） F. Althoff, 前掲書注（1），276-277ページ。
（32）（33） F. Althoff, 前掲書注（1），299ページ。
（34） F. Althoff, 前掲書注（1），307ページ。
（35） F. Althoff, 前掲書注（1），320ページ。
（36） F. Althoff, 前掲書注（1），338ページ。

第9章　債権放棄の会計

第1節　序

　わが国においていわゆるデット・エクィティ・スワップ（debt-equity-swap; 以下 DES と略す）に関して債権者側の会計基準[1]が示されている。債権者が自己の債権を債務者に対して再建計画等の事由から株式化する場合には、債務者側は現物出資取引として処理する。一方、債権者側は取得する株式を債権とは異なる新たな資産の取得とみなす。その場合、株式の取得時における時価が消滅した債権の帳簿価額を下回るときには、その差額を当期の損益に計上する。会社法上、DES に関して債務者側について債務の券面額による評価が通説である[2]。但し、倒産回避の状況とは異なる一般的状況においては既存株主の損害が発生しうるため、券面額による評価は限定的とする見解もある[3]。また、債務者側が時価評価をベースとするか券面額をベースとするかは解釈が分かれており、既存株式の価値がゼロかそれに限りなく近いときには券面額でも問題はないという見解もある[4]。税務上は DES は現物出資方式による資本金等の増加に相当する。したがって、適格現物出資のケースを除き、債権の時価で評価し（法人税基本通達2-3-14）、債権の時価と額面金額との差額を債務消滅益として計上する。債権者側も同様に債権の時価で評価し、額面金額との差額が生じたときには債権譲渡損失を計上する[5]。

　本章では、このようなわが国の債権放棄の処理との対比においてドイツにおける債権放棄の処理法を検討することにしたい。

第2節　ドイツ商法における債権放棄

1　第三者による債権放棄

ドイツ商法上、債権者による債権放棄は民法第397条1項における債務免除（Erlass der Schuld）に該当する。債務者側は当該債務を減少させて臨時収益に計上する。債権者は価値を喪失した債権部分を費用処理する。

2　資本金増加を伴う DES の場合

（1）会社側の処理

債権者の債権放棄により債務者の資本金の増加を伴う DES の場合は、現物出資と解される。その結果、株式法第183条1項1文及び有限会社法第56条1項1文に従って処理する。株式会社では特に引受済資本金の責任機能面から、債権の券面額ではなくて事実上の価値、つまり時価で資本化される[6]。ここでは会社が資本金の増加時点ですべての支払期限が到来する会社の負債を確実に支払うことができることを前提とする。これが通説である。

これに対して、債権の券面額で評価すべきとする少数説もある。その根拠は、DES によって債務者側の会社には実質的に何ら債権という資産が流入しておらず、現物出資としての債権の評価問題は発生しないという点にある。したがって、DES はあくまで債権の消滅と会社債務の免除に伴うその券面額による資本化を意味するにすぎず、債権部分が依然として価値を要するか価値を喪失しているかを問わない[7]。債務の資本化に関しては、債権者の立場からではなくて債務者である会社側の視点を重視すべきである。この立場からは債権

による出資ではなく、むしろ単に貸方項目間の交換取引を意味し負債の資本化にすぎない[8]。支払不能（Zahlungsunfähigkeit）もしくは債務超過といった倒産手続に関与しないときには、債務をその券面額のままで負債化すればよい。これは債権者保護思考にも反しない[9]。なお、この券面額説の立場に立つ場合、後述する債権者の時価説との間で処理に関する対応の関係は成立しない。債権者側は不均等原則を適用しなければならないからである[10]。

しかし、通説は出資者による債権を出資財とみなし、価値を有する債権の時価相当分だけを債務者側も資本化すべきであると主張する。まさしくDESはそれに該当する。ここではあくまで第三者としての債権者が一義的であり、けっして出資者としての債権者が問題ではない[11]。債権者にはたしかに券面額による債務の資本化は有利である。しかし、将来の債権者には逆に不利となる。損失負担面からはやはり債権の時価相当分だけを資本化すべきである[12]。また出資者保護の見地からもDESを券面額で資本化すると、出資者自身の財産投資は希薄化する[13]。このような種々の理由から、債権の券面額ではなくて、時価で資本化すべきであると反批判する。

（２）債権者の処理

一般にDESに関して債権者は債権の券面額のうちまだ価値を有する部分を債権から投資に振り替え、価値を喪失した部分について費用処理する。この処理については特に問題はない。

これが取得原価に通じるのか、それとも製造原価に通じるのかに関して議論がある。一方で、債権者はDESにより資本金増加を伴う持分を取得したので、それは明らかに第三者からの権利の取得ではない。その意味で取得取引ではない。他方で、持分取得は原料から製品への企業内における資産増加を示す製造取引とも異なる。むしろ、それは企業に対する出資取引であり、取得取引でもないし製造取引でもない。ただ、出資に伴い自己の資産から会社の資産への譲渡とみなせば、それは取得取引にきわめて類似する。それはDESを現物出資とみなし債権の事実上の価値で評価する考え方と適合する[14]。

3 資本金増加を伴わない任意出資の場合

DESを実施しても会社側において資本金増加を伴わないときもある。これは出資者が会社債権を放棄したときである。出資者による任意の出資がそれである。

(1) 会社側の処理

出資者が事業上の事由から会社債権を放棄するときには、すでに触れた第三者としての債権者による債権放棄と同様に成果作用的に処理する。事業上の事由とは出資者が持分所有者としての立場よりもむしろ会社自身の経済的活動にウェイトを置いた立場を指す。具体的には欠損填補や業績上の数値もしくは債務法上の関係に着目した債権放棄がそれに該当する。これは特に出資者が第三者と同様に会社と継続的な仕入先もしくはサービス提供との関係にあるときに生じる[15]。

これに対して、商法上出資者が出資意図を明確にして債権を放棄するケースがある。それは上述の事業上の事由による会社債権の放棄と異なり、臨時収益として処理しない。それは広義の出資取引に該当するので、むしろ成果中立的な処理が必要となる。これが任意の資本出資である。この任意の出資を税法上の用語では隠れた出資という。この隠れた出資という用語を商法上でも用いるケースが少なくない。ただ、両者は厳密には同一概念ではない。出資者の出資意図を要求する点で、商法上の任意の出資のほうが第三者比較を通じてその範囲を客観的に決定する税法上の隠れた出資よりも範囲が狭いからである[16]。

この任意の出資もしくは隠れた出資に該当する債権放棄の処理において、出資の金額決定がまず問題となる。これについて、2つの見解がある。1つは、このケースでもすでに触れた現物出資規定を準用し債権の時価を資本化すべきとする見解である。これが文献上の通説であり支配的な判例でもある[17]。もう1つは、債権の券面額を資本化すべきとする有力な見解である。この任意の

出資もしくは隠れた出資は、会社法上の現物出資規定の適用外である。このため任意の出資については責任量もしくは資本維持の原則の適用はなく、債務の券面額を常に資本化すべきである[18]。

その評価の違いはともかく、この任意の出資は商法第272条2項4号の定める資本準備金に表示する点で一致する[19]。この第4号の資本準備金は商法第272条2項1号から3号までの資本準備金のように拘束性の性質を有するものとは違って、拘束性がない。その資本準備金は、出資者が自己資本のなかに提供するその他の追加支払額を意味する。その取崩については、1号から3号までの拘束性のある資本準備金のように制限されていない。しかるべき権限のある会社機関の決議でいつでもその取崩しが可能である（株式法第150条3項・4項）。

（2）出資者の処理

出資者は会社法以外の手続で会社債権を放棄したときの処理法は、すでに触れた第三者としての債権者による資本金増加の処理と同様である。債権価値を有する金額だけ投資に振り替え、価値を喪失した債権部分については損失を計上する。

その投資勘定への資産化の内容が問題となる。それを事後的な取得取引と解する考え方がある。このほかに事実上そこには取得取引がないので、むしろ資産の改良との関連で製造取引または投資の価値が増加したときに資産化し、それ以外は維持費として処理すべきであるという考え方もある[20]。

第3節　ドイツ税法における債権放棄

1　会社関係のない債権放棄

　第三者たる債権者などの出資者以外の者が債権を放棄した場合、あるいは出資者がすでに触れたように事業上の事由から会社債権を放棄した場合には、いずれも会社関係はない。そこで、債務者の会社側では商法と同様に税法上も利益が発生する[21]。そのようなケースでは出資者以外の者または出資者は債権を費用処理する。

2　会社関係による債権放棄

　これに対して、会社関係のある場合の債権放棄はそれとは異なる。

（1）会社側の処理

① 資本金の増加を伴う DES の場合
　債権放棄の対価として、会社の持分としての会社権の対価が付与され資本金が増加する場合は会社法における公示の出資に該当する。これはいわゆる DES のケースで、出資者と会社との間における交換に準じた取引（tauschähnliches Geschäft）とみなされる[22]。それは資産の部分価値で評価される[23]（所得税法第6条1項5号1文）。ここで部分価値とは、事業全体の取得者がその全体購入価格の範囲で各経済財に付す金額をいう（所得税法第6条1項3文）。債権放棄のケースでは債権の事実上の価値、つまり時価に相当する額が公示の現物出資の金額となり、資本金等の増加となる[24]。価値を喪失した債権部分については税務上の収益となる。

② 資本金の増加を伴わない隠れた出資の場合

　出資者が会社債権を放棄するが、資本金の増加を伴わないケースがある。これは出資者が会社関係から会社債権を放棄した場合である。ここで会社関係は、出資者以外の第三者が誠実で良心的な商人としての慎重さを適用するときには付与しないであろう会社への贈与に対する原因を意味する（法人税通達40-3）。このような第三者比較を通じて会社関係がある会社債権の放棄に該当するときには、実質的に会社に対する資本提供があったとみなされる。これが前述の隠れた出資である。ここでは出資者にはその出資の対価に対して公示の出資のように会社権たる持分は付与されず、何ら反対給付はない。

　この隠れた出資の場合には、その評価が実は問題となる。

1）時価説

　通説は、公示の出資と同様に債権の時価説を支持する[25]。その第1の根拠は、会社債権の放棄に伴い、出資者はすでに債権の部分価値で評価減している以上、会社側もこれに即した対応原則に基づき債務の時価で資本化する必要がある[26]。この部分価値を債務の評価に適用すれば、事業の取得者が当該債権の放棄に際して支出しなければならない金額、つまり債務の解放価値（Ablösbetrag）が債務の部分価値となる。

　第2の根拠は、1997年におけるBFHの大審院による判決では、出資について流入する経済財の部分価値で計上しなければならないとする所得税法第6条1項5号の規定を根拠に、債権の譲渡と債権の放棄は同一結果をもたらすとされている点である[27]。いずれも価値を有する債権の時価相当部分のみが出資評価の対象となる。

　第3の根拠は、税金節約モデルに基づく点である。仮に価値を喪失した債権部分も隠れた出資の範囲に含め旧法人税法第30条2項4号の自己資本04に計上すると、その部分を取り崩して株主に配当しても税負担は生じない（1977年法人税法第40条1項1文1号）。それ故に、価値を喪失した債権部分は非課税の資本準備金となる。会社が財務改善を進め自主的に会社更生がうまくいき、それを出資者に配当したときには債権放棄をしなかった場合に比べて税務上出資者

には有利となる[28]。資本準備金による配当は利益準備金のそれよりも税率が低いからである。

判例及び通説はこの時価説を支持する。

２）券面額説

この時価説に対して券面額説もある。その根拠は次の通りである。

第１は、出資者の会社債権放棄について、出資者側の立場ではなくて債務者としての会社側の立場を重視する必要がある点である。この会社側の立場に立てば、出資者の債権放棄は債務者にとっては債務免除契約（Erlassvertrag）を意味する。その結果、当該債権が価値を有するか否かは関係ない[29]。所得税法第４条１項１文の定める財産増加は貸借対照表の計上問題、とりわけ債務の消滅自体にだけ関連するが、しかし貸借対照表評価問題とは関連しない。

第２は、税務上事業財産の原因だけを追求し、隠れた出資の機能を全面に押し出せば、もはや価値を喪失した債権部分と価値を有する部分とをあえて区別する必要はない点である。債務超過の状況の除去ないし解消の回避を目的とした債権放棄は明らかに事業上の事由ではなくて会社関係に起因するからである[30]。仮に価値を喪失した債権部分を隠れた出資とみなさずに税務上の債務消滅益ないし債務免除益として課税すれば、財務内容がすでに悪化している会社側にとっては一段と耐え難い財務結果をもたらす。その課税は会社更生を一段と妨げかねず、すでに触れた更生利益による税金の節約効果は全くないからである[31]。

第３は、会社債権の時価をベースとする考え方のなかには、債権の放棄と債権の譲渡の混同（Konfusion）がある点である。別言すれば、債権放棄では債権債務関係が同一人物のなかで同一時点で解消する。したがって、会社への資産流入のある債権譲渡とは違って、債権放棄による債権は出資されていない[32]。

第４は、債権放棄を仮に出資とみなし、その出資を所得税法第６条１項５号で定める部分価値で評価すれば、事業の取得者は債権放棄について債権の券面額を部分価値として評価する点である[33]。つまり、事業の取得者が債務の名目額だけ全体購入価格を減少させるとするであろうし、その結果として出資の評価に対するこの部分価値を計上しなければならない。

第5は、仮に債権の時価説により会社側もそれで評価すると、それと券面額との間に課税上の収益が価値を喪失した部分に発生する点である。それは企業の財務的危機の際には明らかに会社側の担税力に反する結果をもたらす[34]。

（2）出資者の処理

出資者が会社債権を放棄するときには、それが事業財産の場合と個人財産の場合とで区別される。

① 事業財産の場合

出資者が所得税法の規定あるいは法人税法の規定の適用を受けるかによって、事業財産に関する処理は異なる。

所得税法上、債権について持続的な価値減少が生じているときには、その部分価値による評価減が要求される（所得税法第6条1項2号2文）。出資者による債権放棄が公示の出資に該当するときには、追加的に得られる会社の持分が資産化される。その際には債権の普通価値（gemeiner Wert）で評価される（所得税法第6条6項1文）。ここで普通価値とは、正常の営業取引において経済財の性質により売却を仮定したときに得られる価格をいう（評価法第9条）。このケースは交換取引であり、譲渡資産の価値と受入資産の価値とは一致する。

出資者による会社債権の放棄に伴い、債権から投資への振り替えに際して投資の事後的な取得原価に関する評価問題がある。これが発生するのは、債権放棄が公示の出資以外の隠れた出資に該当する場合である。ここでは投資に対するコストが資産化される。この事後的な取得原価について、出資する経済財の部分価値で評価する（所得税法第6条6項2文）。この規定の趣旨は、隠れた出資と交換取引との区別にある。隠れた出資においては、出資者は何ら追加的な会社権を獲得しない。単に自己が保有する既存の会社権の強化、つまり会社の収益力増加をもたらすにすぎない。ただ、既存の会社権の強化に実質的につながるかどうかは問題を含む。それが判明するのは、将来の持分売却時点まで待たねばならないからである。また、出資者と会社側との評価の対応により、出

資者は価値を有する債権の部分価値評価のみを投資の事後的な取得原価とすべきという見解がある[35]。

このような事業財産の隠れた出資に関する部分価値評価に対して、それを普通価値で評価すべきという有力説もある。利益がすでに実現しているので、普通価値が妥当だからである[36]。もっとも、通常は部分価値と普通価値は一致する。しかし、個々のケースでは両者は相違しうる。部分価値は継続企業を前提とし購入価格をベースとした評価方法だからである。

周知のように、法人税法上は配当可能利益に対する二重課税を回避するため、他の資本会社から受け取る利益配当は非課税となる（法人税法第8b条1項）。但し、その5％分だけは控除できる事業支出には計上できない（法人税法第8b条5項1文）。法人に対する持分の売却利益も同様に非課税である（所得税法第20条1項1号）。債権放棄との関連で債権の価値を有する部分の金額で常に事後的な取得原価が生じ、投資額はその後で部分価値による評価減を実施するということが所得税法第6条6項2文を適用することから出発すれば、所得税法に対して法人税法は資本会社にとって若干不利となる。資本会社には投資の部分価値評価減をせずに事後的な取得原価を実施しなければならない[37]。投資の部分価値による評価減は法人の利益をマイナスできないからである（法人税法第8b条3項3文）。

② 個人財産の場合

資本会社に対する債権または投資が出資者の個人財産に属するときには、会社債権の放棄は事後的な取得原価となりうる（所得税法第17条・23条）。その際にこの事後的な取得原価と資本財産による所得ないし非独立的労働からの所得の範囲における必要経費とを区別する必要がある。

資本会社の個人的持分に関する売却利益は一定の前提のもとでのみ税務上課税される。1つは、投資がその取得後1年以内に転売されるときである（所得税法第23条1項1文2号）。他の1つは、上記の1年以内の転売という期間の制限のほかに少なくとも出資比率が1％以上の重要な投資に該当する場合である

(所得税法第17条)。

　このうちで債権放棄によって生じる隠れた出資の問題は、一般に長期間にわたって個人財産として保有する持分についてだけ生じる。会社債権を放棄した出資者が所得税法第17条の重要な投資でなく、つまり出資比率が1％を下回るときには、税務上は対象外となる。これに対して、重要な投資に該当するときには、その持分売却において損益が算定されねばならない。会社債権の放棄が会社関係に起因するときには、公示の出資または隠れた出資が資本会社に生じる。公示の出資に該当するときには、取得原価の増加は出資の普通価値である。それが交換取引だからである。隠れた出資に該当するときには、事後的な取得原価が問題となる。この点に関し判例は所得税法第17条2項の範囲においてかなり広い取得原価概念から出発する。このなかにすべての財務的費用が含まれる[38]。その根拠は、個人的な担税力原則が十分に反映されねばならないからである。これによって投資から生じる収益とそれを生み出すのに生じた費用とが対応する。なお、個人財産においては、投資の部分価値による評価減はできない。

　利子による収益については、資本の損失と利子収益の獲得との間には経済的関係がない。このため、資本損失は必要経費として認められない。但し、業務執行者を兼ねた出資者が会社に投資するが、しかし会社への債権が会社関係に起因せず、労働関係からのみ生じる例外的なケースでは、債権放棄に伴う損失は必要経費となる[39]（所得税法第19条）。

第4節　財務改善条項付債権放棄

1　財務改善条項付債権放棄の概要

　これまで述べてきた債権放棄と若干性質を異にするのが財務改善条項付債権

放棄（Forderungsverzicht mit Besserungsschein）である。これは債権放棄に財務改善条項がセットになったタイプである。債権放棄は一般に債務者としての会社側では債務免除に伴い、たしかに資本会社の債務超過を回避できるメリットがある。他方、債権者側または出資者は自己の債権の権利を完全に喪失してしまうデメリットがある。そこで、財務改善条項付債権放棄はこの点を見直し、会社側の財務改善がうまく軌道に乗り会社の収益力が回復し会社の更生が可能となった段階で、すでに放棄した債権の全額またはその一部の弁済を定めたものである。いわば条件付債権の復活を意味する。

　無条件の債権放棄の決定は、いうまでもなく民法第397条で定める消費貸借契約者間における債務法上の消滅をもたらす。その結果、債務者にとって当該債務は減少し、成果作用的に処理される。これは商法第275条15号でいう特別利益に相当する。

　財務改善の契約内容とは、債務者の経済状況が改善したときに残余債権の一部もしくは残余債権のすべての弁済をする約束をいう。これを文書で契約したのが財務改善証書である。これは、一定の前提のもとで債権者に対して自己の放棄した債権に対する事後的請求権を付与したものである。これに関して2つの見解がある。すなわち民法上の停止条件付債務免除（aufschiebend bedingter Erlass）（民法第158条1項）とみる見解と解除条件付債務免除（auflösend bedingter Erlass）（民法第158条2項）とみる見解とがこれである。

　前者の見解に従えば、免除時点で絶対的な債務免除が成立し、財務の改善により新たな債権（neue Forderung）が発生する。この債権は原初的な債権の貸借契約とは独立して新たに生じる[40]。これに対して、後者の見解に従うと、債権免除の後、財務の改善により原初的債権が再び復活する[41]。両者の解釈とも債務免除時点で法的な債務が消滅する点では共通する。両者の違いは財務改善に伴う債権計上の認識である。停止条件付債務免除は旧債権とは異なる新規の債権発生とみるのに対して、解除条件付債務免除では旧債権の復活とみる。通説は解除条件付免除と解する[42]。

　停止条件付あるいは解除条件付のいずれかと捉えるかはともかく、財務改善

条項付債権放棄は劣後契約（Rangrücktrittsvereinbarung）及び債務の猶予契約（Stundungsvereinbarung）とは異なる。前者は単に債務弁済の順位が他の債務に比べて劣後となるにすぎず、後者は支払期限の延長を意味する。いずれも債権自体は法的に継続し消滅しない点で共通する[43]。このように、劣後契約及び猶予契約から財務改善条項付債権放棄を明確に区別する必要がある[44]。

2　商法上の取扱い

（1）会社側の処理

　商法上、債務者としての会社側はこの財務改善条項付債権放棄について債務の免除時点で債務が消滅する。その結果、臨時収益としての債務免除益が生じる。この点に関して、例えば会社関係から出資者が債権放棄し出資者が出資意図を明確に表明したときには債務免除益としてではなくて、むしろ商法第272条2項4号の資本準備金に計上することも可能であるという見解がある[45]。この資本準備金については配当規制がなく、即座に取り崩すこともできる。
　財務改善条項のなかで将来の年度剰余額あるいは清算剰余額に基づく債務弁済の定めがあるときには、将来の利益を獲得した場合にのみその法的な義務が発生するにすぎない。通説はこのような利益依存的義務をオフバランスとする。将来の利益が発生するまでは会社側にとって何ら経済的負担が発生していないからである[46]。
　この通説に対していくつかの見解がある。
　1つめは、条件発生の見込みが確実なときには、その負債化が必要であるという見解[47]である。これは用心の原則に基づく債務計上を根拠とする。しかし、法的にまだその条件が満たされていない以上、その必要はないと反批判される。
　2つめは、財務改善契約の締結後に将来利益の発生が見込まれたり、あるいは倒産手続が適用されるときには、免除された債務を負債化しなければならな

いという見解である。継続企業の仮定のもとでその徴候が存在する場合には、期末現在の財産に対する負担があり、猶予に相当する一時的な債務免除と解すべきというのがその根拠である。しかし、将来利益をこの継続企業の仮定のみでその負債化を主張するのは必ずしも妥当ではない。というのは、企業はかなり長期間にわたって赤字となりうるので、通説はその負債化を不十分とみる[48]。

3つめは、財務改善が発生する以前に引当金を設定すべきとする見解である。これは不確定債務引当金を計上しなければならないという点を根拠とする。しかし、債務の経済的原因が発生するのは条件の発生時点であり、それ以前にはあえて引当金を設定する必要はないとされる[49]。

4つめは、財務改善条項のなかで自由な財産から債務が弁済されるという内容のときには、たしかにまだ負債化の必要はないが、しかしこの自由な財産の範囲に秘密積立金も含まれるときには、秘密積立金が存在すればその負債化が必要であるという見解である[50]。

このような種々の見解のなかで、通説は法的な債務が発生してはじめて経済的負担が債務者側で生じると解する。しかし、そこでは明らかに法的思考がベースとなっている。これに対して会計上は将来の利益発生あるいは自由な財産がある程度確実に見込まれる段階であらかじめ不確定債務引当金を計上するのが妥当であろう。

通説によると、財務改善条件が生じたときには、債務と費用を計上する。債務消滅時点で債務を資本準備金に振り替えたときには、まず利益処分の一環として資本準備金を取り崩し貸借対照表利益を増加させた後に、次に債務を計上する[51]。別言すれば、資本準備金から直接的に債務に振り替えない。

（2）債権者または出資者の処理

債権者は債権放棄時点でその簿価を減少させて費用計上する。

出資者が会社関係から会社債権を放棄するときには、価値を有する債権部分について投資の事後的な取得原価とみなして投資に振り替え、価値を喪失した部分については費用計上する。財務改善条項が発生したときには放棄された債

権を再び資産化し、それに対応して投資勘定を減額するとともにその同額を収益に計上する。逸失利息の遡及についても財務改善条項のなかで定めがあれば、その債権のなかに含める。但し、資産化される債権の上限は債権放棄時点の金額である[52]。

3 税法上の取扱い

(1) 会社側の処理

　債権放棄が第三者としての債権者によるときには、債務免除時点で債務免除益を収益として計上する。出資者による債権放棄の場合、それが事業上の事由から実施されるときには、同様に債務免除を収益として計上する。

　出資者の債権放棄が会社関係に基づく隠れた出資に該当するときには、通説では価値を有する債権部分についてはその部分価値で評価し、その同額を税務上の出資勘定に計上する。価値を喪失した債権部分は収益に計上する。この点に関して隠れた出資のケースはあくまで債務の消滅が問題であるにすぎず、債務の評価問題は発生しないという見解もある。この説に従うと、債務の時価ではなくてその券面額が税務上の出資勘定に計上される[53]。

　隠れた出資の払戻しが生じたときには、隠れた利益配当となるのが税務上の一般的ルールである。しかし、これには例外がある。解除条件の債権放棄による隠れた出資がその具体例である。ここでは法的な機関の決議で債権が復活したわけではなく、原初的に消滅した債務の復活が問題となる。この隠れた出資のケースにおける債務の復活は出資のマイナスと解される。その結果、税務上の出資勘定が減少する。これに対して、解除条件ではなくて停止条件の債権放棄については若干問題となる。たとえそれが解除条件への遡及がなくとも、経済的には債権免除による取消が重要となる。その限りでは以前の契約の復活思考（actus-contrarius-Gedanke）が適用されねばならない[54]。ここでもまた債務の計上は資本の払戻しに通じる。

すでに触れた2003年のBMF通達では、更生利益は一定の条件のもとで債務猶予あるいは債務免除となりうる。更生利益が債務猶予により非課税のときには、財務改善条項で債務の支払額は事業支出として控除できない（所得税法第3ｃ条1項）。財務改善条項による債務の支払額があるときには、債務の免除はありえない。

債務免除以前の未払利息は債務免除時点で消滅し、財務改善条項の発生時点で再び債務となる。債務免除時点と財務改善条項の発生時点との間の利息部分については、債務免除契約でその支払を定めうる（民法第159条）。この未払利息については、通説では財務改善条項の発生時点まで引当金も債務も計上できない。税務上、債務免除が隠れた出資に該当するときには、それは財務改善条項の発生時点までは自己資本に属する。それ故に、その利息支払額が事業支出として計上できるかどうかが問題となる。通説は事業支出への計上を認める[55]。一部にはそれが自己資本への振替を示す以上、やはりそれを隠れた利益配当とみなす見解もある。ただ、その利息支払が提供された資金に対する代償ではなくて、債権放棄に伴う持分所有者の逸失利息に対する償還であるので、事業支出への計上には特に問題はないと反論される[56]。

財務改善条項との関連で支払われるべき報酬は法人税法第8ａ条1項1号の定める他人資本に対する成果依存的報酬とみなす考え方がある。会社の収益状況に関連した報酬と解されるからである。また、財務改善の取り決めは単に支払期限の取り決めであるという考え方もある。この点に関して、財務改善条項後に事実上支払われる他人資本の提供に対する報酬と、民法第159条の意味における逸失利息に対する報酬とを明確に区別しなければならない[57]。後者は逸失利息収益の補填であり、他人資本の報酬ではない。したがって、中間期間に支払われるべき報酬には法人税法第8ａ条1項は適用されない。

（2）出資者の処理

出資者は、財務改善条項の条件が発生したときには、債権及び投資を事業財産とする利益測定の場合と、それを個人財産とする利益測定の場合とで処理を

第9章　債権放棄の会計

異にする。

① 事業財産のケース

　事業財産に該当する場合には、次の３つのケースを区別する必要がある[58]。

　１つめは会社への隠れた出資の払戻しのケースである。つまり、債権放棄が隠れた出資であったときには、それに応じた税務上の効果はその条件発生によって会社にはその取り消しがあったことになる。したがって、出資者は債権を減額し投資の取得原価を増額したのだから、再び債権の復活により投資の取得原価を減額しなければならない。条件発生以前に貸借対照表能力ある債権の期待権が計上されていたときには、この時点で当該取得原価をマイナスする。

　２つめは、債権を費用処理していたときには、その逆仕訳が必要となる。その結果、事業収入が発生する。

　３つめは条件発生後に発生した債権の利息は事業収入となる。それは、民法第159条に基づく債務法上の返済関係による財務危機期間の逸失利息に対する補償として支払われる支払にも適用される。

② 個人財産のケース

　債権及び投資が個人財産に該当するときには、条件発生時点での債権発生は、所得税法第17条・第23条の取得原価にも、またさらに所得税法第20条の利息支払いにも影響する[59]。

　債権放棄により、より高い事後的取得原価が売却等において考慮されねばならないときには、条件発生に伴いその逆の効果となる。所得税法第23条による債務法上出資勘定からの分配ないし返済は所得税法第17条１項から３項までの規定の適用を受ける。つまり、ここでは条件発生の結果、隠れた出資の取り消しが生じる。売却取引との同一視によって、債権の普通価値と取得原価及びその返済コストとの相殺とが実施される。債権の普通価値が取得原価を上回る部分について利益が発生し、それは課税の対象となる[60]。債権放棄によって高められた取得原価と債権の普通価値とが条件の発生に伴い一致していれば、課

221

税の対象となる利益は発生しない。

　民法第159条の意味における返済の取り決めに対する支払内容が問題となる。原則としてそれは利息の支払いと同じくその他の資本債権からの収益となる（所得税法第20条1項7）。このすべての債務法上の契約は民法第159条の逸失利息の支払も条件発生及び債権の復活との関連で含まれる[61]。

第5節　債権放棄の動向

1　DESに対する実務上の取扱い

（1）DES実施上の法務問題

　2008年のリーマン・ショックを契機として惹起した世界的金融危機を背景に、ドイツではDESが一躍脚光を浴びてきている。このDESについてドイツ法務ではアングロサクソン法とは違って、DESの実施には大きなハードルがある。

　ドイツ倒産法では、企業維持よりはむしろ主に責任の実現及びそれによる債権者保護にウェイトが置かれる。「財務的危機の状況のある企業の継続は責任実現の一つの考えられうる手段ではあるが、しかしドイツ倒産法固有の目標ではない（倒産法第1条1項）」[62]からである。ドイツ法においてDESを実施するときには次の2段階の手続が不可欠となる。第1段階は簡易の減資（vereinfache Kapitalherabsetzung）であり、第2段階は現物出資である。

　前者は株式法第227条ないし有限会社法第58a条に基づく。一般にDESは欠損填補を主目的とするので、債権者保護手続を要する通常の減資（ordentliche Kapitalherabsetzung）に代えて、その手続を要しない簡易の減資が適用される[63]。これには株主総会の特別決議において少なくとも資本金の4分の3を占める株

主の同意が必要である（株式法第229条3項）。さらにDESにより債権者の企業への重要な投資を承認するには、併せて既存株主による株式引受権の排除（Bezugsrechtsausschluß）の同様の決議も不可欠である（株式法第186条3項）。このため、DESの実施に際してかなり厳しいハードルがある。

後者の現物出資には民法第397条の定める債権放棄に関する免除契約が必要となる。この債権放棄に伴う現物出資に対しては、あらかじめ会社の定款のなかに現物出資の定めを設けておかねばならない（株式法第187条1項・第27条1項）。さらに、資本金の増加に対して定款変更を伴う株主総会の決議が必要である。これにもまた少なくとも資本金の4分の3を占める株主の同意が必要である。現物出資に関して商業登記簿への資本金増加の申請には原則として評価の検査（Wertgutachten）を受けねばならない（株式法第183条3項）。

債権の評価が資本金の増加を下回るときには、その差額についての株主の補填責任が発生する[64]（株式法第183条2項・第27条3項）。

このような簡易の減資及び現物出資の煩瑣な二段階手続はDESの実施に対して制約条項となっている。

(2) 更生利益に対する税務上の問題

① 2003年連邦財務省通達

1998年以前では会社の更生目的から生じる債務免除益としての更生利益（Sanierungsgewinn）については所得税法及び法人税法とも非課税とされた（1998年改正前所得税法第3条66号）。但し、その非課税の前提は更生の必要性、更生の可能性及び更生の適性であった。この更生利益という特典が1998年に廃止されたのは、この更生利益が繰越欠損金と相殺されることが保証されており、二重の特典は不必要との判断からであった。

その後、この法規定の廃止に伴い、税務当局はそこで生じた欠点を補うため更生免除（Sanierungserlass）に関する仕組みを2003年3月に公表した。これがBMF通達である。以下のこの概要について説明する。

このBMF通達によれば、更生利益とは更生目的に対して債務の全部または

一部を免除することによって発生する事業財産の増加をいう（BMF 通達Ⅱ 3）。これは民法第397条１項で定める債務免除契約もしくは債務関係が存在しないという認識によって生じる。この更生利益が税務上の非課税となる特典を受ける前提は、①更生の必要性及び更生の可能性、②債務免除の更生に対する適性、③債権者の更生の意図である（BMF 通達Ⅱ 4）。このなかに財務改善更生証書との交換による債権放棄による更生利益も税務上の特典に含まれる。

このような更生利益の特別な税務上の特典を認めた背景に1994年に改正された倒産法との関係がある。すなわち、1998年以前に認められていた更生利益の非課税措置廃止はまさしく裁判外による更生の促進、債権者の自律性の強化並びに誠実な債務者に対する債務からの法的な解放の導入といった倒産法の制定の趣旨に反する結果をもたらしたからである（BMF 通達Ⅲ 7）。そこで、BMF 通達は更生免除について次の考え方を明示する。更生利益に相当する税金の測定に際して当期の損失だけでなく過年度の損失も含めたすべての損失と更生利益とを相殺する点である。損失との相殺後になお残る更生利益部分については、会社の申請により税金の支払について猶予規定が設けられる（租税通則法第222条）。更生利益について猶予された税金は一定の調査後に全額免除される（租税通則法第227条）。

例えば、ある有限会社の利益が1,500,000ユーロであるとする。そのなかに当期損失の500,000ユーロと更生利益2,000,000ユーロが含まれており、それ以外に繰越欠損金が800,000ユーロある。このケースではまず次の計算に基づいて課税対象となる更生利益を算定する。

課税対象の更生利益＝更生利益2,000,000－（当期損失500,000＋繰越欠損金800,000）
　　　　　　　　＝700,000ユーロ

この結果得られた700,000ユーロが税金の支払について猶予される（BMF 通達Ⅲ 8）。

次年度に損失の繰戻しが100,000ユーロあれば、課税対象となる更生利益は

前期の700,000ユーロから100,000ユーロの損失繰戻し額を差し引いた600,000ユーロとなり、この金額も同様に税金の支払いが猶予される。

② 最近の2つの判決

　このBMF通達の後、最近において注目すべき判決が示された。1つは2007年12月12日のミュンヘン財政裁判所の判決であり、もう1つは2008年4月24日のケルン財政裁判所の判決である。

　前者においては、更生利益の非課税ルールが行政の法原則に違反しているという内容である。その理由は、1997年までの旧所得税法第3条66号の事実上の法効果がこの更生免除により再び容認という形で依然として効力を有しているからである[65]。そもそもその旧規定廃止に関する立法者の目標は、更生利益の税控除とその当時に存していた損失相殺の可能性という二重特典の回避にあったはずである。とすれば、その面からは前掲の旧規定の復活は合理的根拠がないというのである。それ故に、この判決は会社が財務的危機の際に更生に対する可能性をかなり制限させる方向を示唆する。この点に関してクネーベル（A. Knebel）は次のように述べる。「しかし、旧所得税法第3条66号の廃止により立法者が更生利益について区別なく課税されねばならないことを表現する裁判所の根拠は、ここでは賛成できない。その場合、ミュンヘン財政裁判所は、立法者が一般に更生利益の特典を阻止しようとせず、むしろ例えばそれは旧法律状況では更生利益の特典のほかに更に損失との相殺の可能性が存在していたような事由の特典のみを阻止しようとした点を誤解する」[66]。

　これに対して、後者は前者ときわめて好対照を示す判決である。それによると、すでに示した旧所得税法第3条66号の規定の廃止があっても、その改正後も依然として更生利益に対する税額免除は立法者の趣旨に添うはずであるという。別言すれば、BMF通達において収益税法上における更生利益と損失との相殺後になお残る更生利益への課税に対する実質的理由が適切ではないとする考え方は、税務当局の判断の範囲において広義に解されねばならない[67]。ここでは持続的な企業再生の見地からは多くのケースにおいて当期損失後になお

残る更生利益部分については、さらに繰越欠損金との相殺が必要となる。

連邦政府は2009年の税改正のなかで再びこの特典の制度化を要求する連邦参議院の提案を拒否した。これに伴い、危機的状況のもとで企業の再生はかなり支障が生じかねない。いずれにせよ、この法律状況の不備に対する緊急改善が望まれている。

③ 法人税法第8c条の新設

2008年に法人税法第8c条が新たに設けられた。従来、課税利益と他の法人との繰越欠損金との相殺は経済的単一体で発生した損失で、持分の過半数が直接的に譲渡され新しい事業財産が移転する場合には認められなかった（旧法人税法第8条4項）。この禁止規定は、さらに5年以内に持分の過半数以上となる取引にも拡大される（改正法人税法第8条4項）。但し、その例外は更生利益である。これについては従来同様に繰越欠損金との相殺ができる。この点を法人税法第8c条は一定の制限を設けた。その規定は次の通りである。

1) 5年以内に直接的あるいは間接的な出資比率が25％以上で50％以内の他の会社の持分取得には、その持分比率だけ更生利益と繰越欠損金の相殺が認められない。
2) 出資比率が50％を上回る持分取得のときには、更生利益と繰越欠損金との相殺は全額認められない。

例えば1）に関していうと、繰越欠損金が500万ユーロの会社の持分を40％取得したときには、更生利益と繰越欠損金との相殺は繰越欠損金の40％に相当する200万ユーロについて認められず、逆に差額の300万ユーロについては相殺が可能である。このような更生利益と繰越欠損金との相殺に対する制限規定はDESにとって税務上の問題が生じる。価値をすでに喪失した債権部分は、債務者企業において更生利益と完全に相殺できず、最低課税がありうるからである。

その欠点を是正するため、2009年7月に法人税法第8c条1a項という更生条項が新設された。これは、投資が資本会社の更生目的であれば、出資者の変

動後の繰越欠損金は消滅しないという規定である。その更生は、支払不能もしくは債務超過の防止ないし回避と、同時に本質的な事業構造の維持を目的とする。その場合の本質的な事業構造とは以下の通りである。
　1）事業契約が雇用ルールを確保する。
　2）持分取得後5年内の従業員報酬が従来の報酬の80％を下回らない。
　3）資本会社に出資により少なくとも投資時点の総資産の4分の1に相当する重要な事業財産を投資する。
　このような3つの要件のうちでいずれか1つを満たす必要がある[68]。この要件をクリアすれば、更生利益と繰越欠損金との相殺は制限されない。
　ところが、2010年2月にEU委員会はそのドイツ法人税法における更生条項がEU法に抵触するのではないかという点を通告した。そこで、これを受けてドイツ連邦財務省通達は同年4月にその規定の審査が終了までドイツ法人税法の更生規定条項を適用しない旨を明らかにした。その後、2011年1月26日にEU委員会は、この更生条項が公的助成金に相当する旨を通知した。そして、この委員会決定が同年9月10日付でEU公報において公表された。その結果、法人税法第8c条1a項はもはや適用できなくなった。

2　債権放棄に対する新手法

　DESに対する法務及び税務における実務上の問題により、最近ドイツでは新たな債権放棄の手法が展開されている。
　1つはリバースDES（Reverse Debt-Equity-Swap; RDES）である。これは伝統的なDESで実施される手続を逆とし、まず新規の会社を設立し、次に当該会社に債務者企業の債務を移転させる手法である。これによると、債務者企業において所得税法第10b条の定める最低課税の範囲で、税務上の繰越損失と既存の事業経営から生じる将来利益との相殺が可能となる[69]。もっとも、新会社の設立に伴い、税務上簿価ではなくて時価等がベースとなるが、分割剰余金はやはり繰越欠損金と相殺できるメリットがある。

他の1つは、デット・メザニン・スワップ（Debt-Mezzanine-Swap; DMS）である。これは、例えば負債と資本の中間を示すハイブリッドな享益権を用いて、一方で商法上はそのメザニンたる享益権の性質を利用して自己資本化しながら、他方で税務上はその報酬を事業支出として処理できる手法である。その結果、自己資本比率を高めると同時に、享益権の報酬分を更生利益と相殺できるメリットがある[70]。

3　2012年株式法改正法案による逆転換社債

連法政府は2012年株式法改正（Aktienrechtsnovelle）の政府草案（Regierungsentwurf）を決定した[71]。これによると、差し迫った財務危機を回避する会社更生措置の一環として逆転換社債（umgekehrte Wandelschuldverschreibung）の発行を新たに認める（株式法改正法案第192条1項a）。これは社債権者が転換権を有する従来のタイプとは異なり、債務者たる会社側が転換権を有するタイプである。その結果、事実上の DES に相当する。その発行には、従来の転換社債と同様に条件付資本金（bedingte Kapital）の増加を50％以内とする制限がある（株式法改正法案第192条1項b）。

但し、その50％の制限は、支払不能の恐れ（drohende Zahlungsunfähigkeit）があるときには除外される（株式法改正法案第192条3項）。また、過剰な債務に陥っている信用・金融機関あるいは金融機関に対して連邦金融サービス監督局（Finanzdienstleistungsaufsicht）による指示があるときにも50％による条件付資本金の制約はない（株式法改正法案第192条3項）。

2013年6月に連邦政府の法委員会による勧告及び報告は、上記の政府草案に関して支払不能の恐れのほかに債務超過の回避目的も株式法改正法案第3項に追加した。

ただ、この法案については実質的に券面額による DES を容認することになり、通説に反するという批判がある[72]。

第6節　結

　以上の論旨を整理すれば以下の通りである。
　第1は商法上及び税法上では第三者たる債権者の債権放棄及び出資者が事業上の事由ないし欠損填補等の目的による債権放棄は、一方でいずれも債務者側の会社では債務から臨時収益に振り替え、他方で債権者及び出資者は債権を費用処理する。
　第2はDESのケースである。商法上DESは簡易の減資と債権による現物出資の手続で実施され、債務者の会社側は債務を時価評価する。その結果、価値を有する債務部分を資本化し、価値喪失部分を収益に計上する。それに対応して債権者は価値を有する債権部分を債権から投資に振り替え、価値喪失部分を費用処理する。投資勘定への振り替えについて取得取引とみる説と製造取引とみる説が対立する。税法上も公示の出資に該当するDESは商法と同様に処理する。
　第3は資本金の増加を伴わず、出資者が出資意図を明確にした会社債権の放棄である。商法上これは任意の出資に該当する。通説によると、債務者の会社側は商法上のDESと同様に時価説に立つが、このケースでは現物出資規定を適用する必要はなく、むしろ券面額説を主張する有力な見解もある。この見解では商法第272条2項4号の拘束性のない資本準備金に計上する。出資者は価値を有する債権部分を投資勘定に振り替え、価値喪失部分は費用処理する。税法上は出資者が出資意図を明確にしたケースだけでなく、第三者との比較を通じた会社関係による債権放棄であれば、それは隠れた出資に該当する。商法と同様に通説は債務者側について時価説を主張するが、出資者の立場ではなくて債務者側の立場から券面額説も存在する。出資者は債権が事業財産のときには事後的な取得原価として債権の部分価値で評価するのが通説であるが、すでに利益が実現しているので普通価値で評価すべきという見解もある。

第4は財務改善条項付債権放棄である。これは民法上一般に解除条件付債務免除と解される。商法上債務者たる会社は債務免除時点で債務を減少させて臨時収益を計上する。財務改善条項が年度剰余額あるいは清算剰余額に基づく債務弁済であるときには、通説によると実際に利益が発生する時点までは経済的負担がないのでオフバランスとなる。利益の発生時点で負債とそれに対応する費用を計上する。この点に関して、利益が実際に発生する時点よりもむしろその発生の確実性がかなり高くなった時点で引当経理するのがベターであろう。債権者もしくは出資者は債権放棄時点で価値を有する債権部分を投資に振り替え、価値喪失した債権部分を費用処理する。債務改善条項が発生した時点で、価値喪失した債権部分を資産化し、それに伴う収益を計上する。

税法上の処理も基本的に商法と同様である。ただ出資者の債権放棄が会社関係によるときには、隠れた出資に該当するので、会社側は価値を有する部分を部分価値で評価し税務上の出資勘定に計上する。この財務改善条項付債権放棄はわが国において知られていない。これは、一方で債権放棄時点で債務をオフバランスでき自己資本比率を高めることができる点で、債務者企業にメリットがある。他方で、将来に財務改善がうまく進めば債権の弁済も可能となり、債権者にも大きなメリットがある。DESとは明らかに一線を画するこの制度のわが国への導入を早急に検討すべきである。

第5は債権放棄の動向である。まずDESに関して商法上簡易の減資と債権の現物出資という二段階の手続を経なければならず、しかも株主の4分の3以上の同意が必要であり、法的手続がDESの実施に困難を来す可能性が多分にある。税法上、更生利益の処理をめぐって一定の条件が整えば更生利益に対する課税延期ないし課税免除を明示するBMF通達があるが、しかし判決では対立した見解もある。また、世界的な金融不況により更生利益と繰越欠損金の相殺に関する限定ないし緩和といった種々の方向も示唆されている。とりわけ更生利益の課税緩和を目指すドイツ法人税法規定についてEU委員会は審議した結果、公的助成金に相当すると判断し、その規定はもはや適用できなくなった。わが国では、更生利益たる債務消滅益（あるいは債務免除益）と繰越欠損

金の相殺については、ほとんど議論されていないのが現状である。ドイツと同様に企業再生を税務面でもバックアップする視点からは、わが国でもこの点の議論が必要であろう。最近では、DES に代わってリバース DES や債務法上の享益権を利用した DMS といった新たな手法も展開されている。また、2012年株式法改正法案では、財務危機を回避する措置として券面額をベースとした逆転換社債による DES を制度化する方向である。

注

（1） 企業会計基準委員会，実務対応報告第6号「デット・エクィティ・スワップの実行時における債権者側の会計処理に関する実務上の取扱い」平成20年3月。なお，ドイツにおけるデット・エクィティ・スワップについては，拙著，『ドイツ会計制度論』森山書店，平成24年，252-259ページ参照。

（2） 弥永真生『「資本」の会計』中央経済社，平成15年，29ページ。株式のオプション価値を法律上保護しないという立場に立てば，券面額説を採用できるという見解がある（草野耕一『会社法の正義』商事法務，平成23年，106ページ）。

（3） 江頭憲治郎『株式会社法』第3版，有斐閣，平成21年，695-696ページ。

（4） 鳥飼重和等「非公開会社のための新会社法」商事法務，平成17年，154ページ。

（5） 中野百々造『会社法務と税務』全訂三版，税務研究会出版局，平成21年，767ページ。

（6） A. Pflugbeil, Steuerliche Auswirkungen von Sanierungsmaßnahmen bei Kapitalgesellschaften, Berlin, 2006年, 22ページ。

（7） W. D. Hoffmann, Sind wertlose Forderungen gegen Kapitalgesellschaften zum Nennwert einlagefähig ?, in: Betriebs-Berater, 第47巻第9号, 1992年3月, 577ページ。

（8） W. D. Hoffmann, Kritische Anmerkungen zum sog. Einlagebeschluß des Großen BFH-Senats, in: Der Betrieb, 第51巻第40号, 1998年10月, 1984-1985ページ。

（9） A. Cahn・S. Simon・R. Theiselmann, Forderungen gegen die Gesellschaft als Sacheinlage ? – Zum Erfordernis der Forderungsbewertung beim Debt-Equity-Swap, in: Institut for Law and Finance（Goethe-Universität am Main）, Working Paper Series, 第117号, 2010年4月, 12ページ。

（10） A. Herlinghaus, Forderungsverzichte und Besserungsvereinbarungen zur Sanierung von Kapitalgesellschaften, Köln, 1994年, 38-39ページ。

（11） H. J. Priester, Debt-Equity-Swap zum Nennwert ?, in: Der Betrieb, 第62巻第26号,

2010年7月, 1447ページ。

(12)　H. J. Priester, 前掲論文注 (11), 1449ページ。

(13)　H. J. Priester, 前掲論文注 (11), 1450ページ。

(14)　A. Pflugbeil, 前掲書注（6）, 32ページ。

(15)　A. Pflugbeil, 前掲書注（6）, 42ページ。

(16)　この点については, 拙著, 前掲書注（1）, 131ページ参照。A. Herlinghaus, 前掲書注 (10), 14 ページ。N. Marenbach, Die Erweiterung der Kapitalbasis einer GmbH: (Verdeckte) Einlage und Gesellschafterdarlehen, Hamburg, 2006年, 74-75ページ。なお, ドイツ法における出資概念については, 拙著, 前掲書注（1）, 178-189 ページ参照。

(17)　A. Herlinghaus, 前掲書注 (10), 21ページ。R. Winnefeld, Bilanz-Handbuch, 第4版, München, 2006年, 311ページ。

(18)　A. Pflugbeil, 前掲書注（6）, 26ページ。A. Herlinghaus, 前掲書注 (10), 29-30ページ。N. Marenbach, 前掲書注 (16), 128・295ページ。

(19)　A. Herlinghaus, 前掲書注 (10), 15-16ページ。A. Pflugbeil, 前掲書注（6）, 23-24ページ。N. Marenbach, 前掲書注 (16), 295ページ。

(20)　A. Pflugbeil, 前掲書注（6）, 33ページ。A. Herlinghaus, 前掲書注 (10), 33-34ページ。R. Winnefeld, 前掲書注 (17), 311ページ。H. Ellrott etc.編, Beck'scher Bilanz-Kommentar, 第7版, München, 2010年, 615ページ。

(21)　A. Herlinghaus, 前掲書注 (10), 41-42ページ。R. Winnefeld, 前掲書注 (17), 318ページ。

(22)　A. Pflugbeil, 前掲書注（6）, 38ページ。L. Schmidt編, Einkommensteuergesetz, 第25版, München, 2006年, 449・492ページ。

(23)　この公示の出資は所得税法第6条6項2文の定める交換取引に該当するため, 部分価値に代えて普通価値で評価すべきという見解もある（L. Schmidt編, 前掲書注 (22), 449・575ページ。Dötsch・Geiger・Klingebiel・Lang・Rupp・Wochinger, Verdeckte Gewinnausschüttung/Verdeckte Einlage, Stuttgart, 2004年, 13 ページ)。

(24)　A. Pflugbeil, 前掲書注（6）, 41ページ。

(25)　L. Schmidt編, 前掲書注 (22), 573・574ページ。Dötsch・Geiger・Klingebiel・Lang・Rupp・Wochinger, 前掲書注 (23), 71ページ。R. Winnefeld, 前掲書注 (17), 319ページ。

(26)　A. Pflugbeil, 前掲書注（6）, 47ページ。

(27) A. Pflugbeil, 前掲書注（6），49ページ。
(28) A. Herlinghaus, 前掲書注（10），45-48ページ。
(29) W. D. Hoffmann, „Einlagen" von wertlosen Forderungen in die Kapitalgesellschaft in ökonomischer und rechtlicher Betrachtung, in: Deutsches Steuerrecht, 第34巻第11号, Beihefter, 1996年3月, 10ページ。
(30) A. Herlinghaus, 前掲書注（10），49ページ。
(31) A. Herlinghaus, 前掲書注（10），49-50ページ。
(32) A. Pflugbeil, 前掲書注（6），47ページ。
(33) A. Pflugbeil, 前掲書注（6），48ページ。
(34) A. Pflugbeil, 前掲書注（6），62-63ページ。
(35) A. Pflugbeil, 前掲書注（6），87ページ。
(36) L. Schmidt 編, 前掲書注（22），574・577ページ。A. Pflugbeil, 前掲書注（6），89ページ。
(37) A. Pflugbeil, 前掲書注（6），95ページ。
(38) A. Pflugbeil, 前掲書注（6），100-101ページ。
(39) A. Pflugbeil, 前掲書注（6），102ページ。
(40) A. Pflugbeil, 前掲書注（6），139ページ。
(41) A. Pflugbeil, 前掲書注（6），140ページ。
(42) A. Herlinghaus, 前掲書注（10），49ページ。
(43) A. Pflugbeil, 前掲書注（6），110-111ページ。
(44) この詳細については，拙著，前掲書注（1），229ページ参照。
(45) A. Pflugbeil, 前掲書注（6），152ページ。
(46) A. Pflugbeil, 前掲書注（6），146-147ページ。
(47) L. Schruff, Zur Bilanzierung latenter Verpflichtungen aus Besserungsscheinen, in: J. Baetge・A. Moxter・D. Schneider 編, Bilanzfragen, Festschrift für Ulrich Leffson, Düsseldorf, 1976年, 所収, 160ページ。
(48) Adler・Düring・Schmaltz 編, Rechnungslegung und Prüfung der Unternehmen, 第6巻, 第6版, Stuttgart, 1998年, 224ページ。
(49) L. Schruff,, 前掲書注（47），159ページ。
(50) Adler・Düring・Schmaltz 編, 前掲書注（48），225ページ。
(51) Siebert・Lickert, Handels- und steuerliche Behandlung eines Forderungsverzicht mit Besserungsschein und Rangrücktritt bei der GmbH, in: BA/VS, Steuern/Prüfungs-

wesen, Diskussionsbeitrag，4 /2006年，13ページ。
(52) Siebert・Lickert，前掲論文注（51），14ページ。
(53) A. Pflugbeil，前掲書注（6），158ページ。
(54) A. Pflugbeil，前掲書注（6），161ページ。
(55) A. Pflugbeil，前掲書注（6），167ページ。
(56) A. Pflugbeil，前掲書注（6），168ページ。
(57) A. Pflugbeil，前掲書注（6），170ページ。
(58) A. Pflugbeil，前掲書注（6），174-175ページ。
(59) A. Pflugbeil，前掲書注（6），175-176ページ。
(60)(61) A. Pflugbeil，前掲書注（6），177ページ。
(62) M. Scheunemann・G. Hoffmann, Debt-Equity-Swap, in: Der Betrieb，第62巻第19号，2009年5月，983ページ。
(63) この詳細は拙著，『資本会計制度論』森山書店，平成20年，40-45ページ及び拙著，前掲書注（1），253-254ページ参照。
(64) R. Drrouven・J. Nobiling, Reverse Debt-Equity-Swaps － Auch steuerlich eine Alternative ?, in: Der Betrieb，第62巻第36号，2009年9月，1895ページ。
(65)～(67) A. Knebel, Der Forderungsverzicht als Sanierungsmaßnahme, in: Der Betrieb，第62巻第21号，2009年5月，1097ページ。
(68) W. Scheffler, Besteuerung von Unternehmen Ⅰ，第11版，Heidelberg，2009年，199ページ。
(69) R. Drrouven・J. Nobiling，前掲論文注（64），1896ページ。この詳細は，拙著，前掲書注（1），262-266ページ参照。
(70) H. Oelke・H. Torsten・S. Degen, Debt Mezzanine Swap － Königsweg für die Restrukturierungsfinanzierung ?, in: Betriebs-Berater，第64巻第6号，2010年2月，301-303ページ。この詳細は，拙著，前掲書注（1），259-263ページ。
(71) これについては，藤嶋肇「2012年ドイツ株式法改正法案」『大阪経大論集』第63巻第4号，2012年11月，137-149ページ参照。
(72) W. Bayer, Aktienrechtsnovelle 2012－Kritische Anmerkungen zum Regierungsentwurf, in: Die Aktiengesellschaft，第57巻第5号，2012年3月，150-151ページ。J. Ekkenga, Neuerliche Vorschläge zur Nennwertanrechnung beim Debt-Equity-Swap － Erkenntnisfortschritt oder Wiederbelebungsversuche am untauglichen Objekt ?, in: Der Betrieb，第65巻第6号，2012年2月，334-335ページ。

第10章　分割会計

第1節　序

　企業の発展及び経済的状況の変化などの要因により迅速な組織再編が近年特に急務となってきている。わが国では平成9年に旧商法は合併手続の簡素化、平成11年に株式移転及び株式交換制度の導入、平成12年に会社分割制度の創設を制度化した。これに伴い平成13年に企業組織再編に関する税制が改正された。平成15年に企業会計基準委員会は「企業結合に関する会計基準」を設定した。ドイツでもその例外ではない。すでに1969年に組織変更法（Umwandlungsgesetz; UmwG）が制定され、その後1995年にその内容が一新された。それに伴い組織変更税法（Umwandlungssteuergesetz; UmwStG）も制定された。またEU指令との関連で2005年にドイツ国内での合併及び分割に関する組織変更税法規定が一部改正され、2007年にはEU加盟国間における資本会社の合併規定を設定し今日に至っている。組織変更税法は2006年にEUにおける税務規定の調整から一部改正され、今日に至っている。

　本章では、ドイツにおける会社分割制度の会計について論究することにしたい。

第2節　組織変更法における会社分割

1　会社分割の種類

組織変更法第123条によると、会社分割は次の3つに分類される。
① 消滅分割（Aufspaltung）
② 存続分割（Abspaltung）
③ 分離独立（Ausgliederung）

①の消滅分割は、分割会社がすべての財産を少なくとも2社の分割承継会社もしくは新設会社に譲渡し、清算手続を経ずに会社自体が消滅する。分割会社の持分所有者は分割承継会社間の持分を取得する。これには次の種類がある[1]。第1は子会社間での消滅分割のタイプである。これは、ある子会社が他の2つの子会社に吸収分割される。第2はダウンストリームによる消滅分割のタイプである。これは、2つの子会社をもつ会社が当該子会社に吸収分割される。第3は、第三者の2社によって吸収分割されるタイプである。第4は、アップストリームによる消滅分割のタイプである。2社に支配されている会社が当該2社に吸収分割される。第5は新設による消滅分割のタイプである。新設される他の2社に分割される。

②の存続分割に関しても以下の種類がある[2]。第1は兄弟会社に財産の一部が分割されるタイプである。第2は支配されている会社に財産の一部が吸収分割されるタイプである。第3はダウンストリームによって財産の一部が子会社に吸収分割されるタイプである。第4は第三者による吸収分割されるタイプである。第5は新設分割のタイプである。

③の分離独立にも次の種類がある[3]。第1は子会社間で吸収による形で分離独立するタイプである。第2はダウンストリームによる分離独立のタイプであ

第10章 分割会計

る。第3は第三者の吸収による分離独立のタイプである。第4はアップストリームの吸収による分離独立のタイプである。第5は新設分割による分離独立のタイプである。

2 分割会社の会計

　分割会社は分割日に結了貸借対照表（Schlussbilanz）を作成しなければならない（組織変更法第17条1文）。これは分割会社の財産を分割承継会社に譲渡する際の基礎を形成する。ただ、消滅分割のケースを別とすれば、存続分割及び分離独立のケースでは会社自体が消滅しないので、この結了貸借対照表の作成に対する必要性はないようにみえる。しかし、譲渡財産と残余財産との明確な識別には両財産の区別はやはり不可欠となる。結了貸借対照表に代えてむしろ譲渡貸借対照表（Übertragungsbilanz）と呼ぶのがベターといわれる[4]。

（1）結了貸借対照表の内容

　この結了貸借対照表は年次貸借対照表（Jahresbilanz）の規定が適用される（組織変更法第17条2項2文）。その結果、取得原価が評価の上限であり、原則として評価に関する継続性が要求される。ただ、分割によって結了貸借対照表の作成に若干の特性が生じる。

① 消滅分割
　吸収消滅分割では分割承継会社に純資産がマイナスの財産譲渡がありうる。これに対して、新設消滅分割では現物出資が問題となるので、譲渡する純資産がプラスであることが前提である。別言すれば、資本維持原則（Grundsätze der Kapitalerhaltung）が問題となる[5]。

② 存続分割
　存続分割では、分割会社の財産の一部が吸収分割承継会社または新設分割承

継会社に譲渡される。この場合、譲渡される分割会社の簿価による財産の一部がプラスのときには、出資者に対する分配とみなされる。というのは、分割型分割のときの存続分割においては分割会社自体ではなくて、その会社の持分所有者が分割承継会社の持分を取得するからである。この意味で、分割会社財産の一部が出資者に分配される。会社法上の財産処分（Vermögensverwendung）が問題となる[6]。これに伴い、分割会社の自己資本が同時に減少する。分割型分割がこれである。

この点において分割会社には資本維持ルールが適用される。その結果、分割会社は会社財産の分割後に欠損金（Unterbilanz）の状態に陥ってはならない[7]。かりに会社財産の分割後に資本金がカバーされず欠損金を示すときには、以下の手続が必要となる。まずすべての利益準備金及び資本準備金を取り崩して資本金を填補しなければならない。この取り崩す準備金のなかには法定準備金だけでなく、任意準備金が欠損填補として十分でないときには、資本準備金も含まれる。但し、旧商法第269条ないし第274条2項に基づいて分配規制される自己持分準備金及び準備金部分は例外で、取り崩すことはできない。

分割会社において分配規制の対象となっていない公示の準備金が存在すれば、それを取り崩して欠損金を填補することもできる。例えば債権放棄や債務引受等がこれである。秘密積立金が分割後の財産のなかに存在するときには、減資も必要となる[8]。この減資手続としては組織変更法第139条及び134条に基づいて簡易の減資が適用可能である（有限会社法第58a条・株式法第229条〜第236条）[9]。

この点に関して若干論点がある。例えば分割会社では分割によって生じる財産減少の額だけ減資する。分割以前にすでに分割会社に欠損金があるときには、分割に伴う財産減少を上回る追加的な減資は必要ではない。一部の文献では、分割が欠損金の回避につながらなくとも簡易の減資は許容されるという見解がある。しかし、減資は資本維持原則を遵守し欠損金の回避につながる場合のみ、簡易の減資が適用されるにすぎない[10]。これに従うと、欠損金が解消されないときには、株式法第222条から第228条までに定める簡易の減資に代え

て通常の減資を適用しなければならない（有限会社では有限会社法第88条）。つまり、減資によって欠損金が解消できないときには、その分割は資本維持原則に抵触する。

　分割される資産及び負債の簿価がゼロまたはマイナスのときには、分割会社の帳簿上の財産は分割後に減少しない。分割される純資産の簿価はマイナスだが、そのなかに十分な秘密積立金があるケースも少なくない。にもかかわらず、分割される財産の含み益に対して何ら反対給付は対応しない。むしろ分割承継会社に対する会社権は分割会社の出資者に直接的に供与される。この点で、分割会社における財産増加は出資者関係に起因する。したがって、純資産の簿価がマイナスの分割に関して分割承継会社側では最広義の意味で分割会社の自己資本における出資者によるその他の追加支払額が関連する。それ故に、当該財産増加は分割会社には商法第272条2項4号の拘束性のない資本準備金に計上する[11]。

③ 分離独立

　この分離独立では分割会社は自己の財産の一部を分割承継会社に譲渡し、その対価として分割承継会社の持分を取得する。分割会社の出資者が持分を取得する存続分割とは異なり、分割会社自体が分割承継会社の持分を取得する。分社型分割がこれである。

　この分離独立を交換（Tausch）もしくは少なくとも交換に準ずる取引とみなせば、分割会社の持分取得は販売行為とみなされ、商法上分割会社の簿価もしくは時価、両者の中間で評価しうる。ここでは分割される財産の簿価がプラスであれば、取得する持分評価は交換原則に従い時価で評価され、純資産の簿価がマイナスのときには備忘金額で評価される。

　これに対して、持分取得を交換ではなく持分交換と解すると、販売行為ではないので、それは分割会社の簿価で評価する。ここでは、分割される純資産の簿価がプラスのときには特に問題はない。しかし、それがマイナスのときの処理が問題となる。このケースでは分割される純資産に含まれる秘密積立金が新

持分の額面金額を十分カバーすることが不可欠となる。しかし、この秘密積立金を純資産のマイナス簿価を相殺するために実現してはならない。というのは、販売行為はないからである。その結果、純資産はマイナスの簿価のままで評価されねばならない。但し、商法上の会計報告目的にとって望ましくないので、取得する持分を少なくともゼロで評価すべきである。そこから生じるマイナスの差額分は実現の事実がないので、分割利益として成果作用的に処理してはならない。むしろ商法上第272条2項4号の資本準備金に計上すべきである[12]。

分離独立では、分割承継会社から得られた持分が少なくとも分割財産の市場価値（Verkehrswert）と一致しているときには、資本維持原則になんら支障を来さない。ところが、分割承継会社に分離独立による分割前にすでに欠損金があり、当該会社の財産の市場価値がその簿価と一致するときは別である。このケースでは承継会社から供与される持分価値は分割財産の価値に一致しない。承継会社から得られる持分価値は分離独立会社の貸借対照表において、この市場価値が分離独立する財産の簿価を下回るときには、その市場価値で評価する[13]。その評価によって分離独立会社において欠損金が生じるときには、既述の通り準備金の取崩及び減資等の財務措置が必要となる。

3 分割承継会社の会計

分割承継会社は、吸収分割のケースにおいて譲受貸借対照表（Übernahmebilanz）の作成義務はない。新設分割のケースでは開始貸借対照表を作成しなければならない。合併と同様に分割承継会社は承継財産の評価にあたって選択権がある（組織変更法第24条・第125条1項）。そのため、事実上の取得原価たる時価で評価することもできれば簿価でも評価できる。

（1）事実上の取得原価

分割承継会社の事実上の取得原価は、当該会社が資本金増加として発行する新持分となる。但し、以下のケースでは例外的に資本金の増加はない（組織変

更法第125条・第54条1項・第68条1項)⁽¹⁴⁾。
 1 承継会社が分割会社の持分を保有する。
 2 分割会社が自己持分を保有する。
 3 分割会社がまだ出資を完全に払い込んでいない承継会社の持分を保有する。

① 資本金の増加を伴う分割
　分割財産の反対給付として承継会社の新持分が発行されるときには、取得原価は現物出資の評価ルールに従って測定される。その場合、分割財産の取得原価は譲渡される持分の発行価額もしくは持分のそれより高い時価のいずれかとなる。

② 資本金の増加を伴わない分割
　分割会社が自己の財産の一部を消滅分割あるいは存続分割の方法で分割会社にすでに譲渡人に投資している承継会社に譲渡するときには、承継分割会社は資本金を増加してはならない（組織変更法第25条1項・54条1項・68条1項）。これと同様に分割会社が自己の財産をその出資者に譲渡すると、アップストリーム分割となる。このような分割に関して、譲渡人に対する承継会社の投資が分割後に全額またはその一部消滅する。文献の一部はそれを交換取引を示すと捉え、承継分割会社側では無償取得とみなされる⁽¹⁵⁾。これに対する商法上の一般原則によると、貸借対照表計上及び評価に選択権がある。但し、分割財産の時価を上回ってはならないという条件がある。
　このような見解に対して、このアップストリーム分割はたしかに取得取引であるけれども、投資の消滅に伴い販売行為ではない。むしろ承継する出資者は持分取得時点ですでに譲渡財産を間接的に取得していると解される。この立場では、時価が消滅する投資の簿価を上回るときには、交換取引ではないので承継資産は時価で評価してはならない。承継資産の取得原価はむしろ承継会社における投資の簿価による評価によって決定される⁽¹⁶⁾。

承継分割会社がすでに保有する自己持分を分割会社に供与するときには、一般に当該会社の資本金は増加しない。但し、この場合に分割財産を時価で評価すべきとする見解がある。これに従うと、承継分割会社による自己持分の発行は資本金の増加となる。つまり、経済的には承継分割会社が自己持分を取得しそれによって自己資本に対する修正項目を得ようと、分割に際して新持分を発行しようと全く差異がないからである[17]。その処理による場合、その自己持分の簿価と時価との差額が問題となる。商法上その差額を資本準備金に計上すべきか、それとも利益に計上すべきかである。自己持分の発行が実質的な資本金の増加とパラレルであると考えれば、資本準備金に計上しなければならない[18]。

（2）簿　　価

承継分割会社が簿価を選択したときには、分割財産の簿価と供与する反対給付との差額が発生する。

① 資本金の増加を伴う分割

承継会社が分割に際して資本金の増加を伴うときには特に問題はない。ここでは現物出資の評価ルールが適用される。分割財産の簿価が持分の発行価額を上回るときには、その差額は発行プレミアムとして資本準備金に計上する。この点に関して商法第272条2項4号の拘束性のない資本準備金に計上するという見解[19]と、第1号の拘束性のある資本準備金に計上する見解[20]とがある。逆にマイナスの差額のときには、商法第246条1項4文が定めるのれんに計上してはならない。むしろ直接的に分割損失として当期の損益に計上する。

② 資本金の増加を伴わない分割

資本金の増加を伴わない分割のケースでかつ分割会社にすでに承継会社が投資しているときには、当該投資が消滅する。アップストリーム分割で生じる差額は合併損失、マイナスの差額は合併利益としてそれぞれ当期損益に計上する。

③ 自己持分の供与による分割

承継分割会社が自己持分を分割会社に供与するときには、マイナスの差額は分割損失として当期損益に計上する。プラスの差額は商法第272条2項4号の資本準備金に計上する[21]。

(3) 設　例

① 分離独立のケース

いま、分割会社Aの貸借対照表が以下の内容であり、そのうちで分割財産は以下の通りと仮定する。新設承継会社Bはその分割財産に対して500の新持分を発行する。

A　社

有形固定資産	8,500	資　本　金	5,000
流　動　資　産	21,000	資本準備金	6,500
		利益準備金	500
		負　　　債	17,500
	29,500		29,500

分割財産	簿価	時価
有形固定資産	1,200	2,000
流　動　資　産	4,500	5,000
負　　　債	5,000	5,000
純　資　産	700	2,000

この分離独立による分割に際して、それが交換に準じた取引ではない分割であると解すれば、分割会社も新設承継会社も同様に分割会社の簿価で評価する[22]。

分割後のA社

有形固定資産	7,300	資 本 金	5,000
投 資	700	資本準備金	6,500
流 動 資 産	16,500	利益準備金	500
		負 債	12,500
	24,500		24,500

承継会社は以下の仕訳をする。

(借)有形固定資産　1,200　　(貸)負　　　債　5,000
　　流　動　資　産　4,500　　　　資　本　金　　500
　　　　　　　　　　　　　　　　　資本準備金　　200

B 社

有形固定資産	1,200	資 本 金	500
流 動 資 産	4,500	資本準備金	200
		負 債	5,000
	5,700		5,700

これに対して、この分離独立を交換に準ずる取引と解すれば、分割財産は2,000の時価で評価される。その結果、簿価と時価との差額1,300は成果作用的に処理される[23]。

A 社

有形固定資産	7,300	資 本 金	5,000
投 資	2,000	資本準備金	6,500
流 動 資 産	16,500	利益準備金	1,800
		負 債	12,500
	25,800		25,800

承継会社のB社は以下の仕訳を行い、資本準備金が生じる。

(借)有 形 固 定 資 産　2,000　　(貸)負　　　　　　債　5,000
　　　流　動　資　産　5,000　　　　資　　本　　金　　500
　　　　　　　　　　　　　　　　　　資　本　準　備　金　1,500

```
                    B    社
   有形固定資産  2,000  │  資 本 金      500
   流 動 資 産  5,000  │  資本準備金   1,500
                      │  負     債    5,000
                ─────  │              ─────
                7,000  │              7,000
```

② 存続分割のケース

以下に示す分割C社が下記の分割財産の簿価がマイナスのときに、新設承継会社D社にその分割財産を譲渡する存続分割のケースを仮定する。承継会社は分割会社に50の持分を供与する。

```
                    C    社
   有形固定資産    400  │  資 本 金       100
   流 動 資 産    900  │  資本準備金     150
                      │  利益準備金      50
                      │  負     債    1,000
                ─────  │              ─────
                1,300  │              1,300
```

```
         分割財産      簿価    時価
         有形固定資産   200    400
         流 動 資 産    400    500
         負     債     800    800
         純 資 産    (200)    100
```

分割会社では以下の仕訳を行う。

(借)負　　　　　債　800　　(貸)有形固定資産　200
　　　　　　　　　　　　　　　　流　動　資　産　400
　　　　　　　　　　　　　　　　資　本　準　備　金　200

この資本準備金は商法第272条2項4号の拘束性のない資本準備金に該当する。その結果、C社の貸借対照表は分割後に以下のようになる[24]。

C 社

有形固定資産	200	資　本　金	100
流　動　資　産	500	資本準備金	350
		利益準備金	50
		負　　債	200
	700		700

承継会社が組織変更法第24条を適用して分割財産の時価で評価すると、以下のように仕訳され、貸借対照表は次のようになる。

(借)有形固定資産　400　　(貸)負　　　　　債　800
　　流　動　資　産　500　　　　資　　本　　金　50
　　　　　　　　　　　　　　　　資　本　準　備　金　50

D 社

有形固定資産	400	資　本　金	50
流　動　資　産	500	資本準備金	50
		負　　債	800
	900		900

上記のケースとは異なり、分割会社の分割財産の簿価（有形固定資産200、流動資産400、負債350とする）がプラスであれば、まず利益準備金でその純資産250のうち50だけを相殺する。その差額200のうち、150は資本準備金と相殺する。相殺しないと欠損金が発生するからである。それでもまだ相殺されていない50については簡易の減資手続で減資する。この仕訳を示せば次の通りであり、分割会社C社の貸借対照表は下記の通りである[25]。

(借)負　　　　　債　350　　(貸)有形固定資産　200
　　利　益　準　備　金　 50　　　　流　動　資　産　400
　　資　本　準　備　金　150
　　資　　本　　金　　 50

C 社

有形固定資産	200	資　本　金	50
流　動　資　産	500	負　　　債	650
	700		700

承継会社D社は組織変更法第24条を適用してその分割財産を簿価で評価すれば、次の仕訳し、以下の貸借対照表となる。

(借)有形固定資産　200　　(貸)負　　　　　債　350
　　流　動　資　産　400　　　　資　　本　　金　 50
　　　　　　　　　　　　　　　　資　本　準　備　金　200

	D	社	
有形固定資産	200	資 本 金	50
流 動 資 産	400	資本準備金	200
		負　　債	350
	600		600

第3節　組織変更税法における会社分割

1　会社分割に対する規定

　組織変更税法は会社分割について次のように規定する。

　第1に、法人間での消滅分割及び存続分割については組織変更税法第45条が規定し、法人を人的会社に消滅分割及び存続分割するときには、同法第16条がそれぞれ規定する。注意すべきは、わが国と違ってドイツ法における人的会社には法人格が与えられず、あくまで出資者の結合体組織としてみなされる点である。

　第2に、分割する組織形態のいかんにかかわらず、財産の分離独立は税務上その財産が事業（Betrieb）、事業の一部[26]もしくは共同事業者持分（Mitunternehmeranteil）に該当し、分割承継の権利主体が資本会社であるときには、広義の現物出資（Einbringung）と解される。これには組織変更税法第20条・第21条が適用される。通常の現物出資では土地、建物等の個々の資産が出資されるのに対して、広義の現物出資では事業全体ないしその一部あるいは人的会社の持分の一部も出資とみなされる点に違いがある。

　第3に、事業、その一部もしくは共同事業者持分が分割人的会社に出資されるときには、組織変更税法第24条が適用される。

図表10-1 分割の種類と組織変更税法の適用

分割の種類	分割側の権利主体	分割承継会社側の権利主体	組織変更税法
消滅分割・存続分割	資本会社	資本会社	第15条
消滅分割・存続分割	資本会社	人的会社	第16条
分離独立	資本会社	資本会社	第20条・第21条
分離独立	資本会社	人的会社	第24条
消滅分割・存続分割・分離独立	人的会社	資本会社	第20条・第21条
消滅分割・存続分割・分離独立	人的会社	人的会社	第24条

出典：W. D.Budde・G. Förschle・N. Winkeljoham 編, Sonderbilanzen, München, 第4版, 2008年, 464ページ。

　第4に、人的会社が資本会社に消滅分割ないし存続分割するときには、広義の現物出資とみなし、組織変更税法第20条から第23条までが適用される。

　第5に、人的会社間の消滅分割ないし存続分割のケースでは同様に広義の現物出資として組織変更税法第24条が適用される[27]。

　上記の点を整理すると、**図表10-1**の通りである。

　この組織変更税法の基本スタンスは、経営経済的に望ましい組織再編について税務上不利な結果をもたらさない点にある。具体的にいえば、組織再編の枠組みのなかで秘密積立金への再編後の課税が確保されている限り、一般に分割に伴う財産譲渡は税中立的に簿価引継ぎ（Buchwertfortführung）の可能性を容認する。その結果、法人間での消滅分割及び存続分割や、組織変更税法第20条・第24条に関係する分割は、この税中立的な簿価引継ぎに対して、分割財産が事業の一部であることを前提とする。さらに、資本会社への共同事業者持分及び持分である仮定上の事業の一部もまた税中立的に消滅分割ないし存続分割されうる。

法人間での消滅分割及び存続分割では資本会社への投資譲渡は、その投資が会社のすべての資本金を示すときにしか有利とならないけれども、人的会社を資本会社に分割し分離独立するケース及び資本会社間での分離独立のケースでは、分割承継資本会社が譲渡後に直接的に分割資本会社の議決権の過半数を取得するときには、簿価引継ぎが可能となる。

なお、人的会社間の分割及び人的会社への分離独立のケースでは、資本会社への税中立的な譲渡を明確に規定していない[28]。

2 法人間での消滅分割及び存続分割

（1）分割法人の会計

分割法人の財産譲渡が事業の一部に該当するときには、分割法人は結了貸借対照表において移転財産を簿価もしくは普通価値、両者の中間価値のいずれかで評価することができる（組織変更税法第15条1項2文）。このうちで分割法人が簿価引継ぎを選択するときには、当該分割は税中立的に処理でき、何ら譲渡利益は生じない。この評価選択権はもっぱら移転財産だけに関係する。

但し、それには例外がある。すでに触れた通り事業の一部による要件が第1である。第2は、以下の3つの要件を満たさないことが要求される（組織変更税法第15条2項1文）。

① 共同事業者持分の取得及び3年以内における資本会社への100%投資
② 売却ないし売却の準備
③ 出資者集団からの区別

この①から③の要件を満たすときには、分割法人は評価選択権を行使できず、譲渡財産を普通価値で評価する。この第2の要件が定められているのは、事業の一部を迂回して個々の経済財もしくは全く事業の財産に該当しない財産の集合が資本会社もしくは共同事業者に出資されず、この方法による税中立的処理を回避しうる点にある。①から③の要件のうち②は特に注意を要する。分

割以前に投資していた法人の20%を上回る持分を分割後5年以内に譲渡するケースも売却とみなされ、評価選択権は付与されない（組織変更税法第15条2項4文）。

例えば企業価値が300,000ユーロのA有限会社が2つの事業部をもち、両事業部の価値は等しいと仮定する[29]。いま2つの事業部がB株式会社とC株式会社に分割される。その場合、A社への出資者はP50%、Q40%、R10%とする。分割の結果、B社にはPが100%持分所有者となり、C社にはQとRとがそれぞれ80%及び20%の持分所有者となる。かりにC社の持分所有者であるQがP社に自己の持分すべてを売却したとすると、それは上記の条件に抵触する。

その理由は以下の通りである。A社の企業価値のうちでC社の価値はその2分の1に相当し、その持分の80%をQが所有しているので、150／300×0.8＝0.4となり40%であり20%ルールを上回ってしまう。これに対して、C社の持分20%を保有するRがC社に持分を分割後1年に売却するときには、150／300×0.2＝0.1となり、20%を上回らない。それ故に20%のルールに違反しないため、このケースでは評価選択権が容認される。

また、分割会社への投資が少なくとも分割前の5年間存続していることも評価選択権の条件となる（組織変更税法第15条2項5文）。その趣旨は、分割前における持分売却を回避する点にある。別言すれば、5年間投資していなかった会社が当該分割会社に投資してから分割会社の一部を分割して新設会社をつくると、分割される会社の事業部門の法人課税ができなくなるからである[30]。

（2）分割承継法人の会計

分割承継法人は分割法人の税務閉鎖貸借対照表の評価額を引き継ぐ（組織変更税法第12条1項）。つまり、分割法人と分割承継法人との間には評価の連携（Wertverknüpfung）が確保される。これは、分割法人の持分のすべてを分割承継法人が保有するときにも同様である。したがって、分割承継法人は分割法人の持分を簿価で計上する。その結果として生じる投資修正利益は課税の対象と

なる。但し、分割承継法人は簿価を引き継ぐ際に税務上すでに実施された評価減並びに所得税法第66条による税額控除分だけ評価を引き上げ普通価値を上限とした金額まで修正する必要がある（組織変更税法第12条1項2文）。

① 移転損益の計算

例えば親会社Aが子会社Bに100%出資しており、その貸借対照表は以下の通りとする[31]。

A親会社貸借対照表				B子会社貸借対照表			
子会社投資	220,000	資本金	150,000	P部門	330,000	資本金	220,000
その他の資産	180,000	他人資本	250,000	Q部門	270,000	他人資本	380,000
	400,000		400,000		600,000		600,000

子会社P部門の普通価値は600,000ユーロ、Q部門の普通価値は400,000ユーロであれば、子会社Bの企業価値はトータルで1,000,000ユーロである。他人資本380,000ユーロのうち230,000ユーロは子会社自体に帰属する債務で、残りの150,000ユーロはQ部門の債務とする。このQ部門が存続分割される。

このQ部門の分割に伴い、その純資産の簿価は100,000（330,000－230,000（380,000－150,000））ユーロとなり、分割後の分割会社Bは次のようになる。

子会社B			
A部門	330,000	資本金	100,000
B部門		他人資本	
270,000		380,000	
－270,000	0	－150,000	230,000
	330,000		330,000

子会社Bにおける分割前の資本金は220,000であったが、Q部門の分割によりその純資産は120,000（270,000－150,000）ユーロ減少する。これに伴い、この

120,000ユーロの減資が必要となる。

　一方、分割承継会社は移転損益を以下のように計算する。

　まずQ部門の吸収分割に伴う親会社Aが子会社Bに対する投資価値が減少する。そこで、それは次のように計算する。Q部門の純資産簿価220,000（270,000 - 150,000）ユーロにQ部門の企業価値割合400,000／1,000,000を乗じて算定される。その結果、その値は88,000ユーロとなる。移転利益は純資産の簿価120,000ユーロからいま算定した88,000ユーロを控除して32,000ユーロとなる。

　課税関係は、親会社Aは子会社Bに100％出資しているので、この移転利益32,000ユーロは非課税である（法人税法第8ｂ条）。但し、その5％は控除できず課税の対象となる（法人税法第8ｂ条5条）。それ故に、1,600ユーロが移転利益である[32]。

② 存続分割の設例

　X法人は以下の2つの事業部門からなり、その財務内容が以下の通りであると仮定する[33]。

X法人

事業部門1	12,500,000	資本金	1,500,000
事業部門2	7,000,000	利益準備金	4,000,000
		債務	14,000,000
	19,500,000		19,500,000

　事業部門1と事業部門2との普通価値の比率は60：40とする。事業部門2は簿価で新設分割法人に分割される。税務上の出資勘定（steuerliches Einlagekonto）は4,000,000ユーロの利益準備金に相当する。ここで税務上の出資勘定とは、出資者による出資のうち資本金以外の部分、つまり資本剰余金を意味する。また、この法人には15,500,000ユーロの秘密積立金があり、そのうちで8,500,000ユーロは事業部門1に属し、残りの7,000,000ユーロは事業部門2に属

する。新設法人の資本金は1,000,000ユーロとする。その結果、X法人の債務14,000,000ユーロの40%である5,600,00ユーロが新設法人Yに移転する。

分割法人Xは組織変更税法第11条に基づく閉鎖貸借対照表を簿価で引き継ぐ。というのは、分割されるべき財産の残余となる財産も同じく事業の一部に相当するからである。上記の貸借対照表において公示の利益準備金は分割財産の純資産簿価1,400,000(7,000,000 − 5,600,000)ユーロの金額だけ減少する。その結果、分割後の分割法人Xの貸借対照表は以下の通りである[34]。

X法人

事業部門1	12,500,000	資本金	1,500,000
		利益準備金	2,600,000
		債務	8,400,000
	12,500,000		12,500,000

分割法人Xの税務上の出資勘定は40%、つまり4,000,000×40%=1,600,000ユーロだけ減少するので、税務上の出資勘定は分割後にその残余の2,400,000ユーロとなる。

一方、新設法人Yは移転純資産の簿価1,400,000(7,000,000-5,600,000)ユーロのうちで資本金となる1,000,000ユーロ以外の部分400,000ユーロを資本取引から生じた資本準備金に計上する[35]。その結果、開業貸借対照表は次の通りとなる。

Y法人

事業部門2	7,000,000	資本金	1,000,000
		資本準備金	400,000
		債務	5,600,000
	7,000,000		7,000,000

すでに説明したように、譲渡財産の普通価値と分割前の財産との比率に関して20%ルールがある。このため、両法人の出資者間で分割後5年以内に課税とならず売却ができるのは、Y法人の出資者が2人でそれぞれ50%の持分を保有していると仮定すると、その持分の50%が上限となる（50%×按分による普通価値の40%＝20%）。この持分割合を上回って持分を売却すると、20%ルールに抵触し、課税問題が生じる[36]。

③ 繰越欠損金の税務上の取扱い

存続分割に関して分割会社に存在する繰越欠損金の取扱いが問題となる。分割会社の繰越欠損金の全額を分割承継会社に引き継ぐことはできない（組織変更税法第15条1項1文）。その繰越欠損金は分割会社と分割承継会社との普通価値の割合に応じて按分される。そのうちで、分割承継会社に繰越欠損金が移転する金額を除くと、それ以外の残額はそのまま残る。例えば、ある法人が二事業部門から成り、A部門とB部門の普通価値がその会社のそれぞれ60%と40%とする。その会社の繰越欠損金が100,000ユーロの40%、つまり40,000ユーロが分割承継会社に移転するが、残額の60%である60,000ユーロは分割会社自体にそのまま残る[37]。

繰越欠損金の残額60,000ユーロは譲渡利益と相殺できない。譲渡利益は分割前の繰越欠損金の総額とは相殺できる。その結果、例えば譲渡利益が40,000ユーロであると仮定すると、繰越欠損金の総額が100,000ユーロであるから、残額の60,000ユーロが繰越欠損金となり、そのうちの60%、すなわち36,000ユーロが分割会社の繰越欠損金として残留するのに対して、残りの40%、つまり24,000ユーロが分割承継会社に移転する[38]。

3 その他の分割

法人間の分割以外に様々な分割のケースがある。

(1) 法人を人的会社に分割するケース

法人を人的会社に分割するケースがある。

① 譲渡法人の会計

合併と同様に譲渡法人は税務上の閉鎖貸借対照表において普通価値で財産を評価する。但し、簿価もしくは中間価値で評価することもできる（組織変更税法第16条）。譲渡財産が承継人的会社の事業財産となり、秘密積立金の課税が確保されている点がその条件である。

譲渡財産に含まれる秘密積立金の計上によって譲渡利益が実現するときには、法人税の一般原則及び営業税が適用される。資本会社への投資における秘密積立金が計上されるときには、法人税法第8b条2項の規定が適用される。

② 人的会社の会計

承継側の人的会社は、分割法人の税務上の評価をそのまま引き継ぐ。その結果、その評価は商法サイドの評価と相違することもありうる。その場合には基準性原則は適用されない。

消滅分割ないし存続分割は移転資産に含まれる公示の準備金は課税の対象となる。というのは、法人課税が財産移転に伴い消滅するからである。

人的会社において移転損失が発生しても税務上、それは人的会社自体にはなんら影響しない。この移転損失が共同事業者としての自然人に帰属するときには、その60％だけが考慮される（組織変更税法第4条4項4文）。これに対して、移転利益が法人に関して発生したときには、法人税法第8b条が適用される。その移転利益の95％が非課税となる。法人税の義務のない共同事業者と

いったその他のケースでは、移転利益の60％が課税される。

　なお、注意すべきは人的会社には固定資産の減耗額の計算及び評価減の追加計上に関して組織変更税法第4条2項が適用される。これは、経済財が法人の閉鎖貸借対照表において簿価または普通価値あるいは中間価値で評価されているかどうかを問わない。

（2）人的会社間で消滅分割及び存続分割するケース

　人的会社での消滅分割及び存続分割が実施されるケースがある。この分割は広義の現物出資取引とみなされる（組織変更税法第24条）。その適用条件は、分割財産が事業、その一部もしくは共同事業者の持分に該当する場合である。事業財産への100％投資が資本会社に対して事業の一部としてなされるケースも含まれる[39]。

① 分割人的会社の会計

　分割人的会社における分割財産は、承継分割人的会社における移転財産の評価によって決定される。承継人的会社はその経済財を貸借対照表において出資者の補充貸借対照表（Ergänzungsbilanz）を含めて原則として普通価値で評価する（組織変更税法第24条2項）。但し、承継人的会社は申請によりドイツでの課税権が確保されているときには、簿価、もしくは中間価値による評価も選択できる。

　この承継人的会社が選択できる評価額が分割人的会社にとっての売却価格となる（組織変更税法第24条3項）。簿価以外の普通価値もしくは中間価値で評価するときには、簿価との間で売却利益が発生する。

② 承継人的会社の会計

　すでに触れたように、承継人的会社は原則として出資とみなされる財産を出資者の補充貸借対照表も含めて普通価値で評価するが、簿価もしくは中間価値による評価の選択権も事業に該当するという一定の条件付である。簿価以外の

普通価値もしくは中間価値を選択するときには、税務当局は段階理論（Stufentheorie）の立場に立つ。まず経済財はのれんが計上される前に部分価値まで評価益が計上される。次に、中間価値が選択されると、経済財の評価は同時にそこに含まれる秘密積立金との割合で評価の引き上げが行われる[40]。

（3）人的会社を法人に消滅分割及び存続分割するケース

人的会社を法人に対して消滅分割したり存続分割するケースがある。この処理に関して組織変更税法の立法者は、事業、その一部及び共同事業者の持分が法人に対して構成員の権利の付与に伴う現物出資と解する[41]。別言すれば、人的会社が法人に現物出資するのではなくて、その構成員たる出資者自身が現物出資したと解する考え方である。

ところが、2006年12月の「EU会社の導入及びそれ以外の税法規定の変更に伴う税務上の移行措置法」（Gesetz über steuerlicher Begleitmaßnahmen zur Einführung der Europäischen Gesellschaft und zur Änderung weiterer steuerechtlicher Vorschriften; SEStEG）の制定に伴い、従来の見解を変更した。このSEStEGによれば、人的会社が法人に消滅分割したり存続分割するケースには、組織変更税法第21条が定める持分交換（Anteiltausch）の規定が適用される。その根拠は、事業財産とみなされる資本会社への100％投資は組織変更税法第20条1項の枠内では何ら固有の事業の一部を示さないからである[42]。

① 承継法人の会計

承継法人は、SEStEGに基づいて受け入れる分割経済財を原則としてその普通価値で評価する（組織変更税法第20条2項1文）。それに代えてその簿価もしくは中間価値で評価する選択権がある。但し、その前提は当該法人がドイツの課税権を受ける必要がある。また、譲渡資産の純資産簿価がマイナスのときには簿価引継ぎはできない。

② 分割人的会社の会計

　分割人的会社は承継法人の評価に従う。両者の間には税務上の価値連携が生じる。その結果、承継法人が簿価以外の普通価値もしくは中間価値を適用するときには、それと簿価との間で現物出資に伴う利益（Einbringungsgewinn）が生じる。

第4節　結

　以上の論旨を整理すれば、以下の通りである。
　第1に、組織変更法における会社分割には消滅分割、存続分割及び分離独立の3つの種類がある。
　第2に、分割会社は結了貸借対照表に基づいて消滅分割及び存続分割において資本維持のルールが適用され譲渡とする純資産がプラスであることが要件となる。分離独立ではこれを交換取引とみなせば商法上分割会社の簿価、中間価値もしくは時価のいずれかで評価し、それを持分交換とみなせば分割会社の簿価で評価する。これに対して、分割承継会社は承継財産を事実上取得原価または簿価のいずれかで評価できる。いずれのケースも資本金の増加を伴うケースと資本金の増加を伴わないケースとがある。
　第3に、組織変更税法は法人間での消滅分割及び存続分割に関して分割法人は譲渡財産が事業の一部に該当するときには移転財産を簿価、普通価値もしくは両者の中間価値のいずれかで評価する。これに対して分割承継法人は分割法人の簿価を引き継ぐ。但し、分割法人の繰越欠損金の全額を引き継ぐことはできず、これについては分割法人と分割承継法人の普通価値の割合で按分する。
　第4に、人的会社間での消滅分割及び存続分割は一種の現物出資取引とみなされ、分割人的会社における分割財産は承継分割人的会社における移転財産の評価によって決定され、承継分割人的会社は出資とみなされる財産を普通価値で評価する。人的会社を法人に消滅分割及び存続分割するときには、これまで

法人に対する現物出資と捉えていたが、現在では持分交換による処理が適用される。承継法人は承継財産を普通価値で評価し、分割人的会社はこの承継法人の評価に従う。

このようなドイツの分割会計をわが国のそれと比較する。

わが国の金融商品取引法会計では企業会計基準第7号「事業分離等に関する会計基準」により分離元企業が移転した事業について投資を清算したとみるときには、移転財産を時価評価し移転損益を計上するのに対して、移転した事業の投資がそのまま継続するときには移転損益を計上せずに簿価で評価する。会社法上もこれと同様に処理する。税法では企業グループ内の組織再編成に伴う分割に関して一定要件を満たす場合と、共同事業の要件及び一定の要件を満たす場合には適格分割とみなし簿価による引継ぎが強制される（法人税法第2条十二の十一・法人税法施行令第4条の3⑤〜⑧）。それ以外は非適格分割とみなし、分割会社の時価による引継ぎが強制される（法人税法第62条②）。このように、わが国では分割の経済的実態に応じた会計処理が行われる。

これに対して、ドイツの分割会計はすでに触れたわが国の処理法とは異なる。分割会社に対して原則として簿価または時価に対する選択の余地を与えている。その意味で裁量の余地がある。その趣旨は、経済的事情の変化に適応するために迅速に実施される企業組織再編にあたり、できるだけ商法上及び税務上その妨げにならないように配慮する点にある。「かくして、それ（組織再編可能性の促進―筆者注）は国際的競争においてドイツ企業の立場の改善に貢献する」[43]。別言すれば、分割会計だけでなく合併会計等を含むドイツ企業の組織再編に関しては商法及び税法とも国家経済戦略の一環から、いわば弾力的な会計処理を容認する点にその根拠を見出すことができる。

注

（1） B. Sagasser・T. Bula・T. R.Brünger 編, Umwandlungen, 第4版, München, 2011年, 958-959ページ。
（2） B. Sagasser・T. Bula・T. R.Brünger 編, 前掲書注（1）, 960-961ページ。

第10章　分割会計

(3)　B. Sagasser・T. Bula・T. R.Brünger 編，前掲書注（ 1 ），962-964ページ。
(4)　B. Sagasser・T. Bula・T. R.Brünger 編，前掲書注（ 1 ），1128ページ。
(5)　B. Sagasser・T. Bula・T. R.Brünger 編，前掲書注（ 1 ），1134ページ。
(6)　B. Sagasser・T. Bula・T. R.Brünger 編，前掲書注（ 1 ），1135ページ。
(7)　B. Sagasser・T. Bula・T. R.Brünger 編，前掲書注（ 1 ），1136ページ。
(8)　この減資手続については拙著，『資本会計制度論』森山書店，平成20年，87-89ページ参照。
(9)　B. Sagasser・T. Bula・T. R.Brünger 編，前掲書注（ 1 ），1137ページ。
(10)　B. Sagasser・T. Bula・T. R.Brünger 編，前掲書注（ 1 ），1138ページ。
(11)　B. Sagasser・T. Bula・T. R.Brünger 編，前掲書注（ 1 ），1139ページ。
(12)(13)　B. Sagasser・T. Bula・T. R.Brünger 編，前掲書注（ 1 ），1141ページ。
(14)　B. Sagasser・T. Bula・T. R.Brünger 編，前掲書注（ 1 ），1144ページ。
(15)(16)　B. Sagasser・T. Bula・T. R.Brünger 編，前掲書注（ 1 ），1145ページ。
(17)(18)　B. Sagasser・T. Bula・T. R.Brünger 編，前掲書注（ 1 ），1146ページ。
(19)　B. Sagasser・T. Bula・T. R.Brünger 編，前掲書注（ 1 ），1148-1149ページ。
(20)　M. Knüppel, Bilanzierung von Verschmelzung nach Handelsrecht, Steuerrecht und IFRS, Berlin, 2007年，202ページ。
(21)　B. Sagasser・T. Bula・T. R.Brünger 編，前掲書注（ 1 ），1149ページ。
(22)　B. Sagasser・T. Bula・T. R.Brünger 編，前掲書注（ 1 ），1153-1154ページ。
(23)　B. Sagasser・T. Bula・T. R.Brünger 編，前掲書注（ 1 ），1154-1155ページ。
(24)(25)　B. Sagasser・T. Bula・T. R.Brünger 編，前掲書注（ 1 ），1157ページ。
(26)　事業の一部の範囲をめぐって対立がある。これを所得税法第16条と関連づけて独立性のある事業の一部と解する見解がある。これに対して，事業の一部が重要な事業基盤を形成していることを要件とする見解がある。後者の要件は，組織変更税法第15条の範囲ではもっぱら機能的考察法で行われる。それに従うと，事業目的の達成に必要で経営管理上経済的にウェイトをもつ経済財のみが重要となる。ここでは秘密積立金が十分に存することは必ずしも要件ではない（B. Sagasser・T. Bula・T. R.Brünger 編，前掲書注（ 1 ），1164-1165ページ）。その結果，事業の一部の解釈としては所得税法第16条に基づく見解のほうが合併法令に基づくそれよりも範囲が限定的である。
(27)　B. Sagasser・T. Bula・T. R.Brünger 編，前掲書注（ 1 ），1159ページ。
(28)　B. Sagasser・T. Bula・T. R.Brünger 編，前掲書注（ 1 ），1160-1161ページ。
(29)　G. Brähler, Umwandlungssteuerrecht, 第 6 版, Wiesbaden, 2011年，386-387ペー

第1編　会計処理

ジ。

(30)　B. Sagasser・T. Bula・T. R.Brünger 編, 前掲書注（1）, 1181ページ。
(31)　G. Brähler, 前掲書注（29）, 402-404ページ。
(32)　G. Brähler, 前掲書注（29）, 405ページ。
(33)(34)　B. Sagasser・T. Bula・T. R.Brünger 編, 前掲書注（1）, 1192ページ。
(35)(36)　B. Sagasser・T. Bula・T. R.Brünger 編, 前掲書注（1）, 1193ページ。
(37)　G. Brähler, 前掲書注（29）, 399・409-411ページ。
(38)　G. Brähler, 前掲書注（29）, 411ページ。
(39)　B. Sagasser・T. Bula・T. R.Brünger 編, 前掲書注（1）, 1208ページ。
(40)　B. Sagasser・T. Bula・T. R.Brünger 編, 前掲書注（1）, 1211ページ。
(41)　B. Sagasser・T. Bula・T. R.Brünger 編, 前掲書注（1）, 1214ページ。
(42)　B. Sagasser・T. Bula・T. R.Brünger 編, 前掲書注（1）, 1215ページ。
(43)　B. Sagasser・T. Bula・T. R.Brünger 編, 前掲書注（1）, 42ページ。

第2編

会計報告

第11章　状況報告書の発展

第1章　序

　財務会計にとってきわめて重要な課題の1つが、投資家に対する有用な会計情報の提供である。近年、これに対する要求はディスクロージャー制度との関連で益々強まっている。このような状況のなかで特に注目されているのがドイツの状況報告書[1]である。これは必ずしも貸借対照表、損益計算書及び附属説明書から成る年次決算書を構成するものではない。しかし、企業情報にとって重要なデータを提供する点で、その意義は大きい。小資本会社を除き、大中資本会社に対してその作成が義務づけられるとともに（商法第264条1項）、経済監査士による監査も義務づけられる（商法第316条1項）。

　この状況報告書は、かつて1965年株式法（Aktienrecht）第160条における営業報告書（Geschäftsbericht）をベースとし、1978年EC会社法第4号指令（Vierte EG-Richtlinie）第46条を1985年のドイツ商法に変換したものである（商法第289条）。また、1983年EC会社法第7号指令第36条により連結会計にも導入され、連結状況報告書（Konzernlagebericht）の作成も義務づけられる（商法第315条）。ただ、個別財務諸表における状況報告書と連結状況報告書との内容はほぼ同様である。

　そこで、本章ではかつての営業報告書及び現行上の状況報告書の規定に関する改正をフォローしながら、状況報告書の発展を明らかにするとともに、それとわが国の事業報告とを比較検討することにしたい。

第2節　状況報告書の沿革

1　営業報告書の規定

状況報告書のルーツは実は営業報告書（Geschäftsbericht）である。そこで、この営業報告書に対する法規定について概括する。

（1）1884年株式法改正

1794年プロシア普通国法（Preußisches Allgemeines Landrecht）を基礎として1843年に株式法（Aktiengesetz）が制定された。そのなかで株式会社については株主及び一般大衆を保護する目的から国家による監視を前提とする認可制度（Konzessionssystem）となった。1870年株式法改正（Aktienrechtsnovelle）は、この認可制度から会社にかなりの程度運用を任せる準則制度（Normativsystem）に変更した。その結果、事前的な国家によるコントロールに代えて、保護システムとして情報による自己責任の意思決定が重視されるようになった[2]。1884年株式法改正の制定までは、株式会社の取締役は貸借対照表だけを作成する義務があった。

1884年株式法改正に伴い、株式会社に対して新たに損益計算書（Gewinn- und Verlustrechnung）と並んで"会社の財産状態及び状況"（Vermögensstand und Verhältnisse）の経過をたどる報告書の作成を義務づけた（普通ドイツ商法第239条2項）。後者は営業報告書と呼ばれ、商業登記簿には提出する義務はなく、単に監査役会（Aufsichtsrat）にだけ提出し、そのコメントを付して株主総会に提出しなければならなかった。株主総会以外にまだ公開の義務はなかった。その当時において営業報告書は出資者への情報として位置づけられていたにすぎなかった。この規定導入は貸借対照表の周到な監査を達成する目的から

である[3]。つまり、年次決算書の補完及び説明のなかで、この営業報告書は機関の免責、監査役の選任及び利益分配の決定に対する基礎として役立った。

この営業報告書に記載すべき具体的な内容についての規定は特になかった。

(2) 1931年株式法改正

上記の第239条2項の規定は1897年商法第260条にそのままで引き継がれた。依然としてそこに記載すべき具体的な内容は依然として言及されなかった。営業報告書については、情報機能の面から取締役が独立して自己の管理のもとで作成するという考え方が強くなってきた。しかし、貸借対照表とは違って営業報告書は株主総会の承認は必要なかった。

1931年の緊急指令（Notverordnung）による株式法改正において、営業報告書が決算書監査の対象となり（1931年商法第262a条）、商業登記簿で公開されるようになった。その結果、年次決算書は、その基礎となる継続的な簿記及び営業報告書を含めて監査されねばならず、商業登記簿に記載されねばならなくなった（1931年商法第265条）。

営業報告書のなかに引き続き"会社の財産状態及び状況"の経過をたどるという用語が盛り込まれた（1931年商法第260a条1項）。と同時に、前期の年次決算書と著しく異なるときには、その説明が必要となる。従属会社及びコンツェルン会社との関係についても触れねばならなくなった（1931年商法第260a条2項）。

営業報告書に記載すべき具体的事項がはじめて明記された（1931年商法第260a条3項）。例えば、①創立者もしくは引受者としての株主が会社の計算で引き受けた株式、それが期中に売却されたときには、その評価及びその売却額の使途の報告、② 会社の保有する自己株式、それが期中に売却されたときには、その売買価格とその売却額の使途の報告、③ 拘束株式、④ 期中に発行された享益証券（Genußschein）、⑤ 担保設定及び保証引受を含む貸借対照表から判断できない責任関係、⑥ すべての取締役構成員及び監査役構成員、⑦ 価格及び販売規制団体に対する会社の帰属、⑧ 後発事象である。

その結果、第1項を中心とした"会社の財産状態及び状況"に関する一般的な報告部分と、第3項を中心とした年次決算書に関する説明部分とが区別される[4]。特に後者の報告内容の拡大に伴い、その作成に際して"誠実で忠実な会計報告の諸原則"（Grundsätze einer gewissenhafter und getreuer Rechenschaftsablegung）を導入した（1931年商法第260a条4項）。但し、その報告を省略できるのは、当該会社もしくは公共の主たる利益がその省略を要求するときだけにすぎない。

（3） 1937年株式法

1937年株式法は、取締役が営業年度の終了後3ヶ月以内に営業報告書を作成し、それに対する監査役会の報告書を添付して株主総会に提出しなければならないと規定した（1937年株式法第127条）。この営業報告書は既述のような"会社の財産状態及び状況"という表現に代えて、"会社の営業経過及び状況（Geschäftsverlauf und Lage der Gesellschaft）の表示"という表現に改められた（1937年株式法第128条）。この株式法はすでに触れた営業報告書の二区分を明確に認識した[5]。1つめは会社の営業の経過及び状況に関する区分である（1937年株式法第128条1項）。2つめは年次決算書の説明区分である（1937年株式法第128条2項）。このなかには重大な後発事象も含め、基本的には1931年株式法改正第260a条3項とほぼ同様に、次の事項の報告が必要となる。

① 株主が会社の計算もしくは従属企業の計算で引受権の行使として引き受けた株式
② 会社、従属企業が保有する自己株式
③ 条件付資本金増加（bedingte Kapitalerhöhung）
④ 認可資本金（genehmigtes Kapital）
⑤ 享益権
⑥ 年次貸借対照表から判断できない責任関係
⑦ 取締役及び監査役等に対する当期及び次年度の報酬と、取締役及び監査役構成員の一覧

⑧　コンツェルンとの関係
⑨　価格及び販売規制団体に対する会社の帰属

このうち重大な後発事象が列挙事項から外れ、③、④、⑦及び⑧が新たに追加された。また、1931年株式法改正第260a条3項6号の取締役及び監査役の構成員に関する規定は1937年株式法第128条4項に移行された。

営業報告書の報告に際しては、すでに触れた誠実で忠実な会計報告の諸原則に合致していなければならない（1937年株式法第128条3項）。

（4）1965年株式法

① 営業報告書に関する規定

1937年株式法を継承しながら、1965年株式法第160条は営業報告書について次のように規定した。

第160条1項：営業報告書は、営業の経過（Geschäftsverlauf）及び会社の状況（Lage der Gesellschaft）について述べなければならない。営業年度の終了後に発生した特に重要な事象もまた報告しなければならない。

同条2項：営業報告書はさらに年次決算書を説明しなければならない。その際には会社の財産及び収益の状態におけるできるだけ確実な洞察の伝達に必要であるように、完全に評価及び減価償却の方法を示さねばならない。…〈以下、略〉…

同条3項：すべての営業報告書のなかに、以下の事柄を報告しなければならない。

1　会社もしくは従属的もしくは会社の過半数所有にある企業の計算で、株主が発起人もしくは引受人として、もしくは条件付資本金増加に際して付与される転換権もしくは引受権を行使して引き受けた株式数と増加、この株式を期中に売却した場合には、その売却額を記載した額及びその売却額の処分に関してもまた報告しなければならない。

〈2～11に関しては省略〉

同条4項：報告は誠実で忠実な会計報告（Grundsätze einer gewissenschaften

und getreuen Rechenschaft）に合致しなければならない。…〈以下、略〉
…

〈5項省略〉

② 営業報告書の概要

　この株式法第160条によると、それは原則として次の2つの部分から構成される。1つは営業の経過及び会社の状況を取り扱う一般部分である。これは状況報告と呼ばれていた。他の1つは年次決算書を説明する部分であり、これは説明報告と呼ばれていた。前者に関係するのが第160条1項であるのに対して、後者に関係するのは同条2項及び3項である。

　前者の状況報告としては以下の3点が重要となる。1つは営業の経過、2つめは会社の状況、3つめは期末以降で特に重要な事象、つまり後発事象である。これらの具体的な内容に関しては、法は説明を加えていない。また、この状況報告のなかにいわゆる社会的報告（Sozialbericht）も含まれるとする見解が一般的である。例えば従業員数の内訳などがそれに該当する。

　後者の説明報告に対する具体的内容に関して、例えば会社の財産及び収益の状態におけるできるだけ確実な洞察の伝達に必要な評価及び減価償却の方法、固定資産の各項目に関する事業年度中の増加に対する減価償却及び価額修正の記載、固定資産の評価方法及び償却方法の変更などの記載を要求する。ここから明らかなように、営業報告書は年次決算書を構成する貸借対照表及び損益計算書の明細を示す。

　既述の株式数及びその増加に関する報告以外に、以下の事項を報告する。例えば自己株式の数、相互間における出資の存在、条件付資本金増加に関する株式、認可資本金、享益権等、責任関係、取締役や監査役、構成員の給料等がそうである。

　このような1965年株式法第160条において規定していた営業報告書での説明報告は後述する1985年ドイツ商法において年次決算書を構成する附属説明書に移行した。それらはもっぱら年次決算書に計上される項目に直接的に関連する

第11章　状況報告書の発展

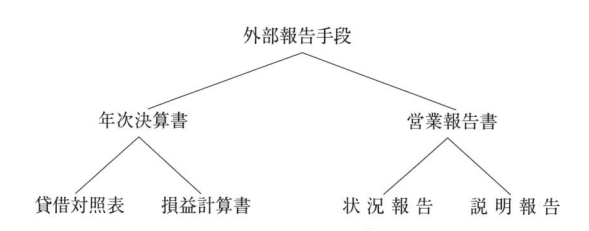

図表11-1　1965年株式法における営業報告書の位置づけ

```
                    外部報告手段
                   /          \
              年次決算書        営業報告書
              /      \         /       \
          貸借対照表  損益計算書  状況報告   説明報告
```

出典：B. Selch, Das Lagebericht, Wiesbaden, 2003年, 10ページ。

事項だからである。これに対して、状況報告は新たに状況報告書に移行した。

　1937年株式法第128条3項の①から⑨までの規定のほかに、さらに相互出資している企業の存在、過去の取締役の報酬額、通知義務のある会社への出資の存在の記載を営業報告書に要求した（1965年株式法第160条3項）。

　営業報告書の報告にあたっては、既述の1931年株式法改正及び1937年株式法と同様に誠実で忠実な会計報告の諸原則に合致しなければならない（1965年株式法第160条4項）。

　1965年株式法第160条5項によると、営業報告書に取締役及び監査役会の構成員の氏名を記載する。これもまたコーポレート・ガバナンスに関する事項である。

　1965年株式法における営業報告書の位置づけは**図表11-1**の通りである。

　このなかで、営業報告書における状況報告については決算書監査人による監査義務について制限が加えられていたのに対して、説明報告については無制限の監査義務があった。この営業報告書は主として静態論に基づいており、もっぱら決算日現在の静的事象が中心である[6]。決算日以降の考察が必要となるのは、特に重要な事象に限られる。その結果、「時点的に関係する発展の予測の形での将来関連的報告（動的な状況概念）は時々で要求された。というのは、報告の受け手は何ら過去に方向づけられた情報ではなくて、将来に方向づけられた情報を必要とするからである」[7]。

2　EC会社法第4号指令における状況報告書規定

1978年にEC会社法第4号指令が公表された。この第46条は状況報告書について以下のように規定する。

第46条1項：状況報告書は少なくとも会社の営業経過及び状況について真実の写像（tatsächlichen Verhältnisse entsprechendes Bild）を表示しなければならない。

同条2項：状況報告書は以下の事項にも触れねばならない。
 a）後発事象
 b）会社の発展の見込み
 c）研究及び開発の範囲
 d）EC会社法第2号指令第22条2項に定める自己株式取得の範囲

この第1項でいう真実の写像はもちろん特にイギリスで伝統的な「真実かつ公正な概観」（true and fair view）という一般原則を指す。

第3節　旧商法における状況報告書規定の変遷

1　1985年商法

1985年商法はこの会社法第4号指令を受けて1965年株式法における営業報告書に対する規定を改正した。すなわち、一方で営業報告書のなかで年次決算書の詳細な説明部分をすでに触れた附属説明書として年次決算書の構成要素に変更し、他方で営業報告書のもう1つの部分たる会社の経過及び状況に関して、独自の会計報告手段たる状況報告書として規定した。この点を図示すれば、**図表11-2**の通りである。

第 11 章　状況報告書の発展

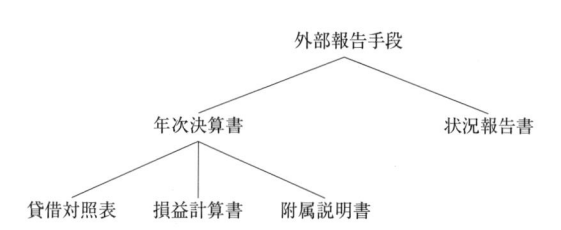

図11-2　1985年商法における状況報告書の位置づけ

```
                    外部報告手段
                   /          \
              年次決算書        状況報告書
             /    |    \
      貸借対照表 損益計算書 附属説明書
```

出典：B. Selch, 前掲書、12ページ

（1）商法第289条

　個別財務諸表における状況報告書について商法第289条は次のように規定する。

　第289条1項：状況報告書は真実の写像が伝達されるように、資本会社における営業の経過及び状況を少なくとも説明しなければならない。

　同条2項：状況報告書は以下の点についてもまた触れる必要がある。
　　1　営業年度の終了後に発生した特に重要な事象
　　2　資本会社の発展の見通し
　　3　研究開発の範囲

　この状況報告書の作成義務があるのは、大中資本会社である（商法第264条1項2文）。小資本会社にはその作成義務はない。前者には状況報告書に対する決算書監査人による監査義務だけでなく、その公告の義務もある（商法第325条）。後者にはそれらの義務はない。

（2）商法第315条

　商法第315条は連結状況報告書に関してもすでに触れた商法第289条と同様に規定する。

　商法第315条1項：連結状況報告書は、真実の写像を伝達するように、連結

企業における営業の経過及び状況を少なくとも説明しなければならない。
同条2項：連結状況報告書には以下の点に触れる必要がある。
  1　連結期間後に発生した特に重要な事象
  2　連結企業の発展の見通し
  3　連結企業における研究開発の範囲
同条3項：連結附属説明書及び附属説明書との関係に関する第298条3項は、対応した形で適用されねばならない。

商法第289条1項及び商法第315条はいずれも文言上において"Muss"規定であるのに対して、商法第289条2項及び商法第315条2項は"Soll"規定である。その意味で第1項と第2項との関係が問題となる。いずれも第1項は記載義務規定であるが、第2項は必ずしもすべてに関して記載義務規定ではないとする見解がある。しかし、真実の写像表示の面からは第1項と第2項を密接不可分の関係にあると捉えて第2項も記載義務と解するべきというのが通説である[8]。

その後、1993年7月のEC会社法第11号指令により、第289条2項4号に会社の支店所在地が追加された。

2　状況報告書規定の拡充

(1) 1998年コントラック法

1998年「企業領域における統制及び透明化法」(Gesetz zur Kontrolle und Transparenz im Unternehmensbereich; KonTraG)（以下、コントラック法と略す）の制定に伴い、商法第289条1項1文の後に次の文言、すなわち"その際に将来の発展のリスクについてもまた触れねばならない"という文言が追加された。その結果、その条文は以下の通りである。

1998年商法第289条1項：状況報告書は真実の写像を伝達するように、資本会社における営業の経過及び状況を少なくとも説明しなければならない。

第11章　状況報告書の発展

その際に将来の発展のリスクもまた触れねばならない。

この追加された文言は連結状況報告書も全く同様である（1998年商法第315条1項）。

この追加理由は、国際的な会計の動向を踏まえて投資家に対する情報提供の強化による。これに対応して状況報告書に対する監査規定及び監査範囲を改正し、このリスク表示まで拡大した（商法第317条2項2文）。これに呼応して監査報告書規定も改正した（商法第322条2項）。

既述の"その際に将来の発展のリスクについて触れねばならない"という法文上の解釈として、損失の危険という意味の狭義と、これにさらにチャンスも含めた広義とがある。この商法第289条1項2文でいう"将来の発展のリスク"は狭義を指す。そのリスクのなかには存在するリスクの恐れのほかに将来のリスクも含まれる[9]。この法文上の解釈とは別に、状況報告書は年次決算書と対照的に情報提供を一義的としている以上、そこでは単に債権者保護原則に役立つネガティブな報告だけでなく、将来のチャンスも併せて開示すべきとする見解もある[10]。

（2）2004年貸借対照表法改革法

2003年12月に公表されたEU会社法第4号指令46条における状況報告書に関する規定改正を受けて、2004年にドイツは「国際会計基準の導入及び決算書監査の質的確保に対する法」（Gesetz zur Einführung internationaler Rechnungslegungsstandards und zur Sicherung der Qualität der Abschlussprüfung; Bilanzrechtsreformgesetz; BilReG、以下、貸借対照表法改革法という）を制定した。

① 商法第289条1項の改正

これに伴い、既述の商法第289条1項を次のように全面的に改正した。

商法第289条1項：状況報告書は、真実の写像を伝達するように、資本会社の業務の成果を含めて営業の経過及び状況を表示しなければならない。それは営業活動の範囲及び複雑性に応じた営業の経過及び会社の状況に関す

る適切で包括的な分析を含まなければならない。その分析のなかで営業活動にとってきわめて重大な財務業績の指標を含まねばならず、年次決算書において示された金額及び報告に関連づけて説明しなければならない。さらに、状況報告書のなかで予測される発展はその重大なチャンスとリスクを判断し説明しなければならない。その基礎となる仮定を示さねばならない。

すでに触れた1998年コントラック法における商法第289条1項に対して、貸借対照表法改革法が新たに追加した点は以下の諸点である。

第1に、それまでの"少なくとも"という文言を削除した。第2に、"業務の成果を含めた営業の経過"という表現に変更となった。第3に、第4文との関連で従来の"将来の発展のリスク"という表現を、"重大なチャンス及びリスクを含む発展の見込み"（voraussichtliche Entwicklung mit Chancen und Risken）という表現に変更した。その結果、新たにチャンスも含まれる。このチャンス及びリスクは、企業の内外で企業目標の達成及び資本会社の状況に対してプラスもしくはマイナスに影響しうる発生の可能性があるすべての事象及び展開をいう。例えば営業政策の変更、新しい販売市場の開拓、新製法の利用、そこから生じる投資量とそれに関連する財務的影響などや、業種リスク、企業戦略リスク、人材リスク、財務リスクなどである[11]。第4に、第3文との関連で重大な財務業績の指標を示さねばならない。主な財務業績指標は、成果の発展及び成果の構成要素や、流動性及び資本調達である[12]。

② 商法第289条2項の改正

この第1項規定の改正に対応して商法第289条2項も改正した。これによると、状況報告書は次の内容にも触れる必要がある。

第1号 重大な後発事象
第2号 a) ヘッジ取引のヘッジ処理方法を含めたリスク管理の目標と方法
　　　 b) 価格変動リスクの価格下落リスク・流動性リスク並びに会社がさらされているキャッシュ・フロー変動リスク

第 3 号　研究開発の範囲
第 4 号　会社の支店
第 5 号　上場企業にあたっては会社の報酬システムの基本的特徴
　このうちで貸借対照表法改革法が新たに追加した規定は、第 2 号 a) の及び b) と第 5 号である。

③　商法第289条 3 項の創設
　さらに以下に示す第 3 項を創設した。
　商法第289条 3 項：大資本会社（商法第267条 3 項）に対しては、営業の経過あるいは状況の理解にとって重要なときには、環境及び従業員の関連情報のような非財務的業績指標についても第 1 項 3 文をそれに準じて適用する。
　この非財務的業績指標の内容に関して法文上の定義はない。ただ立法者は企業の業務にとって重要で営業の経過もしくはその状況の理解にとって必要なその非財務的業績指標の具体例として環境及び従業員に関する情報を想定する。これは明らかに EU 現代化指令の範囲内の事項である。ただ、この EU 現代化指令では環境及び従業員の事柄を含めて当該営業活動にとって重要な非財務的業績指標を想定しており、そこでは単に環境及び従業員に関する事項に留まらない。なぜならば、営業の経過もしくは状況の判断にとって重要であり、あるいは企業発展の予測に重要な影響を与えうるそれ以外の非財務的な業績指標もあると考えられるからである。貸借対照表法改革法の立法理由書は、そのような非財務的業績指標として顧客数の推移、人的資本（Humankapital）、研究開発の範囲並びに資本会社の社会的名声（Reputation）などを指摘する。
　主な環境事項は以下の通りである[13]。
①　一般的環境戦略
②　環境計画と、環境基準あるいは環境証明書と一致する言及
③　環境保護分野に対する進展
④　現在及び将来の法規定と実施している環境保護措置との調和

⑤　例えば物量的なエコ効率指数といった環境に有用な指数
⑥　環境報告書を独立して作成しているときにはその旨を指摘

この環境事項に関する業績指標として文献では以下の諸点が指摘されている[14]。

① 持続可能性と廃棄物処理：水の消費、エネルギーの消費、温室効果ガス／CO_2排出、原料の利用、クレーム数、環境違反による訴訟及び過料、再生可能エネルギーによる生産（数量報告）、廃棄物の量、廃棄物の再利用（数量報告）、リサイクル財の投入

② 環境活動：環境研修計画の数及び種類／それに関与した従業員の割合、内部及び外部環境監査の数

さらに、非財務的業績指標には企業の社会的責任（Corporate Social Responsibility; CSR）に密接に関連する以下の事項がある[15]。

① 寄付及び社会事業参加（Partnerschaft）：寄付の金額または現物資産の額／従業員の作業期間

② 従業員の公共団体への関与

③ 設立及び業務の促進：経済促進計画における投資額

④ 倫理：周知となった贈賄・汚職の件数、企業の倫理ルールに違反した契約数

⑤ 人権：人権違反の件数

CSR報告は主として労務、環境、社会の各基準であり、人的資本、持続可能性資本（Sustainability Capital）及び社会資本（Social Capital）に分類される[16]。

この商法第289条3項の規定により、営業の経過もしくは状況との関係で重要なときには環境及び従業員といった非財務的業績指標の記載がはじめて必要となる。この記載要求は、明らかに状況報告書機能の拡大を意味する。ここでは環境戦略や環境保護政策及び人的資本としての従業員の報酬システムなどが想定されている。しかしこれだけが問題ではない。それ以外に会社の発展に影響しうるすべての非財務的業績指標が重要となる。その結果、例えば顧客及び仕入れ先の関係、投資家及び資本市場の関係、組織及び製法のメリットといった無形固定資産に関する情報、会社の評判などがこれである。

第11章 状況報告書の発展

(3) 2005年取締役報酬公開法

2005年の取締役報酬公開法(Vorstandsvergütungs-Offenlegungsgesetz)の制定により、商法第289条2項に第5号を追加した。これに伴い、上場株式会社に対してコーポレート・ガバナンスとの関連で取締役報酬制度の公表を義務づける。これに基づき、商法第285条9号との関連で報酬システムの概要が状況報告書において報告される。具体的には取締役及び監査役等報酬総額及びその算出方法がこれである。例えば、その報酬が成果連動タイプなのか否か、さらにストック・オプションの付与がそれに関係するか否かについての説明が必要となる。

但し、商法第285条9a号で規定する各取締役報酬額を附属説明書に記載せずに、状況報告書に記載することも認められる(商法第289条2項5号2文)。

(4) 2006年改正商法

2004年に公表されたいわゆる買収防衛指令(Übernahmerichtlinie)第10条1項を変換するため、2006年に商法を一部改正した。その結果、商法第289条4項が創設された。この規定も同様に、コーポレート・ガバナンスとの関連で上場資本会社は状況報告書のなかで資本構造及びコントロールの構造並びに防衛策を開示しなければならない。その具体的な開示内容は以下の通りである。

2006年商法第289条4項:
- 第1号　引受済資本金の構成、株式の種類が異なるときには、その権利及び義務の種類と、会社資本金に対する割合の報告
- 第2号　出資者間での取り決めから生じる場合であっても、それが会社の取締役に知られるときの議決権もしくは株式の譲渡に関する制限
- 第3号　議決権の10%を上回る資本金に対する直接的もしくは間接的な投資
- 第4号　支配権限を付与する特別権のある株式の保有者
- 第5号　従業員が資本金に投資しその支配権を直接的に行使しないときの

議決権支配の種類
第6号　取締役構成員の任命及び解任と定款変更とに関する法的規定と定款規程
第7号　特に株式発行もしくは株式取得の可能性に関する取締役の権限
第8号　買収要求による支配変更の条件にある重要な会社の定め及びそこから生じる効果；会社にとってその報告が不利となりうるときには、それは省略しうる；その他の法的な規定に対する報告義務はそれとは関係しない。
第9号　取締役構成員もしくは従業員とで買収要求のケースで合意される会社の損害の取り決め

（5）2007年改正商法

2007年に情報の透明性を目的とした EU 透明指令変換法（Transparenzrichtlinie-Umsetzungsgesetz; TUG）を変換するため、商法第289条1項に以下の第5文を追加する。

商法第289条1項5文：商法第264条2項3文の意味における資本会社の法的代表者は、資本会社の営業成果及び状況を含む営業の経過が状況報告書のなかで、真実の写像を表示し、かつ第4文の意味における重要なチャンス及びリスクを記載するように最善の知見に基づいて表示することを保証しなければならない。

この規定が設けられたのは、ヨーロッパにおける不正経理事件を防止するために、いわゆる経営者による会計報告書に対する確認書の提出義務化である。一般にそれは財務諸表の宣誓（Bilanzeid）と呼ばれている。この保証は、株式法第93条1項が定める堅実で誠実な経営者としての一般的な注意義務による要求に基づく[17]。

3　旧商法における状況報告書の基本的構造

上記のように、状況報告書に対する規定は1985年商法制定当時から1998年コントラック法及び2004年貸借対照表法改革法や2007年商法の一部改正を経てその基本的枠組みがほぼ形成されたといってよい。そこで、それを整理する。

（１）旧商法第289条の概要

旧商法第289条の中核をなすのは、いうまでもなく第1項である。これは幾たびかの改正を経て次のような条文となった。

> 2009年前商法第289条1項：状況報告書は真実の写像を伝達するように、資本会社の営業の成果を含めて営業の経過及び状況が表示されねばならない。それは営業活動の範囲及び複雑性に応じた営業の経過及び会社の状況に関する適切で包括的な分析を含まなければならない。その分析のなかで営業活動にとってきわめて重大な財務業績の指標を含まねばならず、年次決算書において示された金額及び報告に関連づけて説明しなければならない。さらに、状況報告書のなかで予測される発展をその重大なチャンスとリスクについて判断し説明しなければならない。その基礎となる仮定を示さねばならない。商法第264条2項3文の意味における資本会社の法的代表者は、資本会社の営業成果及び状況を含む営業の経過が状況報告書のなかで、真実の写像を表示し、かつ第4文の意味における重要なチャンス及びリスクを記載するように最善の知見に基づいて表示することを保証しなければならない。

旧商法第289条全体の概要を示せば以下の通りである。

第1項：状況報告書の一般的な法的要求
1文　営業の経過及び状況の全般的な説明
2文　営業の経過及び状況の詳細な説明
3文　財務的業績指標の記載

4文　将来の発展に関する重要なチャンスとリスク
　　　5文　貸借対照表の宣誓
　　第2項：追加的記載要求
　　　1号　重要な後発事象
　　　2号　a）リスク管理の目標と方法
　　　　　　b）金融商品に関するリスク報告
　　　3号　研究開発費の範囲
　　　4号　支店の所在地
　　　5号　上場株式会社の報酬システム
　　第3項：大資本会社に対する非財務的業績指標の追加報告
　　第4項：特定の株式会社及び株式合資会社に対する特別規定
　　〈内容省略〉

（2）旧商法第289条の解釈

　まず、この旧商法第289条の全体的解釈を取り上げる。これは第1項から第4項より成る。このうち第3項は大資本会社にだけ、また第4項は上場資本会社にだけそれぞれ適用されるにすぎない。したがって、この両項はあくまでコーポレート・ガバナンスの面から特定の資本会社に対する状況報告書の補完規定とみてよい。その結果、状況報告書の一般的な性質を論じるときには、第1項と第2項が考察の中心となる。

　問題はこの両者の関係である。すでに触れたように、文言上は第1項は法文上義務規定であるのに対して、第2項は要請規定だからである。それに基づいて、両規定を別個の独立した規定と解する見解がある。この考え方によると、両者の報告内容を線引きし区別する必要がある。特に第2項は義務を伴う報告ではなくて、任意の報告内容に関係すると解される。これに対して、両規定を統一的に解釈する見解がある。その理由は、状況報告書が真実の写像表示を目指すとすれば、第2項をそのように解すべきではなく、むしろ第1項との関連で義務規定と解するのが妥当だからである。この考え方によると、第2項は第

第11章　状況報告書の発展

1項の一般条項に対する法的具体化とみなされる[18]。これが通説を形成する。

（3）状況報告書の機能

　1965年株式法第160条1項で定めていた営業報告書における状況報告は原則として過去における営業の経過及び決算日現在の状況報告を中心に静的（statisch）に解されていた。決算日以降に関する事項は特に重要な事象に限定されていたにすぎなかった。これに対して、1985年商法第289条は静的ではなくて動的に解すべきというのが通説である[19]。それ故に、過去における営業の経過及び決算日現在はもちろん、さらに将来的方向も十分に視野に入れた状況報告が不可欠である。

　前者の過去における営業の経過及び決算日現在を中心とした状況報告は、主として状況報告書について企業の経済状況に関する包括的な概観を示す意味で、年次決算書と同様に受託責任による会計報告（Rechenschaftslegung）としての機能を有する。ただ、ここでも真実の写像を表示する面からは、やはり情報機能も軽視できない。後者の将来的な状況報告は、年次決算書を補完する意味でもっぱら情報機能を有する[20]。このような見解に対して、受託責任の会計報告面も結局、出資者に対する事後的な情報機能とも解されうる。したがって、これは広義の情報機能に包括されるという見解も有力である[21]。この見解によると、状況報告書はこの意味における情報機能を一義的とする。この状況報告書は、分配測定と自己情報及び企業外部情報に役立つ年次決算書とは明らかにやや異なる役割をもつ。両者は対等な立場であり、相互補完関係にあるという見解がある[22]。ただ、情報提供面では状況報告書固有の特質もある。例えば状況報告書はGoBの制約をうけない。説明による方式をとる。成果に関する質的要素による主観的な評価に基づく。このような種々の情報面をもつ点にその特徴がある。

　この点で状況報告書は、たしかにアメリカ証券取引委員会がレギュレーションS-K303号で規定する「財政状態及び経営成績に関する経営者の討議と分析」（Management's Discussion and Analysis of Financial Condition and Results of

Operations; MD&A) ときわめて類似する。これはアメリカ国内での上場企業に対して、流動性、資本の源泉及び経営成績を中心とした記述的説明と、さらに会計上の見積に関するきわめて重要な方針の開示を主たる内容としたものである。ただ、MD&A は過去及び将来の理解及び評価にとって必要な量的及び質的な成果要素について確認し分析しなければならない。そこでの中心は営業活動の成果の比較分析と流動性及び資本調達の検討である。この MD&A はドイツの状況報告書よりも、より包括的かつ具体的で詳細な情報提供が義務づけている点に両者の違いがある[23]。

年次決算書とは違って情報機能面で独自性をもつ商法上の状況報告書は、商法以外の領域でも一定の役割を果たしている。例えば株式法において取締役の監督、取締役の受託責任解除の判断、株式の売買といった面に株主情報として役立つ[24]。これに対して、上場企業を中心とした資本市場法（Kapitalmarktrecht）における状況報告書は、資本市場の効率性の促進に寄与する[25]。この状況報告書はさらに配当規制とは別にその情報提供を通じて債権者保護にも役立つ[26]。別言すれば、配当規制中心の会計による債権者保護（Gläubigerschutz durch Rechnungslegung）ではなくて、状況報告書は情報による債権者保護（informationeller Gläubigerschutz）に対して一翼を担う。

第4節　改正商法における状況報告書規定

1　旧商法第289条4項の改正

2007年11月に連邦法務省は BilMoG の参事官草案を、2008年5月にはその政府草案をそれぞれ公表し、2009年5月に BilMoG が成立した。これに伴い、改正商法のなかに状況報告書に対する規定の変更を含む。

その変更の1つが商法第289条4項の改正である。2006年商法改正のなかで

第 11 章　状況報告書の発展

触れた商法第289条 4 項の第 1 号及び第 3 号に関する事項が附属説明書に記載されない場合に、状況報告書に記載される旨の規定が加わる（改正商法第289条 4 項 1 号・3 号）。

2　商法第289条 5 項の創設

（1）規定の概要

　2006年 6 月に改正された EU 会社法第 4 号指令第46a 条 1 項 c をドイツ法に変換するため、第289 条 5 項が新たに創設される。
　改正商法第289条 5 項：第264d 条の意味における資本会社は状況報告書のなかで財務報告に係る内部統制システム及び内部リスク管理システムの重要なメルクマールを記述しなければならない。
　ここで第264d 条の意味における資本会社が問題となる。改正商法第264d 条によると、この資本会社は有価証券取引法第 2 条 5 項の意味における組織化された市場で同法第 2 条 1 項の有価証券を発行し売買する会社をいい、資本市場性資本会社（kapitalmarktorientierte Kapitalgesellschaft）と呼ばれる。かかる会社には財務報告に係るリスク管理システムに関する重要なメルクマールの記述が要求される。参事官草案では、"リスク管理"概念は広義に解され、内部統制システムはこのリスク管理の構成要素となっていた（参事官草案商法理由書、156ページ）。しかし、そのような広義の内部リスク概念に代えて、政府草案は EU 会社法第 4 号指令第46a 条 1 項 c と同様に内部統制システム及び内部管理システムという表現に変更し（政府草案商法第289条 5 項）、これを改正商法は制定する。その場合、内部統制システム及び内部管理システムの重要なメルクマールを特に財務報告面に限定して記述すればよく、内部統制システム及び内部管理システムの全体を記述する必要はない。それらのシステムがないときには、その旨を報告する。内部統制システム及び内部管理システムに関する有効性の評価は必要ない。

この点との関連で改正株式法は第107条3項1文の後に次の文を追加する。

改正株式法第107条3項2文：監査役会は特に監査役会委員会を設置することができ、それは会計プロセス、内部統制システムの有効性、リスク管理システム及び内部監査システムや、決算書監査、ここでは特に決算書監査人の独立性及び決算書監査人が追加的に行うサービスの監視に関与する。

この改正商法第289条5項の内容は、監査人の監査対象である（改正商法第317条2項）。これは連結状況報告書も同様である。

（2）規定の特徴

この規定の特徴は以下の通りである。

この文言で示されている会計プロセスからみた内部統制システム及びリスク管理システムの範囲及び具体的な内容及び形式について明言せず、いかにそれを設置すればよいかは定かではない。その設置は会社の業務執行機関の任務である[27]。

一般に内部統制システムは、業務の有効性及び効率性、内部及び外部の会計に関する秩序性及び信頼性、企業が遵守する法規定を確保するため、管理上の決定に遂行される組織上のプロセスに関する原則、手続及び規程のすべてを含む。これは企業活動を制御する内部監督システム（Steuerungssystem）及び監視システム（Überwachungssystem）からなる[28]。このうちで財務報告に係る内部統制システムの記述については、会計の有効性及び効率性の確保、すべての会計秩序の遵守の確保及び法規定の遵守の確保にかかわる原則、手続及び規程が重要となる。例えば以下の事項がその具体的内容である[29]。

① 取引が法規定に完全に合致し適切な評価で適切な期間に適切な勘定で把握される。
② 取引が会社の定款もしくは会社契約及び一般的もしくは特別な管理規程と一致して把握される。
③ 簿記の基盤が正当で完全である。
④ 実地棚卸が正規に実施され、実地棚卸結果との差異が把握されるときに

適切に処理される。
⑤　資産及び負債が決算日に適切に計上・評価される。
⑥　信頼しうる有用な情報が完全に把握される。

内部リスク管理システムとは、企業がその目標及び期待において恐れのあるリスクの識別、分析、評価及び監視に対する組織上の処理全体の実施を意味する。この内部リスク管理システムは、株式法第91条2項が定めるリスク早期認識システム（Risikofrühererkennungssystem）と必ずしもイコールではない[30]。前者は会社の存続を脅かす後者の監視システムだけでなく、企業活動全般のリスクの認識と範囲を含み、より包括的だからである。

この内部リスク管理システムのうちで財務報告に係るものだけが状況報告書への記載の対象となる。具体的には立法者は金融商品のヘッジに対する評価単位を指摘する（政府草案商法、立法理由書、127ページ）。金融商品に対する包括ヘッジ、ポートフォリオ・ヘッジ及び個別ヘッジがこれである。金融商品以外の価格変動及びキャッシュ・フロー変動に対する相殺や、未実現利益と未実現損失との相殺も含まれるという見解がある[31]。

すでに触れた商法第289条2項2号に基づく金融商品のリスク報告との関連で商法第289条5項に基づく報告内容の範囲における重複を避けるため、統一的なリスク報告（Risikobericht）も可能である。この選択権は状況報告書のなかで説明上の明確性を促進する。この点から立法者は商法第289条の法規定にこの重要な選択権を追加すべきであったという意見もある。ただ、法文上はあくまで業務執行機関に対してかかる財務報告に係る重要なメルクマールの報告義務を課すだけから出発する[32]。

いずれにせよ、創設された商法第289条5項の詳細な内容は広範囲にわたって不確定のままである。

3　商法第289a条の創設

（1）商法第289a条1項

　改正商法はさらに商法第289a条を創設する。その第1項は次の通りである。
　改正商法第289a条1項：上場株式会社並びにもっぱら株式会社以外の有価証券を有価証券取引法第2条5項の意味における組織化された市場で発行する株式会社、発行株式が有価証券取引法第2条3項1文8号の意味における各国の売買システムで企業の了解により自由に売買される株式会社は、状況報告書の特別部分で企業管理に関して説明しなければならない。それは会社のインターネットで公表し入手可能でもよい。この場合には状況報告書のなかでインターネットの報告の旨を触れねばならない。
　この改正商法第289a条は、EU会社法第4号指令第46a条2項及び3項をドイツ法に変換したものである。上場株式会社並びに債務証券を組織化された市場で発行する株式会社に対しては、状況報告書について企業管理に関する説明が要求される。

（2）商法第289a条2項

　第2項の規定は上記の企業管理の説明に関する具体的な内容である。
　1　株式法第161条に即した説明
　2　公式に入手できる説明のほかに、法的要求以外で適用する企業管理の有用な報告
　3　取締役及び監査役会の職務方法並びに監査役会委員会との連携及び職務方法に関する記述。その情報が会社のインターネットで公式に入手可能であれば、それについて指摘する。
　まず第1号でいう株式法第161条は以下の規定である。
　改正株式法第161条：上場会社の取締役会及び監査役会は毎年、連邦法務省

第11章　状況報告書の発展

によって電子的連邦公報の公式部分で示された"ドイツ・コーポレート・ガバナンス規準の政府委員会"の勧告に従っているか、あるいはどの勧告を適用しなかったのか適用していないか、なぜそうなのかについて説明する。もっぱら株式以外の有価証券を有価証券証券取引法第2条5項の意味における組織化された市場で売買のために発行し、その株式が会社の了承を得て有価証券証券取引法第2条3項1文8号の各国間で取引される株式会社の取締役会及び監査役会にも同様に適用される。

同条2項：その説明はその会社のインターネットで継続的に公表して入手可能でなければならない。

この改正株式法第161条規定でいう企業管理の説明はコーポレート・ガバナンス規準[33]（Deutscher Corporate Governance Kodex; DCGK）を指す。旧株式法第161条とは違って、改正株式法第161条に従うと、DCGKにおけるどの勧告を適用しなかったのかだけではなく、さらに何故にその勧告を適用しなかったのかについての説明が新たに要求される。これは債務証券発行株式会社についてもDCGKの適用が準用される。

第2号は、法的要求以外で任意に適用する有用な組織化された企業管理についての遵守に関する説明規定である[34]。具体的には2011年11月に公表されたドイツ持続可能性規準（Deutscher Nachhaltigkeitskodex; DNK）がこれに該当する[35]。

第3号は、取締役の任務は企業経営者としての自己責任、戦略的方向の発展及びそれに対する監査役会の同意であるのに対して、監査役会の任務は企業経営に対する取締役の監視である。取締役と監査役会はそれぞれの職責を果たすとともに、両者は必要な連携をとらねばならない。

この改正商法第289a条は監査の対象とはならない（改正商法第317条2項3文）。

第5節　状況報告書の検討

1　状況報告書の発展段階

　状況報告書の発展段階について整理すると以下の通りである。
　第1に指摘すべきは、大きく流れを整理すると1985年商法制定以前の時期と、その制定以後今日に至るまでの時期に大別される。すなわち、前者は状況報告書がまだ登場せず、そのプレとしての営業報告書の時期である。後者は状況報告書が制度化された時期で、営業報告書が有していた会社の状況報告と会計事項の説明報告の2つの機能のうちで、状況報告書は状況報告のみを担当する。なお、説明報告を担当するのは附属説明書となる。
　第2に、状況報告書以前の営業報告書の時代は1884年株式法改正から1985年商法制定まで100年間続いた。この時期はさらに3つの段階に整理できる。
　第1期は、1884年株式法改正から1931年株式法改正前までの期間である。ここでは営業報告書の作成は義務づけられたが、その記載内容は明記されていなかった。株主総会に対してその提出義務はあったが、その承認は必要なかった。
　第2期は、1931年株式法改正制定から1965年株式法制定前までの期間である。1931年株式改正法においてはじめて営業報告書が監査の対象となり、そこに記載すべき事項が明記され、1937年株式法の制定よりその記載内容がさらに拡充された。
　第3期は、1965年株式法制定から1985年商法制定前までの期間である。1965年株式法における営業報告書規定は会社の状況及び会計事項の説明をかなり包括的に明記した内容となり、わが国の営業報告書規定にも影響した。
　第3に、状況報告書の時期は次の3つに区分できる。

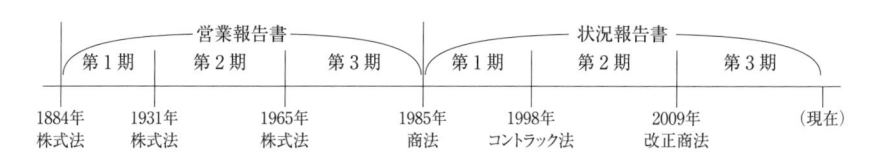

図表11-3　状況報告書の発展段階

```
       ┌─────── 営業報告書 ───────┐┌─────── 状況報告書 ───────┐
       │ 第1期 │ 第2期 │ 第3期  ││ 第1期 │ 第2期 │ 第3期  │
      1884年  1931年  1965年   1985年  1998年    2009年          (現在)
      株式法  株式法  株式法   商法   コントラック法  改正商法
```

　第1期は、1985年商法制定から1998年コントラック法制定前までの期間である。これは新たに形成された状況報告書の生成段階に相当する。

　第2期は1998年コントラック法制定から2009年改正商法制定前までの期間である。この期間を通じてほぼ現在の状況報告書の骨格が形成された。その結果、これはいわばその確立期といってよい。ここではそこに記載される内容の量的拡大が一段と図られた。単に財務的業績指標だけでなく、環境等の非財務的業績指標の記載も必要となり、また金融商品に関連するヘッジ方法やさまざまなリスク情報の開示も義務づけられた。その後、取締役報酬開示、買収防衛策及び経営者の宣誓書の提出などが追加された。

　第3期は2009年改正商法制定以降現在に至るまでの期間である。ここではコーポレート・ガバナンスの面がさらに強化される。一方で資本市場性資本会社に対して財務報告に係る内部統制システム及び内部管理システムの重要なメルクマールの記述と、他方で株式法第161条との関係で上場株式会社及び債務証券発行株式会社を対象にDCGKに対する企業管理の遵守説明及び企業が任意に適用するDNKの遵守説明とである。前者は経済監査士の対象となるが、後者はその対象外である。このように特定の資本会社に対してコーポレート・ガバナンスの面から更なる質的拡充が図られる。

　以上の発展段階を図示すれば**図表11-3**の通りである。

　そして、改正商法第289条及び第289a条に関する状況報告書規定を整理すれば、**図表11-4**の通りである。

　ちなみに、この年次決算書における現行商法第289条に対応するのが商法第315条の連結状況報告書規定である。この商法第315条1項から4項までは商法

図表11-4 改正商法における状況報告書規定

商法規定		適用対象	中資本会社[(1)]	大資本会社		
				資本市場性		
				株式会社以外	株式会社	
					株式以外の有価証券発行会社	上場会社
289条	1項	会社の経過と状況	記 載			
		重要なチャンスとリスクを含む将来予測				
	2項	後発事象				
		財務リスクとそのリスク管理方法				
		研究開発				
		会社の支店				
		報酬システム	−			記 載
	3項	非財務的業績指標	−	記 載		
	4項	買収防衛策	−			記 載
	5項	財務報告に係る内部統制システム及びリスク管理システムの重要なメルクマール	−	記 載		
289a条		企業管理	−	記 載		

注(1) 中資本会社が資本市場性を指向するときには、大規模資本会社とみなされる（商法第267条3項2文）。

第289条1項から4項までに相当する。但し、商法第315条5項はなく、これは同条2項5号として規定されている。連結決算書では商法第289a条に相当する規定はない。

2 状況報告書の機能

次に状況報告書の機能について考察する。

状況報告書は外部報告手段ではあるが、しかし年次決算書の構成要素ではない。一般に状況報告書の機能は基本的には2つある。

1つめは情報提供機能である。状況報告書は貸借対照表及び損益計算書には

記載されない情報を補完する。例えば会社の経過及び状況や、将来の発展に関するチャンス及びリスクなどのように年次決算書が真実の写像を表示するように具体的な説明がこれである。一般に状況報告書は年次決算書の補助手段として位置づけられる。

　この場合、附属説明書との二重記載問題がある。両者の記載内容をどのように明確に区別し線引きするかの問題は依然として残る。そこで、会計事項は附属説明書に記載し、それ以外の事項を状況報告書と明記するのが望ましいという見解がある[36]。また、一方で改正商法第289条5項の規定は基本的に財務報告に係る内部統制システム及び内部リスク管理システムに触れており、他方で改正商法第289条2項2号は将来の発展のチャンス及びリスクに触れている。特にリスク事項だけを中心に統一的なリスク報告を義務づけるべきであるという考え方がある[37]。

　また、状況報告書を年次決算書の単なる補助手段ではなく、むしろ状況報告書が外部報告に対する情報手段として年次決算書と対等の関係にあるとみなす考え方もある。その根拠は状況報告書はドイツにおいて伝統的な GoB の支配を受けない点にある[38]。これに即していえば、状況報告書には会社の内容に対して単に財務内容に留まらず、それ以外の広範囲な説明要求が当然生じる。具体的には非財務的業績指標の開示がこれにほかならない。その結果、定量的情報に加えて定性的情報の重要性もこの状況報告書においてクローズアップされる。将来的にはこの範囲の拡大が一段と進む可能性が多分にある。とすれば、状況報告書を従来のようにあくまで年次決算書の補完として捉える枠組みでは説明できなくなるかもしれない。年次決算書と全く分離させて状況報告書の法的及び機能的独自性[39]や、いわゆる統合報告（integrated reporting: IR）との関連性が問題となるであろう。

　ただ、その範囲拡大の一方で、内部統制システム及びリスク管理システムをはじめ企業管理に代表される用語の定義がないという問題も無視できない。その点から法の不安定性や不明確性が指摘される[40]。別言すれば、状況報告書が情報過多に陥らないためには、それらの具体的内容を明確化するのが不可欠

である。さらに、内部統制システム及び内部リスク管理システムに対する有効性の記述を法的に義務づけていないのもやや問題を含む。これらの事項を法文上改善する必要がある。

さらに、改正商法で規定する企業管理の説明はコーポレート・ガバナンスに関係する事項で、必ずしも状況報告書での記載は妥当ではないという批判がある。というのは、状況報告書の作成は取締役の責任の範囲であるけれども、企業管理の説明は監査役がかなりの影響力をもつので、状況報告書に企業管理の説明を要求すると、その点に関する権限と責任のずれが生じる可能性があるからである[41]。加えて、改正商法第289条は経済監査士の監査対象であるけれども、商法第289a条は監査対象外となり、監査面で異なる要素が状況報告書に含まれる問題がある[42]。

この点から、状況報告書の多面的な情報を記載する方向は一部修正する必要がある。1つは状況報告書におけるコーポレート・ガバナンス事項すべてを一括してコーポレート・ガバナンス報告として集約させる方向である[43]。2つは、これとは逆にコーポレート・ガバナンス事項を状況報告書から独立させて、例えば株式法第161条に収容する方向である[44]。

2つめは保護機能である。具体的にはまず投資家保護機能である。これには現在の投資家だけでなく将来の投資家も含まれる。同様に債権者保護機能もある。やはり現在の債権者だけでなく、将来の債権者も含まれる。この保護機能の対象者として一般大衆が想定されているかどうかが問題となる。もろちん、そこにはライバル企業は含まれておらず、その意味で一般大衆は含まれていない[45]。

3 状況報告書と事業報告との比較

ドイツの状況報告書とわが国の事業報告との比較を試みる。平成17年会社法制定前まではわが国でも営業報告書が計算書類規則の1つとして存在していた。会社法の制定により、それに代わって事業報告の作成が義務づけられた

（会社法第435条2項・第437条1項・第438条）。これは株主総会に提出する義務があるが、会計監査人の監査の義務はない。

事業報告の内容を定めているのは会社法施行規則第108条と公開会社にあっては第109条である。それによると、事業報告の中心は、前者の規定に関して① 体制その他株式会社の業務の適正を確保するのに必要な内部統制システムの整備に関する事項と、② 株式会社の財務及び事業の方針決定を支配する者のあり方に関する基本方針である。

後者の規定に関しては、a）株式会社の現況に関する事項、b）株式会社の会社役員に関する事項、c）株式に関する事項、d）新株予約権等に関する事項である。このうちでa）についての具体的な事項は以下の通りである。

1) 事業年度末における主要な事業内容
2) 事業年度末における主要な営業所及び工場並びに使用人の状況
3) 事業年度末の主要な借入先及び借入額
4) 事業年度における事業の経過及びその成果
5) その他（資金調達・設備投資・事業譲渡等・吸収合併など）
6) 直前三事業年度の財産及び損益の状況
7) 重要な親会社及び子会社の状況
8) そのほか、当該株式会社の現況に関する重要な事項

この内容から、わが国の事業報告は総じてドイツの状況報告書とある程度類似しているといってよい。期末現在における内部統制システムに関する事項や会社の現況を説明しなければならないからである。しかし、細部についていえばドイツの状況報告書との相違点も少なくない。例えば、第1に状況報告書では将来の発展のチャンス及びリスクの記載が不可欠であるのに対して、事業報告では期末時点の状況にだけその記載が原則的に限られる。第2に、状況報告書では財務的業績指標のほかに非財務的業績指標にも触れねばならないが、事業報告ではその公表義務がない。状況報告書のほうが将来情報と非財務情報も含める点で範囲が広い。第3に、状況報告書において上場株式会社に対してさらに具体的にDCGK及びDNKとの関連で企業管理についても説明が要求さ

れるが、わが国には GCGK 及び DNK に相当する規準はまだ存在していない。

このように、ドイツの状況報告書規定のなかに不明確な点は少なくないが、これを参考にして、将来の予測や非財務的業績指標の記載のあり方を含めてわが国の事業報告のより一層の充実を図るべきかどうか検討すべきである。

第6節　結

以上の論旨を整理すれば次の通りである。

第1に、状況報告書のルーツは営業報告書である。これは1884年株式法改正を出発点とし、その後1931年株式法改正により第2の拡充期間に入り、さらに1965年株式法により第3の基盤形成に対する確立期を迎える。そこでは状況報告と説明報告とがまだ分離しておらず、混在していた。

第2に、1985年商法の制定によりもっぱら状況報告のみを対象とする状況報告書がはじめて登場し、個別上の状況報告書及び連結状況報告書[46]が制度化される。なお、説明報告は別個の附属説明書に移行し独立する。1998年コントラック法の制定前までが、いわば状況報告書に関する第1期としての生成期に相当する。1998年のコントラック法の制定により記載範囲が一段と拡がる。その意味で、第2の確立期をむかえる。将来の発展のチャンス及びリスクのほかに環境などの非財務的業績指標、さらに金融商品のヘッジ処理及びそれに関連するさまざまなリスクの記載、さらにコーポレート・ガバナンスの面から取締役報酬、買収防衛策及び経営者の財務諸表に対する宣誓などの記載が量的に著しく拡大する。現行の状況報告書の骨格はこの段階でほぼ形成されている。2009年の改正商法による第3の補強期に至る。コーポレート・ガバナンス強化の観点から資本市場性資本会社に対して財務報告に係る内部統制システム及び内部リスク管理システムの重要なメルクマールの記述と、企業管理の説明とをさらに義務づけ補強する。このような状況報告書への記載範囲の拡大に対して、一方でリスク報告やコーポレート・ガバナンス報告に関するその記載方法

を整理する方向と、他方で状況報告書の情報過多を削減し、その純化を試みる方向が最近の動向である。

　第3に、状況報告書は情報機能と保護機能としての役割を有する。状況報告書の情報機能は一方で年次決算書を補完するという側面をもつだけでなく、他方で真実の写像表示の面からは年次決算書とある意味で対等関係にあるという解釈も成り立つ。後者の立場に立てば、将来的には外部報告手段としての状況報告書がそれ自体独自の報告書として位置づけられる可能性がある。これは例えば統合報告との緊密な関係性を示唆するといってよい。

　状況報告書は投資家及び債権者の保護に重点がある。この場合の債権者保護は情報提供による保護を前提とする。

　第4に、状況報告書はたしかにわが国の事業報告と一定の連関がある。しかし、後者は期末現在の現況及び過去と現在の損益にウェイトがあり、将来の発展のチャンス及びリスクや、非財務的業績指標を記載する必要はない。その点で、現時点においてはドイツの状況報告書[47]のほうがわが国の事業報告よりも記載内容の範囲が充実している。ただ、状況報告書と附属説明書との二重記載の回避と、状況報告書のわかりやすい表示方法及び様式が今後の課題である。

　第5に、状況報告書に類するものとしてアメリカのMD&Aと、IFRSによる2010年に公表された経営者の説明による実務声明書（Practice Statement Management Commentary; MC）とが存在する[48]。

注

（1）この概要については，拙稿，「状況報告書の役割」『会計学研究』（日本大学商学部会計学研究所），第18号，平成16年11月，19-39ページ。
（2）C. Palmes, Der Lagebericht-Grundfragen und Haftung, München, 2008年, 22ページ。
（3）C. Palmes, 前掲書注（2），23ページ。
（4）C. Palmes, 前掲書注（2），26ページ。
（5）C. Palmes, 前掲書注（2），27ページ。

第2編　会計報告

(6)(7)　B. Selch, Das Lagebericht, Wiesbaden, 2003年, 11ページ。
(8)　Adler・Düring・Schmaltz, Rechnungslegung und Prüfung der Unternehmen, 第2巻, 第6版, Stuttgart, 1995年, 215ページ。C. Palmes, 前掲書注（2）, 64-67ページ。J. Tesch・R. Wißmann, Lageberichterstattung nach HGB, 第2版, Weinheim, 2009年, 80ページ。K. Schmidt編, Münchener Kommentar zum Handelsgesetzbuch, 第4巻, 第2版, München, 2008年, 841ページ。
(9)　B. Selch, 前掲書注（6）, 138ページ。
(10)　B. Selch, 前掲書注（6）, 138-139ページ。
(11)　J. Tesch・R. Wißmann, 前掲書注（8）, 73-77ページ。
(12)　J. Tesch・R. Wißmann, 前掲書注（8）, 72ページ。
(13)　J. Tesch・R. Wißmann, 前掲書注（8）, 99-100ページ。
(14)　J. Tesch・R. Wißmann, 前掲書注（8）, 100ページ。
(15)　J. Tesch・R. Wißmann, 前掲書注（8）, 101ページ。
(16)　J. Tesch・R. Wißmann, 前掲書注（8）, 103-104ページ。
(17)　H. Ellrott etc.編, Beck'scher Bilanz-Kommentar, 第8版, München, 2012年, 1423ページ。
(18)　C. Palmes, 前掲書注（2）, 67ページ。
(19)　B. Selch, 前掲書注（6）, 73ページ。C. Palmes, 前掲書注（2）, 63-64ページ。
(20)　Adler・Düring・Schmaltz, 前掲書注（8）, 188-189ページ。
(21)　B. Selch, 前掲書注（6）, 39ページ。C. Palmes, 前掲書注（2）, 185-186ページ。
(22)　C. Palmes, 前掲書注（2）, 93ページ。
(23)　C. Palmes, 前掲書注（2）, 106-107ページ。
(24)　C. Palmes, 前掲書注（2）, 139-140ページ。
(25)　C. Palmes, 前掲書注（2）, 185ページ。
(26)　C. Palmes, 前掲書注（2）, 204ページ。
(27)　T. Stein, Eine ökonomische Analyse der Entwicklung der Lageberichtsqualität, Wiesbaden, 2011年, 210ページ。
(28)　A. Stute, IFRS: Lagebericht und Konzernlagebericht, Berlin, 2010年, 190ページ。
(29)　A. Stute, 前掲書注（28）, 191ページ。
(30)　A. Stute, 前掲書注（28）, 193ページ。
(31)　A. Stute, 前掲書注（28）, 195ページ。
(32)　T. Stein, 前掲書注（27）, 211ページ。

(33) この詳細は，正井章筰『ドイツのコーポレート・ガバナンス』成文堂，平成17年，316-337ページ及び拙稿，「ドイツ会計制度とコーポレート・ガバナンス」『会計学研究』第23号，平成21年3月，17-19ページ参照。
(34) J. Tesch・R. Wißmann，前掲書注（8），127ページ。
(35) 状況報告書のなかに持続可能性規準を盛り込む方向に関しては，第12章を参照。
(36) S. Bisschof・B. Selch, Neuerungen für Lagebericht nach dem Regierungsentwurf eines Bilanzrechtsmodernisierungsgesetzes (BilMoG), in: Die Die Wirtschaftsprüfung, 第61巻第21号，2007年11月，1023ページ。
(37) T. Stein，前掲書注（27），211-212ページ。
(38) S. Bisschof・B. Selch，前掲論文注（36），1025ページ。
(39) C. Palmes，前掲書注（2），93-94ページ。
(40) C. Palmes，前掲書注（2），114ページ。
(41) S. Bisschof・B. Selch，前掲論文注（36），1029-1030ページ。
(42) S. Bisschof・B. Selch，前掲論文注（36），1030ページ。
(43) T. Stein，前掲書注（27），230ページ。
(44) J. Baetge・H. J.Kirsch・S. Thiele 編, Bilanzrecht, 第1巻，第1版, Bonn, 2002年，HGB §289a，8ページ。
(45) C. Palmes，前掲書注（2），229-230ページ。
(46) この連結状況報告書の作成に関してドイツ会計基準委員会（Deutsches Rechnungslegungs Standards Committee; DRSC）は2004年にドイツ会計基準（Deutscher Rechnungslegungs Standard; DRS）第15号を公表した。その後，2012年にそれを改訂したDRS第20号を公表し，2013年からその適用が義務づけられている。このDRS第15号とDRS第20号に関する主な対照表は以下の通りである。

	DRS 第15号	DRS 第20号
目的／目標	① 営業の経過及び状況に関する真実な写像の報告（15.2） ② 重要なチャンス及びリスクの判断と説明（15.2） ③ 利用者に対する意思決定に有用で信頼できる情報の処理 ④ 企業経営者の視点から企業価値の数値に影響しうる実態の説明と分析（15.3）	① 法的要求の具体化（20.1） ② 受託した資源の運用報告（20.3） ③ 営業の経過及び状況の適切な写像を可能にする情報の処理 ④ チャンスとリスクの結合を含め，企業の発展見込みの説明（20.3） ⑤ 連結決算書との調和

第2編　会計報告

原則・基準	企業経営者の視点	① 判断機能（15.9） ② 企業経営者の視点から報告原則（15.28-29）	① 同左（20.12） ② 同左（20.32）
	決算書の補完及び注釈	① 注釈機能（15.24） ② 持続的価値形成への集中原則（15.30-35） ③ 完全性原則（15.9-11）	① 同左 同左削除（→包括原則ではなくて具体的内容を示すから） ② 同左（20.12-20） ③ 理解性機能（20.13）
	将来指向性	① 持続的価値形成への集中原則（15.30-35） ② 信頼性原則（15.14-19） ③ 企業経営者の視点による報告基盤（15.28-29） ④ 正当性の原則 →将来指向的情報内容は予測報告のなかで要求される。	同左削除 ① 重要性の原則（20.32-33） ② 判断機能（20.12） ③ 信頼性及びバランスの原則（20.17-19） ④ 同左（20.13） →同左
	質的要求	① 完全性原則（15.9-13） ② 信頼性原則（15.14-19） ③ 重要性・経済性の原則 ④ 比較可能性原則（15.24-27） ⑤ 検証可能性原則（15.18） ⑥ 明瞭性・概観性の原則（15.20-27）	① 同左（20.12-16） ② プラス及びマイナス要素の信頼性・バランス原則 ③ 重要性の原則（20.32-33） ④ 情報の等級原則（20.34-35） ⑤ 同左 ⑥ 同左（20.26） ⑦ 同左（20.20-30）
内容	企業基盤ないし事業・業種上の条件	事業モデル	
		① 営業活動とその業種条件の説明（15.36） 例えば企業の組織的及び法的構造	① 企業基盤の報告（20.36） 同左
		目標と戦略	
		営業活動の説明においてだけ示唆されているにすぎない	① 任意：目標と戦略に関する報告
		管理体制（計数化）	
		資本市場指向性がある場合に管理体制の説明（15.38）	同左（20.K45）

		研究及び開発	
		① 研究開発の活動の説明(15.40) ② 開発費資産化の有無にかかわらず説明義務（15.40)	① 同左（20.48) ② 重要性があるときにだけ成果及び投入要素の量的説明 ③ 開発費を資産化したときの資産化の方法とその償却方法（20.52)

		経済報告	
	一般	① 営業の経過及び重要な成果の説明（15.53)	① 営業経過及び経済的状況の説明,分析及び判断（20.53)
状況及び営業の経過の全体供述		① 企業経営による営業発展全体の判断（15.44) ② 財産・財務・収益の状況の説明（15.49)	① 同左（20.58)
経済全体及び業種上の条件		① 業種特殊上の説明（15.43) ② 営業の経過に対する業種上の条件変更の影響に対する経営者の見積	① 同左（20.59)
営業の経過		① 営業の経過に対する条件変更に対する経営者の見積（15.43)	① 営業活動に関する期間的情報との関連（20.62) ② 営業の経過にとって原因となった発展及び成果との関連とその判断（20.62)
成果及び資産・財務・収益の状況の見込み		① 収益・財務・財産の状況の説明（15.45) ② 営業の経過の原因となった成果及び発展との関連（15.43)	① 財務・収益・財産の状況の説明・分析及び判断（20.64) ② 期間比較を妨げたり,状況のなかでたぶん企業の将来状況に関連しないことをもたらす諸要素の考慮（20.64)
		収益状況	
		財務状況	
		資本構成	
		投　　資	

第2編　会計報告

	営業の経過及び状況の分析における財務的・非財務的業績指標との関連	① 一般的分析に含まれる。	流動性
			資産状況
			① 営業の経過及び状況に対する説明のなかで最も重要な財務的・非財務的業績指標の関連（20.54）
	後発事象の報告	① 特に重要な後発事象の説明（15.81） ② 未締結の取引の報告（15.82）	① 同左（20.114） ② 取引が存在しないときには, ネガティブな報告（20.114）
	一般的なチャンス及びリスク報告を含めた予測報告		一　般
		① 重要なチャンス及びリスクを伴う発展の見込みの説明（15.83）	① 重要なチャンス及びリスクを伴う発展の見込みの判断と説明（20.116）
			予測報告
			チャンス報告
			一般的リスク報告
			個別リスク
	財務リスク報告		一般リスク
			個別リスク
			リスク管理の目標
			リスク管理の方法
	会計プロセスに関わる内部統制システム及びリスク管理システム		一　般
		資本市場性の場合 ① 会計プロセスの面で内部統制システム及びリスク管理システムの重要なメルクマールの説明（15.100） ② メルクマールの評価（15.101）	資本市場性の場合 ① 同左（20.K170） ② 同左（20.K168）

第11章　状況報告書の発展

		内部統制システム	
		① 会計システムにおける統制の有効性確保の原則 (15.103) ② 内部監査システム (15.103)	① 同左（20.K174a） ② 統制の経済性確保に対する特別な手続の説明（20.K174a） ③ 同左（20K174b）
		会計プロセスの面におけるリスク管理システム	
		① 重要なときには、リスクの確認と評価に対する措置(15.104a) ② 認識されたリスクの検証と関連する措置（15.104c）	① 同左（20.K177a） ② 同左（20.K177c）
	買収報告	組織化された市場で要求される株式会社及び株式合資会社の場合	組織化された市場で要求される株式会社及び株式合資会社の場合
	企業管理の説明	上場された株式会社及び株式合資会社のみ	上場された株式会社及び株式合資会社のみ
		① 企業管理の説明（15.140） ② 親会社の状況報告書及び連結状況報告書との関連（15.140） ③ インターネットによる公表に関する説明（15.140） ④ 商法第289a条に基づく内容（15.141）	① 同左（20.K224） ② 同左（20.K224） ③ 同左（20.K226） ④ 同左（20.K227）
	法的代表者の保証	商法第264条2項3文に該当する株式会社並びに商法第297条2項4文の親会社のみ	商法第264条2項3文に該当する株式会社並びに商法第297条2項4文の親会社のみ

※Kは資本市場を指向する企業を指す。

出典：S. Müller・A. Stute・K. H. Withus 編, Handbuch Lagebericht, Berlin, 2013年, 525-564ページから抜粋。

第2編　会計報告

　DRS第15号とDRS第20号との主な相違点を整理すれば、以下の通りである（C.Fink・P.Kajüter・N. Winkeljohann, Lageberichterstattung, Stuttgart, 2013年, 25-26ページ）。
① DRS第20号は資本市場性指向の企業とそうでない企業とを強く区別する。
② DRS第20号は、DRS第15号で示されていた状況報告書の記載に関する勧告をやめて、最低限度の記載要求に限定する。
③ DRS第20号はDRS第15号と異なり、連結面に重点を置く。DRS第20号は商法289条に基づく状況報告書について触れない。
④ DRS第20号はDRS第15号を継承しつつも、これを意味あるように補完する。その結果、正確性の面から予測期間は2年間から1年間に短縮される。
⑤ DRS第20号はDRS第15号と対照的に単に情報提供だけでなく、受託責任に関する会計報告も目標とする。
⑥ DRS第15号で状況報告書作成の原則とされていた「持続可能的な価値形成に対する集中」を原則からはずす。その理由は、それが原則ではなくて、財務的及び非財務的業績指標という具体的な内容を示すから。
⑦ DRS第20号は個々の報告内容を充実させる。
　1）企業の目標及び戦略、並びに予測・チャンス及びリスク報告に関する任意的な作成に関する新規定を設ける。
　2）DRS第15号は完全性原則からセグメント報告の公表を要求していたが、DRS第20号は連結決算書に対してセグメントに関する情報が含まれているときにだけ、例えば収益及び投資状況の記載が要求される。
⑧ DRS第20号は表現の明瞭性及び正確性を改善する。
　1）状況報告書作成（Lageberichterstattung）という名称から連結状況報告書（Konzernlagebericht）という名称へ変更する。
　2）DRS第20号において、連結状況報告書は連結グループ経営者の見地から見積と判断を表現しなければならないことを明確化する。
DRS第20号を中心とした内容は次の通りである。

連結状況報告書作成原則

1　完全性

情報伝達の完全性	DRS 20.12	
理解性	DRS 20.13	

第11章 状況報告書の発展

状況報告書以外での指摘可能性及び情報	DRS 20.14,15,21	
相殺禁止	DRS 20.16	

2　信頼性及びバランス性

信頼性	DRS 20.17,19	情報の検証可能性など
バランス性	DRS 20.18	プラス／マイナス面の一面的説明ではない

3　明瞭性及び概観性

様式の統一	DRS 20,20,21	
要約	DRS 20,22,23	連結と個別の要約
細分類	DRS 20.25	
継続性		内容及び様式の継続性
セグメント	DRS 20.27,28	
決算書との首尾一貫性	DRS 20.29,30	

4　企業経営者の視点からの伝達

企業経営者の視点	DRS 20.31	見積と判断の必要性を記載

5　重要性

重要な情報に集中	DRS 20.32,33	

6　情報の格差

企業状況に応じた詳細及び説明の程度	DRS 20.34	
情報義務の省略がないこと	DRS 20.35	

第 2 編　会計報告

連結状況報告書作成の主な内容

1　企業基盤

事業モデル	DRS 20.36,37,38	
目標と戦略	DRS 20.40～44	
運営組織	DRS 20.K45	※K資本市場指向性親会社
研究及び開発	DRS 20.48～52	
支店	個別状況報告書のみ	

2　経済報告

一般	DRS 20.53,55	
経済全体及び業種上の条件	DRS 20.53,59,61	
営業の経過	DRS 20.62,63	
状況	DRS 20.64	資産・財務・収益の状況
収益状況	DRS 20.65～67	
財務状況	DRS 20.K79	
資本構成	DRS 20.81～85	
投資	DRS 20.87～91	
流動性	DRS 20.92～98	
資産状況	DRS 20.99,100	
全体の説明	DRS 20.58	
業績指標	DRS 20.101～113	非財務的業績指標の計数報告含む

3　後発事象

特に重要な事象	DRS 20.114	

第11章　状況報告書の発展

4　予測・チャンス及びリスク

一般	DRS 20.116,117	
予測報告	DRS 20.118～133	
リスク報告		
リスク管理システム	DRS 20.K137,138	資本市場性のある親会社のみ
リスク	DRS 20.146～164	
全体説明	DRS 20.160,161	
チャンス報告		
チャンス	DRS 20.146,147,150	
全体説明	DRS 20.160	

5　会計プロセスにおける内部統制システム及びリスク管理システム
　（親会社もしくは連結決算書に含まれる子会社で資本市場指向性の場合のみ）

重要なメルクマール	DRS 20.K168	
内部監査システム	DRS 20.K174～177	

6　金融商品の利用に関するリスク報告：DRS 20.179,180 等
7　報酬報告（上場株式会社のみ）：DRS 20.17.38,46,63
8　買収関連事項（組織化された資本市場で議決権のある株式発行の親会社）
　　：DRS 20.K190,191,197,200 等
9　企業管理の説明（上場株式会社）：DRS 20.K227～231
10　状況報告書の宣誓：DRS 20.K232,233,235

　　出典：C.Fink・P.Kajüter・N.Winkeljohann, Lageberichterstattung, Stuttgart, 2013年，307-328ページ。

(47)　ドイツと同様に，オーストリアも状況報告書の規定がある（オーストリア企業法第243条）。ドイツでは商法規定との関連で非財務的業績指標を企業活動にとって重要で営業の経過及び状況の理解に不可欠なもの（例えばエコロジー及び従業員などの社会的関連）だけでなく，営業の経過あるいは状況の判断にとって重要で，企業発展に重要な影響を及ぼしうるも含むとやや抽象的に捉える（2004年のBiReG，立法理由書，64ページ）。これはDRS第20号も基本的に同様である。これに対して，オーストリア環境省は

状況報告書における非財務的業績指標を，年次決算書ないしそこで示される金額では導き出せず，金額ないし金額の比率では表現できない指数（Kennzahlen）と具体的に定義する（Umweltbundesamt, Leitlinie zu wesentlichen nichtfinanziellen Leistungsindikatoren, inbesondere zu Umwelt- und Arbeitsnehmerinnenbelangen, im Lagebericht, Wien, 2008年，16ページ）。また AFRAC は，非財務的業績指標について，財務的業績指標以外で営業の経過，事業の成果もしくは状況の理解にとって重要であり，しかも将来の発展にとって重要な影響を与えうる関連事項，事情及び要素のすべてと解する（AFRAC, Stellungsnahme „Lageberichterstattung gemäß §§ 243,243a und 267 UGB",der Arbeitsgruppe „Lagebericht", Wien, 2009年，45項）。

(48) アメリカの MD&A は上場企業のみその作成が義務づけられるけれども，将来情報及び非財務的業績指標の開示はドイツの DRS 第20号と違って義務づけられていない。IFRS の MC に関する基本的内容は，企業管理の説明及び報酬報告を除くと，DRS 第20号とほぼ類似する。しかし，その作成は IFRS 適用会社にまだ義務づけしておらず，まだ推奨段階にすぎない。

第12章　状況報告書と持続可能性規準

第1節　序

　財務会計にとってきわめて重要な課題の1つが、投資家に対する有用な会計情報の提供である。近年、これに対する要求はディスクロージャー制度との関連で益々強まっている。このような状況のなかでドイツでは情報提供に対する手段として商法第289条及び第289a条が定める状況報告書と、商法第315条が定める連結状況報告書の重要性が高まってきている。これらはそれぞれ年次決算書及び連結決算書を構成しないが、しかしそれらを企業の情報提供の面から補完する意味で重視されている。小資本会社を除き、大中資本会社に対してその作成が義務づけられるとともに（商法第264条1項）、会計監査人による監査も義務づけられる（商法第316条1項）。

　本章では、この状況報告書の機能との関連で、最近特に脚光を浴びてきている企業の持続可能性に対する情報開示のあり方に対するドイツの方向を概括し検討することにしたい。

第 2 編　会計報告

第 2 節　現行商法における状況報告書規定

1　状況報告書に対する商法規定

2009年に改正された現行商法における状況報告書に対する規定は以下の通りである。

（1）商法第289条

まず第289条の規定は1項から5項より成る。

① 第1項

第1項は次の通りである。

第289条1項：状況報告書は真実の写像を伝達するように、資本会社の営業の成果を含めて営業の経過及び状況を説明しなければならない。それは、業務の範囲及び複雑性を考慮しながら会社の経過及び状況を評価した包括的な分析を含まなければならない。その分析のなかで業務にとって最も重要な財務的業績指標を含めなければならず、しかも年次決算書で示される金額及び表示に関連づけて説明しなければならない。さらに状況報告書において将来の発展をその重要なチャンス及びリスクとともに判断し説明しなければならず、その基礎となる仮定を報告しなければならない。商法第264条2項3文の意味における資本会社の法的代表者は最善の知見により状況報告書のなかに業務の成果を含めて営業の経過及び資本会社の状況が真実の写像を表示し4文の意味における重要なチャンス及びリスクの記述を説明することを保証しなければならない。

この第1項はその文言から明らかなように、状況報告書に対する記載義務規

定である。

② 第2項

第2項は次の通りである。

第289条2項：状況報告書は以下の点についてもまた触れることが要請される。
1 営業年度の終了後に発生した特に重要な事象
2 a）ヘッジ取引の処理で把握されるすべての種類の重要な取引に対するヘッジ方法を含む会社のリスク管理の目標と方法と、
   b）会社がさらされている価格変動リスク、価格下落リスク及び流動性リスク並びにキャッシュ・フロー変動リスク
   これらがその時々で会社による金融商品の利用に関連づけて、しかも状況の判断あるいは将来の発展にとって関係する場合
3 研究開発の範囲
4 会社の支店
5 上場株式会社にあたっては、第285条9号で指摘された総額について会社の報酬システムの特徴。その場合、第285条9号a項5文から8文に即した報告もするときには、附属説明書での記載を省略することができる。

　この第2項はいわゆる要請規定であり、第1項の義務規定から法文上はたしかに区別しうる。このため、両規定が別個の独立した規定と解すれば、第2項は義務を伴う報告ではなくて、任意の報告内容に関係すると解される。これに対して、両規定を統一的に解釈する見解がある。その理由は、状況報告書が真実の写像表示を目指すとすれば、第2項をそのように解すべきではなく、むしろ第1項との関連で義務規定と解するのが妥当だからである。この考え方によると、第2項は第1項の一般条項に対する法的具体化とみなされる。これが通説である[1]。

③ 第3項

第4項の規定は次の通りである。

第289条3項：第267条3項の大資本会社に関して1項3文の報告には会社の経過あるいは状況の理解にとって重要なときには環境及び従業員に関する情報といった非財務的業績指標に適用される。

この規定は、①繰越欠損額控除後の貸借対照表借方合計が1,925万ユーロ、②決算日前2ヵ月間の売上高が3,850万ユーロ、③年平均で250名を超える従業員数の3つのうちで少なくも2つの要件を満たす大資本会社に対して、財務的業績指標のほかに非財務的業績指標の記載を要求する。

④ 第4項

第4項は次の通りである。

商法第289条4項：発行した議決権のある株式を通じて有価証券取引法第2条7項及び買収法の意味で組織化された市場を利用する株式会社及び株式合資会社は、状況報告書に以下の事項を報告しなければならない。

1 引受済資本金の構成、株式の種類が異なるときには、その権利及び義務の種類と、会社資本金に対する割合の報告
2 出資者間での取り決めから生じる場合であっても、それが会社の取締役に知られるときの議決権もしくは株式の譲渡に関する制限
3 議決権の10%を上回る資本金に対する直接的もしくは間接的な投資
4 支配権限を付与する特別権のある株式の保有者
5 従業員が資本金に投資しその支配権を直接的に行使しないときの議決権支配の種類
6 取締役構成員の任命及び解任と定款変更とに関する法的規定と定款規程
7 特に株式発行もしくは株式取得の可能性に関する取締役の権限
8 買収要求による支配変更の条件にある重要な会社の定め及びそこから生じる効果；会社にとってその報告が不利となりうるときには、それは

省略しうる。その他の法的な規定に対する報告義務はそれとは関係しない。

 9　取締役構成員もしくは従業員とで買収要求のケースで合意される会社の損害の取り決め

この第4項はいわゆる買収防衛に対する規定で、その対象会社はいわゆる上場株式会社等である。この会社に対してはコーポレート・ガバナンスとの関連から資本構造及びコントロールの構造並びに買収防衛策の開示が要求される。

⑤ 第5項

第5項は以下の通りである。

商法第289条5項：第264d条の意味における資本会社は状況報告書のなかで財務報告に係る内部統制システム及び内部リスク管理システムの重要なメルクマールを記述しなければならない。

ここで商法第264d条における資本会社とは、有価証券取引法第2条5項の意味する組織化された市場で同法第2条1項の有価証券を発行し売買する会社をいう。一般にそれを資本市場性資本会社という。かかる会社には財務報告に係る内部統制システム及び内部リスク管理システムの重要なメルクマールの記述が要求される。ここではあくまで財務報告に係る内部統制システム及びリスク管理システムに関連するものだけに限定され、内部統制システム及びリスク管理システムのすべてを記載する必要はない。しかも、その記述は財務報告に係る重要なメルクマールに限定される。その場合、内部統制システム及びリスク管理システムに関する有効性の評価は必要ない。このような第5項の規定はコーポレート・ガバナンスの面の強化に基づく。

この第5項は経済監査士の監査対象である（商法第317条2項）。

（2）商法第289a条

商法第289a条の第1項に関する規定は次の通りである。

第2編　会計報告

① 第1項

　　商法第289a条1項：上場株式会社並びにもっぱら株式会社以外の有価証券を有価証券取引法第2条5項の意味における組織化された市場で発行する株式会社、発行株式が有価証券取引法第2条3項1文8号の意味における各国の売買システムで企業の了解により自由に売買される株式会社は、状況報告書の特別部分で企業管理に関する説明をしなければならない。それは会社のインターネットで公表し入手可能でもよい。この場合には状況報告書のなかでインターネットの報告の旨を触れねばならない。

　この規定は、まず上場株式会社及組織化された市場で株式以外の有価証券発行会社、例えば株式合資会社（Kommanditgesellachaft auf Aktien; KGaA）がその対象となる。これは既述の資本市場性資本会社と範囲が明らかに異なる。このような上場会社等の取締役には状況報告書のなかで企業管理の説明が要求される。後述する第2項との関連では取締役と監査役会は連携して企業管理に対する説明を要する。企業管理の説明を状況報告書に代えてインターネットによる公表も可能である。但し状況報告書ではその旨を報告する必要がある。

② 第2項

　　第2項の規定は以下の通りである。
　　商法第289a条2項：企業管理の説明では以下の点を含まねばならない。
　　　1　株式法第161条に即した説明
　　　2　公表に入手可能な指摘のなかに法的要求以外で適用している企業管理実務の有用な報告
　　　3　取締役会及び監査役会の取り組み方並びに監査役会の構成及び取り組み方の記述
　この規定は第1項で触れた企業管理の具体的内容を示したものである。
　第1号でいう株式法第161条は企業管理に関してDCGKの適用を定めている。そのDCGKを会社が適用しているかどうかの説明が不可欠であり、もしそれを適用していないときにはその説明が必要となる。

第 2 号は、DCGK 以外で任意の有用な企業管理を適用しているときには、その報告が義務づけられる。

第 3 号は、企業管理に関して取締役は監査役会と連携して企業管理にどのように取り組んでいるかの記述を要する。

いずれにせよ、商法第289a 条は第289条 5 項と同様にコーポレート・ガバナンスの見地から企業管理の責任を取締役及び監査役会に課すのが特徴である。

（3） 商法第315条等

連結状況報告書について規定するのは商法第315条である。その骨子は商法第289条とほぼ同一内容である。ただ、非財務的業績指標に関する文言が連結状況報告書の一般規定としての第315条 1 項 4 文のなかに含まれている。また、商法第289a 条に相当する連結状況報告書規定はない。

状況報告書及び連結状況報告書については経済監査士による監査が義務づけられる（商法第316条 1 項・ 2 項）。その際に将来の発展のチャンス及びリスクも監査対象となる。商法第289a 条が規定する企業管理に対する説明は監査の対象外である（商法第317条 2 項 3 文）。

2　持続可能性報告

持続可能性に関する報告に関連するのは、すでに触れた商法第289条 3 項の非財務的業績指標と、第289a 条 2 項 2 号の任意の企業管理である。

（1） 非財務的業績指標

まず状況報告書に記載すべき商法上の非財務的業績指標の内容に関して、法文上における非財務的業績指標の定義はない。ただ立法者はその具体例として環境及び従業員に関する情報を想定する。これは明らかに EU 現代化指令の範囲内の事項である。ただ、この EU 現代化指令では環境及び従業員の事柄を含めて当該営業活動にとって重要な非財務的業績指標を想定しており、そこでは

単に環境及び従業員に関する事項に留まらないのが特徴である。2004年のBil-ReGの立法理由書からは、環境及び社会的事項を単に指摘する。そこから一般に非財務的業績指標として顧客数の推移、人的資本、研究開発の範囲並びに資本会社の社会的名声などが含まれる[2]。

主な環境事項はすでに第11章第3節2（2）で示した通りである。

このように、非財務的業績指標のなかには環境及びCSRとの関連で持続可能性報告と密接な関連性がある。

（2）任意の企業管理

企業管理の説明のうちで商法第289a条2項1号は株式法第161条との関連を指摘する。これは、株式法第161条が定めるDCGKを企業が遵守しているか否かの説明が要求され、もしそれを遵守していないときにはその説明が必要となる。その意味で、DCGKは間接的にこの株式法規定を通じて制度化されているといってよい。

これに対して、持続的可能性に関する事項が問題となるのは商法第289a条2項2号の規定である。これは法規定以外で任意に企業が有用な企業管理実務を適用しているときには、その報告が義務づけられる。多くの企業は任意の企業管理に関して例えば国連グローバル・コンパクト（United Nations Global Compact; UNGC）やILOのコンベンション、多国籍企業に対するOECDガイドラインなどを参照している。さらに持続可能な開発のための経済人会議（World Business Council for Sustainable Development; WBCSD）、CSR Europe及びエコノミーなドイツ経済の持続可能な発展フォーラム（Forum Nachhaltige Entwicklung der Deutschen Wirtschaft Econsense）に関与している[3]。

ドイツでは2010年11月に持続可能発展審議会（Rat für Nachhaltige Entwicklung ;RNE）はDNKの討議資料を公表した。ここではこのDNKに対する適応の説明が株式法第161条にけるコーポレート・ガバナンス規準の説明とのリンクを想定している。

ただ、この点に関してRNEが国際的な主導に代えて、国内単独でDNKの

第12章 状況報告書と持続可能性規準

画定を事実上企図する限りにおいて、この規準に対する適応の説明は株式法第161条と結合されるべきではないという見解がある。むしろ、RNE及び立法者は企業に対して企業管理に対するその説明のなかでDNKのいかなる勧告を遵守したか遵守しなかったかどうかについての報告を義務づけたり、あるいは少なくとも要求すべきであるというのがシュミット（M. Schmidt）の考え方である[4]。

　彼は続けて次のように述べる。「商法第289a条2項2号のなかでDNKに対するこの適応説明を結びつけることは、企業に対して思いもよらないような責任リスクにさらすことなく、企業管理に関係するDNKについて報告させるのに適する。商法第289a条2項2号のなかに含まれていないDNKのなかで、企業はDNKのいかなる勧告を遵守しなかったかどうかの説明（遵守または説明）を要求すべきであろう。やがて、つまりDNKで用いられている法概念がクリアになれば、適応の説明が商法あるいは株式法のなかに明確な遵守あるいは説明による条件で追加されうるであろう」[5]。別言すれば、現段階ではDNKはまだ制度化されていないけれども、DCGKが株式法第161条と関連づけられたように、DNKもまた近い将来に法制化される可能性がきわめて高いというのである。

第3節　ドイツ持続可能性規準

1　DNKの基本スタンス

2011年9月26日付でRNEはDNKを公表した。
　ここでは持続可能性を次のように定義する。「継続は、将来の世代がその自己の要求を充足することができないというリスクなしで、現在の要求を充足する発展である。本質的に継続的発展は転換プロセスであり、そのなかで資源の

利用、投資の目標、技術発展及び制度的転換の方向が相互に調和し、人間的要求及び希望を満たす現在及び将来の可能性を拡大する」[6]。

これに基づくDNKは「持続的経済に対する１つの重要な寄与である。それは政治、経済及び特に資本市場において持続的発展に対する信頼できる行為を促進するのに適する」[7]。「DNKは持続的発展に対する企業の責任に関する社会問題（CSR）もまた国内、EU及びグローバルな範囲で促進しうる」[8]。さらにDNKは続けていう。「RNEは連邦政府に対して、DNKをEU及びグローバルなレベルで持続可能な経済の将来的局面に対する重要な貢献として公示することを勧告する。RNEは連邦政府に対して特に企業の非財務的業績指標と企業の管理責任に対する報告についてEUの討議にDNKの提出を勧告する」[9]。

2　DNKの概要

DNKの概要は次の４つのセクションから構成される。
（１）戦略
（２）プロセス管理
（３）環境
（４）社会

（１）戦　　略

戦略では戦略上の分析、戦略及び目標が中心となる。
1　企業は自己の重要な活動について持続可能な発展の面からチャンス及びリスクをいかに分析するかについて開示する。企業は、重要で周知の業種特殊上、国内上及び国際的な基準をいかに利用するかを説明する。
2　企業は、重要な活動及びその体系的な実施にとって戦略がいかに持続可能性のすべての面を考慮し、それが例えば競争、イノベーション管理、気候・環境・資源の保全の業務、人口の発展、価値創造組織、製品サイク

ル、製品ポートフォリオなどの戦略的地位に重要な影響を与えることを開示する。
3　企業は、どのような質的及び量的に定義された持続可能性目標を置いて業務に携わり、その達成度をいかにコントロールしているかを開示する。
4　企業は、自己の価値創造的組織のいかなる程度まで持続可能性規準を検証し、持続可能性が価値創造にとっていかなる意義があるかを報告する。

(2) プロセス管理

① ルールとプロセス
5　企業管理における企業の持続可能性に対する責任を開示する。
6　企業は、持続可能性戦略がルール及びプロセスを通じていかに実施されるかを開示する。企業は、仕入、生産、労務、人事、投資、研究及び開発並びに流通／運搬及び市場による特殊事情を説明し、例えば仕入先、得意先やその他の請求権をもつグループ（例えば社員）などを考慮して記述する。
7　企業は、財務数値に類似して持続可能性に対する業績指標がいかに通常の内部計画及びコントロールのなかで結合しているかどうか、しかもいかにデータの信頼性、比較可能性、継続性が適切なプロセスを通じて内部統制及び外部への伝達に対して確保されているかを開示する。

② 動機システム
8　企業は、いかに経営者及び社員の目標統一及び報酬が持続可能性の達成及び継続的な価値創出に方向づけられているかを開示する。持続可能性による業績がどの程度監督機関（監査役会／諮問委員会）によって最善の執行面（取締役／業務管理）の評価の一部であるかを開示する。

③ 利害関係者への関与
9　企業は、適切な利害関係者を識別し、利害関係者との規則的な対話をい

かに実施し、持続可能性のプロセスのなかでそれらが体系的に結び付いているかを開示する。

④ イノベーションと生産管理

10 企業は、生産及び労働サービスに関してどのようにイノベーションがそのプロセスを通じて強化され、それが自己の資源利用及び消費者に対して改善しているかを開示する。同様にその重要な生産及びサービスが経済的、社会的及びエコロジー的にどのように現実的に影響し、しかも将来的に価値創出面及び生産リサイクルにおいてどのように評価され改善されるかを開示する。

(3) 環境：天然資源の要求

11 企業は、どの程度天然資源が業務に必要とされるか（例えば原料水、ゴミ、エネルギー、大気汚染、土地、自然栽培のインプット・アウトプット）を開示する。持続可能性管理がいかに生産サイクル全体をその分析において含めているかを開示する。

12 企業は効率的な資源投入、再生可能なエネルギーの投入、原料生産活動の統制及び天然資源の利用減少に対して、いかなる質的及び量的な目標を置き、いかにそれを実施したかを開示する。

13 企業は、温室効果ガスによる大気汚染を自己が設定した目標とともにクリーンガス報告書及びそれに基づく基準に照らして開示する。

(4) 社　　会

① 労働者の権利と多様性

14 企業は、労働者の権利について国内的及び国際的に周知の基準に基づき注視し、従業員参加への促進についてどのように働きかけるかを報告する。

15 企業は、チャンスの正当性、健康管理、移民及び障害者との融合、家族

及び職業に関する適切な数と契約を促進するため、また倫理、民族、宗教／世界観、高齢者あるいは男女といったあらゆる差別を解消するために国内及び国際的なプロセスをいかに実施したかを報告する。
16 企業は、すべての従業員の一般的な雇用を促進し民主的な発展の面から適合するようにどのような措置を講じたかを開示する。
17 企業は、人権に留意し、強制労働及び未成年労働並びにあらゆる種類の搾取の回避を達成するために、納入期間にどのような措置を講じたかを開示する。

② 公益団体
18 企業は、重要な業務の拠点となる地域の公益団体に対してどのように関与しているかを開示する。

③ 政治的影響
19 立法手続の重要なすべての関与、すべての重要なロビー活動、会員メンバーに関するすべての重要な支払額、すべての政党への支払額並びに政党及び政治家へのすべての寄付金は州ごとに開示されねばならない。

④ 不　　正
20 企業は、受け入れられる基準（例えば国際的透明性のビジネス原則、国際的コーポレート・ガバナンス・ネットワークガイドライン、贈収賄（Bribery and Corruption））に基づき、いかなるシステム及びプロセスが法令違反の手続及び特に不正の回避に対して存在し、どのようにこのシステムを監査しているかを開示する。それは、いかに不正が発見され回避され罰せられるかを説明する。

3 DNKの特徴

　DNKの特徴は以下の通りである[10]。
　第1に、ドイツ連邦政府が勧奨するDNKは持続可能な発展にとって次の3つの柱、すなわちエコロジーの観点、社会的観点及び経済的観点を重視する。
　第2に、金融市場及び資本市場のプレーヤーは非財務的業績指標による企業業績の測定に強い関心がある。そのため、企業分析にあたって環境、社会及び企業管理上のコーポレート・ガバナンスの意義がとりわけ重要となる。最近ではこの非財務報告と財務報告を結合したIRが一段と脚光を浴びてきている。DNKは持続可能性管理を通じて企業の価値創出へ確実に寄与する。
　第3に、持続可能性の評価に関して様々な方法やデータ及び指標があり、一般的に妥当するその尺度に対する関心が高く、その点でDNKは経済全体及び資本市場にとって効果的な方向性を示す。
　第4に、DNKは内容上UNGC、多国籍企業に対するOECDガイドライン、CSRに対するISO26000ガイドライン並びにGlobal Reporting Initiative (GRI) のG3報告基準[11]あるいはEuropean Federation of Financial Analysts (EFFAS) の報告基準とリンクする。
　このようなDNKについてRNEは以下のように捉えている[12]。
　1つめは、このDNKがあくまで最低限の内容を示す点である。その透明性を高めるためには、それはさらに進展しなければならない。
　2つめは、DNKの適用にあたって企業経営者の意思決定が必要となる点である。DNKに従った結果、持続可能性管理とその透明な説明が資本市場との関連で増加したかどうかが事後的に問われる点である。
　3つめは、DNKを満たすためには企業のホームページにその適用の説明が不可欠である点である。つまり、DNKに従ったかどうか、それと相違するときにはその説明が必要となる。
　4つめは、DNKに代えてすでに触れたGPIあるいはEFFASを適用するこ

とも可能である点である。

第4節　DNKの報告方法

1　DNKに対する報告手段

RNEはDNKを報告する手段として次の方法を示す[13]。
① 状況報告書への収容
② 従属報告書（Abhängigkeitsbericht）の拡大
③ 経済監査士による監査報告書
④ 企業の自主報告（Selbstauskunft）
⑤ 証券取引所における私法上の規制
⑥ 議決権代理行使（Proxy-Voting）によるガイドライン
⑦ インターネットによる透明プラットフォームによる構築

①は本書が支持する方法である。

②は、株式法第312条における従属報告書に類似するものに記載する方法である。この規定によれば、この従属報告書のなかで連結会社の取締役は結合企業とすべてのそれに係る会社の関係を報告する義務がある。つまり、この従属報告書にはコントロール機能が付与される。それは支配企業の影響を透明化させる点に寄与する。

③は、経済監査士が大中資本会社における正規の簿記のコントロール及び年次決算書に対して権限があるので、持続可能性に対する独立した専門家による判断を通じて、その信頼性を高めるのがその狙いである。企業はDNKに対する適用の説明を公表し、経済監査士がその合理性や限定的保証に対するテストを実施する。また、それに代えてDNKの適用説明に対する監査は経済監査士以外の非行政機関によることも可能である。

第2編　会計報告

　④はDNKの報告を企業独自の判断に委ねる方向である。その結果、持続可能性報告書を作成するかあるいは自社のホームページで任意にDNKに対する適用説明を公表する。
　⑤は証券取引所における私法上のルールとして持続可能性規準を制定する方向である。それにより持続可能性の透明性が強化される。
　⑥は機関投資家からの依頼を受けて議決権代理行使ガイドラインとしてDNKを規制する方向である。
　⑦はインターネットにおけるプラットフォームのなかで持続可能性規準を制定し透明化を図る方向である。
　この①から⑦を整理すると、次の3方向となる[14]。1つめは企業自身による任意の方向であり、2つめは独立した第三者による証明のない任意の報告とする方向（④または⑦）である。3つめは状況報告書による方向（①）である。ここでは経済監査士または非行政機関による監査の実施も併せて法規制するのが特徴である。従属報告書への記載（②）については、RNEは望ましい方向ではないと判断した。有価証券取引上の規制（⑤）及び議決権代理行使ガイドライン（⑥）の具体化による報告も審議のなかでそれほど一致が得られなかった。

2　開示のあり方

　そこで、第1にDNKの報告について任意かあるいは規制のいずれが望ましいのかが論点となる。非規制組織からは任意方式をできるだけ尊重する希望であるが、しかし国際的には純粋の任意方式を凌駕しなければならない明確な尺度に置き換えることも思い切って必要であるとする見解が出された。RNEの見解はこうである。「慎重な実施には監査を担保とした仕組みでなければならない。任意の解決方向を講じるべきであるとすれば、最低限度に努力が制限されるままとなる恐れがあった。自主報告と任意の自己義務の歴史はやはり必ずしも効果的ではなかった。討議のなかで、有効性を高めるために種々の方法を

第12章　状況報告書と持続可能性規準

相互に結合させる考え方が出た。いずれにせよ、持続可能性の発展に対する勧告のすべてを主導する必要はないことが妥当する。常に市場参加者がDNKと固有のイニシアチブをとり行動する可能性が存在する」[15]。

第2は、DNKに関しては国際的な接点が必要となるという点である。ただ、このDNKが現時点においてどの程度保証されるかはわからない。このDNKを連邦政府またはRNEのいずれかがブリュッセルに提出し国際化に向けて推薦すべきである。

第3は、かりに任意の方向でいくとしても、任意は随意であることを意味せず、明確なプロセスと構造を示すことが確保されねばならない点である。これは一般大衆に対して検証可能でなければならない。意見表明をできるだけ行い、同時に質の保証を可能とするようなメカニズムが導入されねばならないという[16]。

第4は、透明性プラットフォームのケースでは比較可能性、利便性及び国際的なアクセス可能性を同時に確保すべきである。ここで一義的なのは情報伝達とそのコスト面の問題であり、強制的にフィードバックシステムが不可欠となる。

第5は、たいていの機関投資家のガイドラインにおいて持続可能性はすでに部分的にその構成要素となっている。「DNKは将来的には持続可能性面の質的基準に対して、しかも取締役及び監査役会の責任解除に対する尺度として寄与しうるであろう。有価証券取引における私法上の規制は同様に有効な手段(Hebel)となりうる。DNKに対する企業の適応説明の存在は証券取引所における上場の前提となりうるであろう。国際的事例はこのオプションの有効性を示す」[17]。

第6は、DNKに対する任意の報告では実務上最も望ましい有効性を発揮しないことが判明するときには、「商法典のなかに拘束性のある制度化の枠組みを提案する。状況報告書は大中資本会社にとって年次決算書の義務をもつ構成要素であり、企業のチャンス及びリスクを報告する。従来、非財務的業績指標、例えば環境データは、これが企業自身にとって重要とみなされるときにだけ状況報告書に関係づけねばならないにすぎない。DNKの義務のある実施に

際して企業の適応説明は状況報告書の義務のある構成要素となるであろう。これは商法典の第267条・第289条及び第315条への具体化を通じて DRS 第15号（状況報告書の作成）に関連づけて制定される」[18]。

このように、RNE は DNK に対する商法への制度化について明言は避けているが、その実効性を高めるためには将来的に制度化の方向を示唆しているといってよい。しかも、その制度化にあたっては状況報告書規定との関連を明らかに指示している。

3　スタビノガの見解

この立場を支持するのは単に RNE だけではない。実はスタビノガ（M. Stawinoga）も同様の立場を主張する。

彼によれば、状況報告書は企業の過去、現在及び将来に関する有用な会計情報の手段である。そのなかに企業の持続可能性面が含まれることはいうまでもない。その点に関して現時点では持続可能性報告の作成は法的に義務づけられていない。その作成はあくまで任意の適用に留まる。これに対して、状況報告書の作成は商法上において大中資本会社に義務づけられている。

その点から彼は次のように述べる。「持続可能性報告を状況報告書に統合することは、現在の法律状況と比較すると持続可能性に有用な情報がこの報告手段のなかでより包括的に表示されることを意味する。にもかかわらず、統合の前段階では差しあたり持続可能性報告の経済的、エコロジー的及び社会的な情報を状況報告書に開示する義務の度合いに関するコンセンサスが必要である。これには原則的に任意報告と義務的報告とが考えられる。前者は例えば任意規定の意味で現在では別々の持続可能性報告と状況報告書を原則的に結合させるけれども、この選択権は現時点で2つの報告手段における温度差のある義務づけの度合いを解消させない。これに対して、状況報告書のなかに持続可能性報告を義務づけるのは、この温度差を解消する」[19]。このように、彼は持続的可能性報告を状況報告書のなかに任意報告ではなくて義務的報告とすることを

第12章　状況報告書と持続可能性規準

主張する。

　RNE及びスタビノガの見解にみられるように、DNKの報告手段としては既述の通りこれまで情報提供範囲の拡大化の方向を顕著に示す状況報告書の発展からみて、そのなかに収容する仕組みが最も妥当であると判断できる。

　問題は、その場合適用企業の範囲に関してである。状況報告書の作成は現行商法規定では大中資本会社に義務づけられている。そこで、この現行規定通り①持続可能性報告を大中資本会社にそのまま適用すべきか、あるいは②もっぱら大資本会社だけに適用すべきか、さらに③中資本会社には任意報告とするけれども、大資本会社には義務報告とすることも考えられる。この3つの選択肢がある。

　①のケースでは、中資本会社に対して作成の負担とコストがあまりに過重ではないかという懸念がある。また、現行規定では非財務的業績指標の報告義務があるのは大資本会社に限定されており、その意味でも中資本会社への持続可能性報告の義務づけは無理がある[20]。そこで、現段階では②または③が妥当と解される。但し、大資本会社といっても、資本市場性のある大資本会社だけに限定することも一案とされる[21]。

　なお、経済監査士は、持続可能性情報が年次決算書にも影響するときには、年次決算書とともに状況報告書のなかで対応しているかどうかだけを少なくとも判断すればよい[22]。

第5節　結

　以上の論旨を整理すれば、以下の通りである。

　第1に、現行商法は第289条・第289a条・第315条・第316条のなかで状況報告書に関して規定しており、そのなかで特に第289条3項及び第315条1項4文との非財務的業績指標報告と第289a条2項2文の任意の企業管理報告とは持続可能性報告と関連する。

第2に、持続可能性報告としてはまず環境及びCSRに関係する事項が重要となる。前者には環境戦略、環境保護及び廃棄物処理などがある。後者には社会事業への参加、人的資本及び人権などがある。

　第3に、任意の企業管理に関してドイツでは2011年に公表され、ドイツ政府が勧奨するDNKが重要となる。このDNKの大要は戦略、プロセス管理、環境及び人事から成る20項目によって構成される。戦略では持続可能な発展から企業のチャンス及びリスクの分析と自己の価値創出面、プロセス管理では戦略のプロセス及びルールの実践面、環境では環境対策とその評価、そして社会では労働者の権利といった各面がそれぞれ主として重視される。

　第4に、DNKの報告方法には①状況報告書への記載、②従属報告書の拡大、③経済監査士による監査報告、④企業の自主報告、⑤有価証券取引上の規制、⑥議決権代理行使ガイドライン、⑦インターネットによるプラットフォームによる開示などがある。このうちで、任意報告の選択肢をとった場合、持続可能性報告に対する十分な有効性が実務上保証されるのであれば、特に問題はない。しかし、任意の報告ではどうしてもその報告の有効性に対してバラツキが生じる恐れがあり、その実効性にはやや難がある可能性が大きい。

　第5に、そこで将来的にはDNKを状況報告書のなかに法規制するのが望ましい方向と考えられる。その場合には、大資本会社もしくは資本市場性のある大資本会社のいずれかにDNKを制度化するのが妥当である[23]。

　わが国においては、状況報告書に相当するものとして事業報告がある。しかし、これはあくまで当期における現況を中心とした報告書で、現時点では将来に対する情報機能はない。また非財務的業績指標の記載自体も論点となっていないし、DNKに匹敵する規準も全く議論の俎上に上がっていないのが現状である。その意味で、ドイツにおける状況報告書とDNKはこの事業報告のあり方を検討するうえで、1つの重要な手掛かりを与えてくれるものと解される。

注

（1）　C. Palmes, Der Lagebericht-Grundfragen und Haftung, München, 2008年, 66-67

ページ。J. Tesch・R. Wißmann, Lageberichterstattung nach HGB, 第 2 版, Weinheim, 2009年, 80ページ。Adler・Düring・Schmaltz, Rechnungslegung und Prüfung der Unternehmen, 第 2 巻, 第 6 版, Stuttgart, 1995年, 215ページ。K. Schmidt 編, Münchener Kommentar zum Handelsgesetzbuch, 第 4 巻, 第 2 版, München, 2008 年, 841ページ。C. Hartmann, Internationalisierung der Lageberichterstattung, Marburg, 2006年, 66ページ。

(2) J. Baetge・H. J.Kirsch・S. Thiele 編, Bilanzrecht, 第 1 巻, 第 1 版, Bonn, 2002 年, §289, 74ページ。

(3)(4) M. Schmidt, Möglichkeiten und Grenzen einer integrierten Finanz- und Nachhaltigkeitsberichterstattung, Düsseldorf, 2012年, 80ページ。

(5) M. Schmidt, 前掲書注（ 3 ）, 80-81ページ。

(6) DNK, 2011年, 前文。

(7)(8) DNK, 前掲資料（ 6 ）, 1 - 2 ページ。

(9) DNK, 前掲資料（ 6 ）, 4 ページ。

(10) DNK, 前掲資料（ 6 ）, 16-17ページ。

(11) この詳細については，次の文献を参照。T. Hoffmann, Unternehmerische Nachhaltigkeitsberichterstattung, Köln, 2011年, 65ページ以下。M. Schmidt, 前掲書注（ 3 ）, 92ページ以下。M. Stawinoga, Nachhaltigkeitsberichterstattung im Lagebericht, Berlin, 2013年, 32ページ以下。なお，2013年 5 月にGRIガイドライン第 4 版が公表された。これによると，"Core" と "Comprehensive" の 2 つの準拠性規準が新たに導入され，開示が要求されるのは，そのうちで特定された重要な側面に関する情報に限定される。

(12) DNK, 前掲資料（ 6 ）, 20-21ページ。

(13) DNK, 前掲資料（ 6 ）, 33ページ。

(14) DNK, 前掲資料（ 6 ）, 37ページ。

(15) DNK, 前掲資料（ 6 ）, 38ページ。

(16) DNK, 前掲資料（ 6 ）, 41ページ。

(17) DNK, 前掲資料（ 6 ）, 42-43ページ。

(18) DNK, 前掲資料（ 6 ）, 43ページ。DRS第15号を改訂したDRS第20号によると，持続可能性とは，企業もしくはコンツェルンにおける経済的，エコロジー的及び社会的な業績の全体的及び継続的な将来発展を目指すコンセプトと解される（DRS第20号, 110項）。

(19) M. Stawinoga, 前掲書注（11），114ページ。
(20) M. Stawinoga, 前掲書注（11），116ページ。
(21) M. Stawinoga, 前掲書注（11），116-117ページ。
(22) M. Stawinoga, 前掲書注（11），141ページ。
(23) 2014年1月末現在において，シーメンス社，ドイツ銀行，ドイツ鉄道，BMW社，コカ・コーラ社などの有名企業の約60社がすでにDNKの適用に対する説明を実施している（DNK-DATENBANKより）。

第13章　結　　論

——ドイツに学ぶわが国会計制度改革の視座——

　これまで検討してきたドイツ会計制度に関する各章を整理し、わが国の会計制度改革に対する視座の試論を展開すれば、次の通りである。
　第1に、2009年の改正商法によりドイツもわが国と同様に資産負債法を前提とする一時差異コンセプトによる税効果会計を適用する。これは大中資本会社及び公開法適用企業を対象とするが、小資本会社及び人的会社にはその適用外とする。但し、人的会社であっても出資者が無限責任の形態をとらない有限合資会社などは例外的に税効果の適用がある。将来減算一時差異及び将来加算一時差異に関して経済的便益あるいはその犠牲の面から繰延税金資産または繰延税金負債とわが国では捉える。これに対して、ドイツ改正商法は債権者保護の見地からみて成果作用的な期間差異、成果中立的な差異及び永久差異に準ずる差異から成る一時差異を本来的な資産または負債と捉えず、貸借対照表の末尾に特別項目として表示する。投資家保護を目的とする金融商品取引法会計はともかく、債権者保護を目的とするはずのわが国の会社法では少なくともその項目の資産性と負債性を理論的に吟味すべきである。かりに資産性を認めたとしても、それを分配規制の対象とするのが妥当であろう。
　第2に、貸方繰延税金が商法第249条1項の不確定債務引当金に該当するかどうかをめぐって意見の対立がある。それには以下の6つがある。1つめは旧商法における繰延法を前提として成果作用的一時差異を引当金として計上すべきとする見解である。2つめは成果作用的一時差異及び成果中立的一時差異を引当金として計上すべきとする見解である。3つめは成果作用的一時差異及び永久差異に準ずる一時差異を引当金として計上すべきとする見解である。4つ

第13章 結　論

めは成果作用的一時差異のうちで税金猶予を明確に目的とする部分及び成果中立的一時差異を引当金として計上すべきとする見解である。5つめは旧商法及びGoBとの関係や不確定債務引当金の計上要件からみて一時差異のすべてについて引当金を計上する必要がないとする見解である。6つめは、将来に税金のキャッシュ・アウトフローをもたらすものだけを引当金に計上すべきとする見解である。この多種多様な見解は、主として商法第249条1項1文における不確定債務引当金の解釈における法形式的観察法と経済的観察法とのアプローチの違いに起因する。

　第3に、ドイツ商法上の引当金には不確定債務引当金、偶発損失引当金及び費用性引当金の3つの種類があり、改正商法は費用性引当金の一部の例外を除き原則として計上を禁止する。税法上の引当金は不確定債務性引当金だけで、偶発損失引当金の計上はできない。不確定債務引当金の計上根拠に関して法形式的観察法は法的義務の存在を一義的に重視するが、しかし経済的発生原因の時点が法的債務の発生時点よりも先行するときには二義的に経済的発生原因の時点で債務を計上する。これに対して経済的観察法はもっぱら経済的発生原因を決定的と捉え、ここでは法的債務の発生は必要条件でもないし十分条件でもない。両者を折衷して完全性の原則及び用心の原則から法的債務の発生あるいは経済的発生原因のいずれか早期の時点で引当金を計上すべきとする見解がある。そのほかにIFRSと同様に引当金の計上に関して解除不能性をメルクマールとすべきとする新動向も注目に値する。土地もしくは水の浄化義務、廃棄物処理、除去義務及び地下資源採取後の再整備義務といった環境保全義務に対しては、法的もしくは公法上の義務または経済的発生原因が生じた地点で引当金を計上する。

　わが国の企業会計原則は費用収益計算から引当金を規定し、そこでは債務性引当金も非債務性引当金も含む広義説をベースとする。わが国の旧商法は引当金に関して狭義説としての非債務性引当金を前提としていた。平成17年の会社法及び会社計算規則の制定に伴い、少なくとも文言上から引当金規制はなくなり、一般に狭義説から広義説に変更したとも解される。このように、わが国の

引当金規定は費用収益計算の面から費用性引当金を含むのに対して、ドイツ改正商法は費用性引当金の計上を原則として債務性引当金に限定し、IFRS も基本的にこれと同様である。ただ外部義務の基準は経済的資源の流出の確率及び義務の見積に対する確率がそれぞれ50％を上回ることが前提であり、かなり厳格である。ドイツ及び IFRS の傾向から、わが国の費用収益アプローチによる引当金規制を見直す必要がある。また、わが国の税法は引当金の計上を租税政策の見地からかなり制限する。法的な権利及び義務の確定をベースとし、所得計算に関して一般に公正妥当と認められる会計処理の基準に従って計算するという基本原則（法人税法第22条4項）からすれば、適正な担税力の面から少なくとも不確定債務引当金の計上を認めるべきであろう。

第4に、ドイツの原子力事業会社は連結決算書作成に際して実務上 IFRS 基準を適用し、原子力発電所施設除去コストを現在割引価値で引当金に計上する一方で、その同額を当該固定資産原価に成果中立的に両建処理する。使用済核燃料棒の除去コストを現在価値に割り引いて引当計上し、その同額を棚卸資産原価に算入する。しかし、ドイツ商法では除去コストは資産のメルクマールを満たさず、さらに固定資産の取得原価算入による成果中立的処理は動態論、負債の一括計上は静態論にそれぞれ立脚するという批判が強い。原子力発電所施設除去に関して BFH 中心の法形式的観察法では法的債務が存在する時点でその割引価値を一括引当金として計上するのが原則であるが、債務超過を回避するために利用期間にわたって均等額による配分引当金を例外的に設定する。経済的観察法では実現原則に基づく累積引当金を設定する。いずれも現在割引価値で評価する。税務上は累積引当金を設定する。

ドイツでかりに IAS と同様に両建処理するとしても固定資産原価に算入せず、倒産防止目的からの調整項目として借方側の貸借対照表擬制項目もしくは借方計算限定項目を設定したり、あるいは原子力の利用権もしくは事業認可といった一種の無形固定資産と解する考え方もある。借方繰延税金は債務弁済能力ある資産ではないので、資産固有の項目から明確に区別して借方側の特別項目として示す点に着目し、これと同様に表示しそれ以降には償却するのも一考

第13章 結　論

に値する。税務上は原則として累積引当金を設定する。一方、使用済核燃料棒の除去について商法及び税法とも経済的発生原因に基づき累積引当金を計上する。使用済核燃料棒の評価単位をどのように設定するかによって処理が異なる。また、その将来コストを固定費部分と変動費部分とに分別経理することも考えられる。但し、税法ではMOX核燃料棒除去に対してその除去引当金の計上禁止規定があるが、これに対する批判もある。

　第5に、ドイツ商法では償還不要の公的補助金の処理として直接控除法による圧縮記帳と補助金の受領時点で収益に計上する方法が通説である。最近では経済的観点から補助金の受領時点では成果中立的に処理しておき、リスク負担が確実に解消した時点で成果作用的に処理する見解が有力である。償還条件付公的補助金について法形式的観察法では停止条件付のケースにおいて特定事象が発生した時点ではじめて債務に計上し、解除条件付のケースにおいて当初から債務に計上しておき特定の事象発生時点で補助金の債務を解除する。これに対して経済的観察法では両者のケースのいずれも補助金受領段階ではいずれも収益に計上し、償還条件の発生が確実になった時点で引当金を計上するが、償還リスク面から負債計上を決定すべきとする考え方もある。ドイツ税法は投資補助金について事業収入または圧縮記帳のいずれかの選択権を付与する。収益補助金については受領時点で事業収入として処理する。会社の出資者が会社に補助金を供与しても会社権が付与されない場合でもドイツ商法では出資者による広義の資本取引とみなし拘束性のない資本準備金に計上するのに対して、税法では出資者の会社給付が会社関係に起因し、第三者比較を通じて隠れた出資に該当するときには広義の資本取引として税務上の出資勘定に計上する。

　わが国の国庫補助金及び工事負担金はいずれも利益とみなされる。IFRSでは出資者の資本取引以外は利益であるが、この資本取引のなかに会社権の付与されない取引が含まれるか否かは必ずしも明らかではない。資本取引を法形式的に限定せず経済的に解釈すれば、出資者による会社への給付をそれに含める可能性がある。

　第6に、商事資本会計制度における払込資本と留保利益との源泉別区別の特

徴として、資本取引の範囲を単に出資者に対して反対給付として会社権の付与を伴う払込資本だけに限定せず、会社権を付与しない取引も含める。前者には資本金及び第1号から第3号までの拘束性のある資本準備金が、後者には拘束性のない第4号資本準備金が該当する。この第4号資本準備金を含める点で、株主による払込資本だけを資本剰余金とするわが国よりも範囲が広い。ドイツ商法は拘束すべき資本準備金と非拘束性資本準備金とを会社権の付与に関する有無によって区別し、その基準が明確である。これに対して、わが国では拘束性資本準備金の範囲を配当政策の面から一定の部分だけに限定し、さらに組織再編に伴う払込資本増加の内訳を契約に基づいて自由に決定できる。このような裁量の余地を容認する点でドイツとは明らかに相違する。資本取引に関して出資者の出資意図を重視する通説的解釈には客観性の面から批判がある。一方、負債から区別されるべき資本取引の内容に関してドイツ商法は一定の要件を満たす債務法上の享益権は実質的自己資本とみなす。ただ、その要件の厳格化と緩和化の方向とが今なお鋭く対立する。

　第7に、ドイツ税務資本会計制度における資本と利益の区別の意味にとって出資概念が重要であり、これには会社権が出資者に付与される公示の出資と、それが付与されない隠れた出資とがある。後者は、出資者もしくは出資者の近親者が会社法上の出資以外で出資可能な資産を会社に対して会社関係から供与したもので、その判定は第三者比較による。税務上の資本取引は資本金及び税務上の出資勘定で処理する。わが国のみなし配当制度はドイツの隠れた利益配当制度と同様である。しかしドイツの隠れた出資概念はわが国にはない。適正な課税所得計算を前提とするとき、経済的観察法の視点からわが国でも隠れた出資制度をぜひとも検討する必要がある。また、負債と資本の区別の意味における資本取引に関して所得税法上は共同事業者リスク及び共同事業者イニシアティブが、法人税法上は利益への参加及び清算剰余額への参加がそれぞれその要件である。この両者の要件は必ずしもイコールではない。わが国の税法において匿名組合等の処理に関してドイツと類似する趣旨の内容が法人税及び所得税の基本通達にあるが、しかしドイツと違って明文化されてはいない。

第13章 結　論

　第8に、会社と出資者間の取引には会社法上の会社権を中心に会社関係に基づく法取引と、会社関係に起因しない債務法上の法取引とがある。前者は事実上出資者による会社への出資を意味する。後者は一般市場条件による取引に関しては会社側及び出資者とも第三者取引と同様に交換取引として処理する。一般市場条件以外で会社側が出資者に対して財またはサービスを提供し会社側に有利な取引があるときには、会社側には隠れた出資が、出資者にはこの隠れた出資に伴う財産移転が生じる。これに対して一般市場条件以外で出資者に有利となる取引は会社側に隠れた財産移転が生じ隠れた配当として処理し、出資者に対する隠れた財産移転は収益として処理する。IFRSでは一般的市場条件の法取引のケースではすでに触れたドイツ債務法上の交換取引と同様に処理する。一般市場条件以外の取引のうち会社側に有利な取引を、IFRS上どのように処理すべきかが問題となる。これに関して経済実質優先思考に基づいてIFRSも出資者による会社への拠出とみなし成果中立的に隠れた出資と同様に処理し、出資者側は費用処理する。出資者に有利となる法取引について会社側はIFRSにおいて持分所有者の払戻し、つまり隠れた利益分配として処理し、出資者は収益として処理する。

　第9に、商法上及び税法上では第三者たる債権者の債権放棄及び出資者が事業上の事由ないし欠損填補等の目的による債権放棄は、債務者側の会社では債務から臨時収益に振り替え、債権者及び出資者は債権を費用処理する。商法上DESでは債務者の会社側は価値を有する債務部分を時価評価して資本化し価値喪失部分を収益に計上するのに対して、債権者は価値を有する債権を債権から投資に振り替え価値喪失部分を費用処理する。資本金の増加を伴わず、出資者が出資意図を明確にした会社債権の放棄については商法上任意の出資に該当し、通説はDESと同様に時価説を支持するが、券面額説も有力である。税法上は第三者との比較を通じた会社関係による債権放棄であれば隠れた出資に該当する。

　財務改善条項付債権放棄については民法上一般に解除条件付債務免除と解され、商法上債務者たる会社は債務免除時点で債務を減少させて臨時収益を計上

する。財務改善条項が年度剰余額あるいは清算剰余額に基づく債務弁済であるときには、通説によると実際に利益が発生する時点までは経済的負担がないのでオフバランスとなるが、利益が実際に発生する時点よりもむしろその発生の確実性がかなり高くなった時点で引当経理するのがベターである。税法上出資者の債権放棄が会社関係によるときには隠れた出資に該当するので、会社側は価値を有する部分を部分価値で評価し税務上の出資勘定に計上する。この財務改善条項付債権放棄は一方で債権放棄時点で債務をオフバランスでき自己資本比率も高めることができるので、債務者企業にメリットがある。他方で、それは財務改善に成功すれば債権の弁済も可能となり債権者にも同様にメリットがある。両当事者間に資するこの制度のわが国への導入を早急に検討すべきである。税法上、更生利益の処理をめぐって一定の条件のもとで更生利益に対する課税延期ないし課税免除を明示する BMF 通達に対して EU 委員会は公的助成金に相当すると判断し、その規定を適用できなくなった。わが国では、更生利益たる債務消滅益（あるいは債務免除益）と繰越欠損金の相殺については、ほとんど議論されていない。企業再生を税務面でもバックアップする視点からは、わが国でもこの点の議論が必要であり、DES に代わってリバース DES や債務法上の享益権を利用した DMS といった新たな手法も展開されている。また、財務危機を回避する目的で2012年株式法改正で示された発行側による逆転換社債の強制転換に対する容認も注目すべき新たな動向である。

　第10に、組織変更法における会社分割には消滅分割、存続分割及び分離独立の３つの種類がある。分割会社は消滅分割及び存続分割において資本維持のルールが適用され譲渡する純資産がプラスであることが要件となる。分離独立ではこれを交換取引とみなせば商法上分割会社の簿価、中間価値もしくは時価のいずれかで評価し、それを持分交換とみなせば分割会社の簿価で評価する。分割承継会社は承継財産を事実上取得原価または簿価のいずれかで評価できる。組織変更税法は法人間での消滅分割及び存続分割に関して分割法人は譲渡財産が事業の一部に該当するときには移転財産を簿価、普通価値もしくは両者の中間価値のいずれかで評価する。分割承継法人は分割法人の簿価を引き継

第13章 結　論

ぐ。但し、分割法人の繰越欠損金の全額を引き継ぐことはできず、これについては分割法人と分割承継法人の普通価値の割合で按分する。人的会社間での消滅分割及び存続分割は一種の現物出資取引とみなされる。分割人的会社における分割財産は承継分割人的会社における移転財産の評価によって決定され、承継分割結合体は出資とみなされる財産を普通価値で評価する。人的会社を法人に消滅分割及び存続分割するときには、持分交換による処理が適用される。承継法人は承継財産を普通価値で評価し、分割人的会社はこの承継法人の評価に従う。このようにドイツ分割会計の処理について、その経済的実態に即した処理を要求するわが国とは大きく異なり、ドイツ企業にある程度裁量の余地を与える。その理由は、商法及び税法が実は組織再編に関して中立的立場をとり、国家経済政策からある程度弾力的措置を容認する点にある。

　第11に、状況報告書のルーツは営業報告書である。1985年の商法制定によりもっぱら状況報告のみを対象とし情報機能及び保護機能を有する状況報告書がはじめて登場した。1998年のコントラック法制定前までが状況報告書に関する第1期としての生成期に相当し、1998年のコントラック法の制定により第2期の確立期をむかえ、将来の発展のチャンス及びリスクのほかに非財務的業績指標や金融商品のヘッジ処理などの記載内容が量的に著しく拡大する。2009年の改正商法により第3期の補強期に至り、コーポレート・ガバナンスの観点から資本市場性資本会社に対して財務報告に係る内部統制システム及び内部リスク管理システムの重要なメルクマールの記述と企業管理の説明とをさらに義務づけて補完する。この状況報告書はわが国の事業報告と一定の関連性をもつが、後者はもっぱら期末現在の現況及び過去と現在の損益にウェイトがある。このため将来の発展のチャンス及びリスクや非財務的業績指標はそこでは対象外であり、事業報告に関するこの改善が望ましい。

　第12に、現行商法第289条3項及び商法第315条1項9文の非財務的業績指標と第289a条2項2文の任意の企業管理とは持続可能性報告と関連する。持続可能性報告としてはまず環境及びCSRに関係する事項が重要となる。前者には環境戦略、環境保護及び廃棄物処理などがある。後者には社会事業への参

加、人的資本及び人権などがある。任意の企業管理に関して2011年に公表されドイツ連邦政府が勧奨するDNKは戦略、プロセス管理、環境及び人事からの20項目によって構成される。DNKを任意報告とした場合、その実効性に問題があれば将来的にはDNKを大資本会社もしくは資本市場性のある大資本会社を規制対象とするのが妥当である。わが国の事業報告のあり方を検討するうえで、DNKは1つの重要な手掛かりを与えてくれる。このDNKはまだ正式には制度化されてはいないものの、2014年1月末現在においてすでにドイツの有名企業の約60社がその適用の説明を実施している。

　これを要するに、このような諸点にユニークな特徴をもつドイツ会計制度の内容はわが国の会計制度改革を検討するうえで示唆に富む視座を示しており、重要な1つの指針となりうると最終的に結論づけることができる。

文　献

Adler・Düring・Schmaltz, Rechnungslegung und Prüfung der Unternehmen, 第1巻, 第6版, Stuttgart, 1995年

―――, Rechnungslegung und Prüfung der Unternehmen, 第2巻, 第6版, Stuttgart, 1995年

―――, Rechnungslegung und Prüfung der Unternehmen, 第5巻, 第6版, Stuttgart, 1997年

―――, Rechnungslegung und Prüfung der Unternehmen, 第6巻, 第6版, Stuttgart, 1998年

Althoff, F., Rechtsgeschäfte zwischen Gesellschaften und Gesellschaftern in der externen Rechnungslegung nach HGB und IFRS unter besonderer Berücksichtigung gesellschaftsrechtlicher Kapitalerhaltung, Franfurt am Main, 2009年

Austrian Financial Reporting and Auditing Committee (AFRAC), Entwurf einer Stellungsnahme, Bilanzierung von Zuschüsse bei Betrieben und sonstigen ausgegliederten Rechtsträgen im öffentlicher Sekter, 2008年3月

AFRAC, Stellungsnahme „Lageberichterstattung gemäß §§ 243,243a und 267 UGB", der Arbeitsgruppe „Lagebericht", Wien, 2009年

Bach, A., Umweltrisiken in handelsrechtlichen Jahresabschluß und in der Steuerbilanz, Stuttgart, 1996年

Baetge, J.・Kirsch, H. J.・Thiele, S.編, Bilanzrecht, 第1版, Bonn, 2002年

Baetge, J.・Kirsch, H. J.・Thiele, S., Bilanzen, 第10版, Düsseldorf, 2009年

―――, 第12版, Düsseldorf, 2012年

Bauer, D. C., Genussrechte – ein zivilrechtlicher Überblick, in: Schragl, M.・Stefaner, M.編, Handbuch Genussrechte, Wien, 2010年, 所収

Bayer, W., Aktienrechtsnovelle 2012 – Kritische Anmerkungen zum Regierungsentwurf, in: Die Aktiengesellschaft, 第57巻第5号, 2012年3月

Binger, M., Der Ansatz von Rückstellungen nach HGB und IFRS im Vergleich, Wiesbaden, 2009年

Bisschof, S.・Selch, B., Neuerungen für Lagebericht nach dem Regierungsentwurf eines Bilanzrechtsmodernisierungsgesetzes (BilMoG), in: Die Wirtschaftsprüfung, 第61巻第

21号, 2007年11月

Brähler, G., Umwandlungssteuerrecht, 第 6 版, Wiesbaden, 2011年

Budde, W.・Förschle, G.・Wunkeljoham, N. 編, Sonderbilanzen, München, 第 4 版, 2008年

Bundessteuerberaterkammer (BStBK), Verlautbarung der Bundessteuerberaterkammer zum Ausweis passiver Steuern als Rückstellungen in der Handelsbilanz, 2012年10月

Cahn, A.・Simon, S.・Theiselmann, R., Forderungen gegen die Gesellschaft als Sacheinlage？ーZum Erfordernis der Forderungsbewertung beim Debt-Equity-Swap, in: Institut for Law and Finance (Goethe-Universität am Main), Working Paper Series, 第117号, 2010年 4 月

Castan・Böcking・Heymann・Pfitzer・Scheffler 編, Beck'scher Handbuch der Rechnungslegung, B 233, Rückstellungen (Dezember 2004)。

Castedello, M., Freiwillige („verdeckte") Einlagen im handelsrechtlichen Jahresabschluß von Kapitalgesellschaften, Frankfurt am Main, 1998年

Deutsches Rechnungslegungs Standard Committee (DRSC), Deutscher Rechnungslegungs Standard (DRS) Nr. 15: Legeberichterstattung, 2004年

———, DRS Nr. 20: Konzernlegericht, 2012年

Dötsch・Geiger・Klingebiel・Lang・Rupp・Wochinger, Verdeckte Gewinnausschüttung/ Verdeckte Einlage, Stuttgart, 2004年

Drrouven, R.・Nobiling, J., Reverse Debt-Equity-Swaps － Auch steuerlich eine Alternative？, in: Der Betrieb, 第62巻第36号, 2009年 9 月

Dürr, U. L., Mezzanine-Kapital in der HGB- und IFRS-Rechnungslegung, Berlin, 2007年

Eberhartinger, E., Bilanzierung und Besteuerung von Genußrechten, stillen Gesellschaften und Gesellschafterdarlehen, Wien, 1996年

Ekkenga, J., Neuerliche Vorschläge zur Nennwertanrechnung bei Debt-Equity-Swap － Erkenntnisfortschrift oder Wiederbelebungsversuche am untauglichen Objekt？, in: Der Betrieb, 第65巻第 6 号, 2012年 3 月

Ellrott, H., etc. 編, Beck'scher Bilanz-Kommentar, 第 7 版, München, 2010年

———, Beck'scher Bilanz-Kommentar, 第 8 版, München, 2012年

Falterbaum, H.・Bolk, W.・Reiß, W.・Kircher, T., Buchführung und Bilanz, 第21版, Achim, 2010年

Fink, C.・Schultze, W.・Winkeljohann, N. 編, Bilanzpolitik und Bilanzanalyse nach

文　　献

Handelsrecht, Stuttgart, 2010年

Fink, C.・Kajüter, P.・Winkeljohann, Lageberichterstattung, Stuttgart, 2013年

Führich, G., Theorie und Praxis der Rückstellungsbildung für die Entsorgung von Kernbrennelememten nach deutschem Bilanzrecht（Teil 1）, in: Die Wirtschaftsprüfung, 第59卷第20号, 2006年10月

Gelhausen, H. F.・Kämpfer, G. 編, Rechnungslegung und Prüfung nach dem Bilanzrechtsmodernisierungsgesetz, Düsseldorf, 2009年

Gotthardt, U., Rückstellungen und Umweltschutz, Köln, 1995年

Gräbe, S., Das Massgeblichkeitsprinzip vor dem Hintergrund des BilMoG, Köln, 2012年

Groh, M., Bilanzierung öffentlicher Zuschüsse, in: Der Betrieb, 第41卷第48号, 1988年12月

Hartmann, C., Internationalisierung der Lageberichterstattung, Marburg, 2006年

Hecker, J., Kapitalausweis nach IFRS unter besonderer Berücksichtigung von Residualkapitalderivaten, Köln, 2011年

Heim, M., Rückstellungen in der Steuerbilanz, Hamburg, 2012年

Hennrichs, J., §249 HGB, in: Kropff, B.・Semler, J. 編, Münchner Kommentar zum Aktiengesetz, 第1卷, 第2版, München, 2003年

Herlinghaus, A., Forderungsverzichte und Besserungsvereinbarungen zur Sanierung von Kapitalgesellschaften, Köln, 1994年

Herzig, N.・Fuhrmann, S. 編, Handbuch latente Steuern im Einzelabschluss, Düsseldorf, 2012年。

Hoerning, A., Hybrides Kapital im Jahresabschluss, Berlin/Boston, 2011年

Hoffmann, T., Unternehmerische Nachhaltigkeitsberichterstattung, Köln, 2011年

Hoffmann, W. D., Sind wertlose Forderungen gegen Kapitalgesellschaften zum Nennwert einlagefähig？, in: Betriebs-Berater, 第47卷第9号, 1992年3月

―――, „Einlagen" von wertlosen Forderungen in die Kapitalgesellschaft in ökonomischer und rechtlicher Betrachtung, in: Deutsches Steuerrecht, 第34卷11号, Beihefter, 1996年3月

―――, Kritische Anmerkungen zum sog. Einlagebeschluß des Großen BFH-Senats, in: Der Betrieb, 第51卷第40号, 1998年10月

Hoffmann, W. D.・Lüdenbach, N. 編, NWB Kommentar Bilanzierung, 第4版, Herne, 2013年

Hofians, R., Zuschüsse und Subventionen im Handels- und Steuerrecht, in: Bertl, R・

Eberhartinger, E. etc. 編, Eigenkapital, Wien, 2004年, 所収

Institut der Wirtschaftsprüfer in Deutschland (IDW), Hauptfachausschuß (HFA) -Stellungsnahme 1/1984:Bilanzierungsfragen bei Zuwendungen, dargestellt am Beispiel finanzieller Zuwendungen der öffentlichen Hand, in: Die Wirtschaftsprüfung, 第37巻第22号, 1984年11月

IDW, HFA-Stellungsnahme 1/1994, Zur Behandlung von Genußrechten im Jahresabschluß von Kapitalgesellschaften, in : Die Wirtschaftsprüfung, 第47巻第13号, 1994年7月

IDW, HFA-Stellungsnahme 2/1996:Zur Bilanzierungsfragen privater Zuwendungen, in: Die Wirtschaftsprüfung, 第49巻第19号, 1996年10月

IDW, Rechnungslegungsstandard (RS), HFA 7, 2012年6月

IDW, Entwurf eines IDW Rechnungslegungsstandards (ERS) 27, 2009年5月

IDW, Position des IDW zur Verlautbarung der Bundessteuerberaterkammer zum Ausweis passiver latenter Steuern als Rückstellungen in der Handelsbilanz, 2012年10月

Kaiser, S., Rückstellungsbilanzierung, Wiesbaden, 2008年

Knebel, A., Der Forderungsverzicht als Sanierungsmaßnahme, in: Der Betrieb, 第62巻第21号, 2009年5月

Knüppel, M., Bilanzierung von Verschmelzung nach Handelsrecht, Steuerrecht und IFRS, Berlin, 2007年

Köhlmann, S., Die Abbildung vom nuklearen Entsorgungsverpflichtungen in IFRS-Abschlüssen, Wiesbaden, 2008年

Kolb, S.・Neubeck, G.・編, Der Lagebericht, Bonn, 2013年

Kühne, E.・Melcher, W.・Wesemann, M., Latente Steuern nach BilMoG - Grundlagen und Zweifelsfragen (Teil 1), in: Die Wirtschaftsprüfung, 第62巻第20号, 2009年10月

Kühne, E.・Melcher, W.・Wesemann, M., Latente Steuern nach BilMoG - Grundlagen und Zweifelsfragen (Teil 2), in: Die Wirtschaftsprüfung, 第62巻第21号, 2009年11月

Kupsch, P., Bilanzierung öffentlicher Zuwendungen, in: Die Wirtschaftsprüfung, 第37巻第14号, 1984年7月

Küting, K., Die Erfassung von erhaltenen und gewährten Zuwendungen im handelsrechtlichen Jahresabschluß (Teil 1), in: Deutsches Steuerrecht, 第34巻第7号, 1996年2月

Küting, H.・Weber, C. P. 編, Handbuch der Rechnungslegung, Einzelabschluß, 第1巻,

文　献

第5版, Stuttgart, 2005年

Küting, H.・Pfitzer, N.・Weber, C. P., Das neue deutsche Bilanzrecht, 第2版, Stuttgart, 2009年

Küting, K.・Pfirmann, A.・Ellmann, D., Die bilanzielle Behandlung von öffentliche Zuwendungen für Forschungs- und Entwicklungstätigkeiten im HGB-Recht, in: Deutsches Steuerrecht, 第48巻第43号, 2010年10月

Ley, M., Latente Steuern im Einzelabschluss nach Bilanzrechtsmodernisierungsgesetz, Berlin, 2013年

Lüdenbach, N., Rückbauverpflichtungen nach internationaler Rechnungslegung und deutschem Bilanzrecht: Praktische Unterschiede und kritischer Rechtsvergleich, in: Betriebs-Berater, 第58巻第16号, 2003年4月

Lüdenbach, N.・Freiberg, J., Steuerlatenzrechnung auch für Personengesellschaften？, ― Diskussion des IDW ERS HFA 7 n. F., in: Betriebs-Berater, 第66巻第25号, 2011年6月

Lüdenbach, N.・Hoffmann, W. D., 編, Haufe IFRS-Kommentar, 第11版, Freiburg, 2013年

Lühn, M., Bilanzierung und Besteuerung von Genussrechten, Wiesbaden, 2006年

Marenbach, N., Die Erweiterung der Kapitalbasis einer GmbH : (Verdeckte) Einlage und Gesellschafterdarlehen, Hamburg, 2006年

Moxter, A., Grundsätze ordnungsmäßiger Rechnungslegung, Düsseldorf, 2003年

Müller, D., Verbindlichkeitsrückstellungen, Köln, 2008年

Müller, S.・Kreipl, M., Passive latente Steuern und kleine Kapitalgesellschaften, in: Der Betrieb, 第64巻第31号, 2011年8月

Müller, S.・Stute, A.・Withus, K.H. 編, Handbuch Lagebericht, Berlin, 2013年

Oelke, H.・Torsten, H.・Degen, S., Debt Mezzanine Swap － Königsweg für die Restrukturierungsfinanzierung？, in: Betriebs-Berater, 第64巻第6号, 2010年2月

Palmes, C., Der Lagebericht ― Grundfragen und Haftung, München, 2008年

Pflugbeil, A., Steuerliche Auswirkungen von Sanierungsmaßnahmen bei Kapitalgesellschaften, Berlin, 2006年

Pisoke, M., Ungewisse Verbindlichkeiten in der internationalen Rechnungslegung, Wiesbaden, 2004年

Priester, H. J., Debt-Equity-Swap zum Nennwert？, in: Der Betrieb, 第62巻第26号, 2010

年7月

Rat für Nachhaltige Entwicklung (RNE), Der Deutsche Nachhaltigkeitskodex (DNK), 2011年9月

Rohatschek, R.・Schiemer, V., Auswirkungen von Genussrechten auf die Bilanzierung nach nationalen und internationalen Rechnungslegungsnormen, in: Schragl, M.・Stefaner, M. 編, Handbuch Genussrechte, Wien, 2010年, 所収

Sagasser, B.・Bula, T.・Brünger, T. R. 編, Umwandlungen, 第4版, München, 2011年

Scheffler, W., Besteuerung von Unternehmen I (Ertrags-, Substanz- und Verkehrsteuern), 第11版, Heidelberg, 2009年

―――, Besteuerung von Unternehmen II (Steuerbilanz), 第7版, Heidelberg etc., 2011年

Scheunemann, M.・Hoffmann, G., Debt-Equity-Swap, in: Der Betrieb, 第62巻第19号, 2009年5月

Schiebel, A., Die unternehmensrechtliche Bilanzierung von Rückstellungen, Wien, 2012年

Schmidt, K. 編, Münchener Kommentar zum Handelsgesetzbuch, 第4巻, 第2版, München, 2008年

Schmidt, L., EStG, 第29版, München, 2010年

Schmidt, M., Möglichkeiten und Grenzen einer integrierten Finanz- und Nachhaltigkeitsberichterstattung, Düsseldorf, 2012年

Schiemer, V. S., Das Property Rights Equity Concept, Wiesbaden, 2011年

Schrecker, T., Mezzanine-Kapital im Handels- und Steuerrecht, Berlin, 2012年

Schrimpf-Dörges, C. E., Umweltschutzverpflichtungen in der Rechnungslegung nach HGB und IFRS, Wiesbaden, 2007年

Schruff, L., Zur Bilanzierung latenter Verpflichtungen aus Besserungsscheinen, in: Baetge, J.・Moxter, A・Schneider, D. 編, Bilanzfragen, Festschrift für Ulrich Leffson, Düsseldorf, 1976年, 所収

Schubert, D., Der Ansatz von gewissen und ungewissen Verbindlichkeiten in der HGB-Bilanz, Düsseldorf, 2007年

Schultze-Osterloh, J., Die anderen Zuzahlungen nach § 272 Abs.2 Nr.4 HGB, in: Martens, K. P.・Westermann, H. P.・Zöllner, W. 編, Festschrift für Carsten Peter Claussen, Köln・Berlin・Bonn・München, 1997年, 所収

Selch, B., Das Lagebericht, Wiesbaden, 2003年

文　献

Siebert・Lickert, Handels- und steuerliche Behandlung eines Forderungsverzicht mit Besserungsschein und Rangrücktritt bei der GmbH, in: BA/VS, Steuern/Prüfungswesen, Diskussionsbeitrag, 4 /2006年
Siegel, D., Die Bilanzierung latenter Steuern im handelsrechtlichen Jahresabschluss nach § 274 HGB, Köln, 2011年
Siegel, T., Umweltschutz im Jahresabschluß, in: Betriebs-Berater, 第48巻第 5 号, 1993年 2 月
──, Unentziehbarkeit als zentrales Kriterium für den Ansatz von Rückstellungen, in: Deutsches Steuerrecht, 第40巻第28号, 2002年 7 月
──, Rückstellungsbildung nach dem Going-concern-Prinzip – eine unzweckmäßige Innovation, in: Deutsches Steuerrecht, 第40巻第38号, 2002年 9 月
Simlacher, A., von latenten Steuern im handelsrechtlichen Jahresabschluss unter besonderer Berücksichtigung der Verschmeltzung von Kapitalgesellschaften, Hamburg, 2013年
Stawinoga, M., Nachhaltigkeitsberichterstattung im Lagebericht, Berlin, 2013年
Stein, T., Eine ökonomische Analyse der Entwicklung der Lageberichtsqualität, Wiesbaden, 2011年
Steinbach, T., Latente Steuern im Einzel- und Konzernabschluss nach HGB, Köln, 2012年
Stute, A., IFRS: Lagebericht und Konzernlagebericht, Berlin, 2010年
Tesch, J.・Wißmann, R., Lageberichterstattung nach HGB, 第 2 版, Weinheim, 2009年
Thiele, S., Das Eigenkapital im handelsrechtlichen Jahresabschluß, Düsseldorf, 1998年
Tischbierek, A., Der wirtschaftliche Verursachungszeitpunkt von Verbindlichkeitsrückstellungen, Frankfurt am Main, 1994年
Uhlig, A., Grundsätze ordnungsmäßiger Bilanzierung für Zuschüsse, Düsseldorf, 1989年
Umweltbundesamt, Leitlinie zu wesentlichen nichtfinanziellen Leistungsindikatoren, inbesondere zu Umwelt- und Arbeitnehmerinnenbelangen, im Lagebericht, Wien, 2008年
Wich, S., Entfernungsverpflichtungen in der kapitalmarktorientierten Rechnungslegung der IFRS, Wiesbaden, 2009年
Wilhelm, J., Die Vermögensbindung bei der Aktiengesellschaft und der GmbH und das Problem der Unterkapitalisierung, in: Jakobs, H. H.・Knobbe-Keuk, B.・Picker, E.・Wilhelm, J.編, Festschrift für Werner Flume, Köln, 1978年, 所収
Winnefeld, R., Bilanz-Handbuch, 第 4 版, München, 2006年

Woerner, L., Zeitpunkt der Passivierung von Schulden und Verbindlichkeitsrückstellungen – Problematik der „wirtschaftlichen Verursachung", in: Ballwieser, W. etc. 編, Bilanzrecht und Kapitalmarkt, Festschrift für Adorf Moxter, Düsseldorf, 1994年, 所収
Wolf, S., Bilanzierung von Zuschüsse nach HGB und IFRS, Wiesbaden, 2010年
Wulf, I., Bilanzielle Wirkungen von Entsorgungs- und Rückbauverpflichtungen, in: Zeitschrift für internationale kapitalmarktorientierte Rechnungslegung, 第6号, 2006年6月

青木隆「ドイツにおける自己資本の特質」『商学集志』(日本大学商学研究会) 第76巻第4号, 平成19年3月
─── 「欧州における負債・持分の区分の動向」『中央学院大学商経論叢』第25巻第2号, 平成23年3月
─── 「ドイツにおける負債・資本の区分の動向―人的会社および協同組合を中心として―」『中央学院大学商経論叢』第27巻第1号, 平成24年9月
─── 「自己資本概念の諸相」『中央学院大学商経論叢』第28巻第1号, 平成25年9月
新井清光『資本会計論』中央経済社, 昭和40年
飯野利夫「剰余金に関する注解とその問題点」黒澤清編『解説企業会計原則』(改訂版) 中央経済社, 昭和39年
五十嵐邦正「状況報告書の役割」『会計学研究』(日本大学商学部会計学研究所), 第18号, 平成16年11月
─── 『資本会計制度論』森山書店, 平成20年
─── 「ドイツ会計制度とコーポレート・ガバナンス」『会計学研究』第23号, 平成21年3月
─── 「ドイツにおけるデット・エクイティ・スワップ」『産業経理』第70巻第4号, 平成23年1月
─── 『ドイツ会計制度論』森山書店, 平成24年
─── 「ドイツ商法会計制度における資本取引」『會計』第182巻第6号, 平成24年12月
─── 「ドイツ会計制度における債権放棄の処理」『商学研究』(日本大学商学部商学研究所・会計学研究所・情報科学研究所) 第29号, 平成25年3月
─── 「状況報告書と持続可能性規準」『産業経理』第73巻第3号, 平成25年10月
─── 「ドイツ原子力事業の会計」『會計』第184巻第3号, 平成25年12月
─── 「状況報告書の発展」『商学集志』第83巻第3号, 平成25年12月

文　献

江頭憲治郎『株式会社法』第3版，有斐閣，平成22年
尾崎安央「会社計算」江頭憲治郎・弥永真生編『会社法コンメンタール』第10巻，計算等
　　［1］，商事法務，平成23年
企業会計基準委員会，実務対応報告第6号「デット・エクィティ・スワップの実行時におけ
　　る債権者側の会計処理に関する実務上の取扱い」平成20年3月
草野耕一『会社法の正義』商事法務，平成23年
醍醐聡『会計学講義』(第4版) 東京大学出版会，平成20年
高橋英治『ドイツ会社法概説』有斐閣，平成24年
丹波康太郎『資本会計』中央経済社，昭和32年
鳥飼重和等『非公開会社のための新会社法』商事法務，平成17年
中野百々造『会社法務と税務』全訂三版，税務研究会出版局，平成21年
中村忠『資本会計論』増訂版，白桃書房，昭和50年
藤嶋肇「2012年ドイツ株式法改正法案」『大阪経大論集』第63巻第4号，2012年11月
正井章筰『ドイツのコーポレート・ガバナンス』成文堂，平成17年
弥永真生『「資本」の会計』中央経済社，平成15年

索　引

【あ行】

圧縮記帳……21, 129, 140, 142, 143, 147
アルトホフ(F.Althoff)
　…………………… 155, 161, 185
ウィルヘルム(J.Wilhelm)
　……………………………… 154, 161
一時差異(コンセプト)…… 9, 25, 57
営業報告書
　………… 265, 266, 269, 270, 271, 338
永久差異………………………………25
永久差異に準ずる差異………26, 48, 54
エバーハルティンガー(E.Eberhartinger)
　…………………………… 159, 162
オーストリア財務報告及び監査委員会
　(AFRAC) …………… 131, 308

【か行】

解除不能基準(性)…………99, 110, 332
隠れた財産移転……………… 190, 194
隠れた出資……140, 155, 161, 168, 169,
　　　　　　　　171, 181, 208, 335
隠れた利益配当(分配)
　………………… 168, 195, 203, 336
カステデロ(M.Castedello) ……… 155
借方計算限定項目………………11, 118
期間差異(コンセプト)……………… 6
企業会計原則……… 104, 124, 127, 142
基準性原則……………… 8, 89, 91, 122
逆基準性原則………………………7, 129
逆転換社債………………………228, 231
享益権 ……21, 157, 178, 180, 228, 231
共同事業体……………………………165
偶発損失引当金………………………88
区分原則………………………………154

繰越欠損金…………… 28, 38, 226, 255
グローバル・リポーティング・イニシャ
　ティブ(GRI) ……………… 322, 329
経営者の説明による実務声明書(MC)
　……………………………… 297, 308
形式的基準性……………………………14
形式的自己資本…………………… 156
経済的観察法
　………… 63, 73, 94, 98, 119, 134, 333
経済的発生原因…………59, 70, 86, 332
ゲゼルシャフト法……………… 166, 167
ゲルハウゼン(H.F.Gelhausen)＆ケン
　プファー(G.Kämpfer) ……………49
原子力発電所施設除去…………… 117
公示の出資………………… 147, 168
更生利益………… 212, 223, 224, 226
公的補助金………………… 129, 140
国際会計基準(IAS)
　………………… 108, 118, 143, 201
国際財務報告基準(IFRS) ……65, 108
国庫補助金………………………… 142

【さ行】

債権者保護………36, 40, 156, 162,
　　　　　　　　182, 278, 285, 331
財政状態及び経営成績に関する経営者
　の討議と分析(MD&A) … 283, 308
債権放棄…………… 205, 206, 210, 336
財務改善条項付債権放棄…… 215, 336
財務改善債務証書………………… 156
債務超過…………………37, 123, 228
財務的業績指標………… 276, 281, 291
債務法……………………………… 6
ジーゲル(D.Siegel) …… 6, 50, 100
事業報告…………… 294, 295, 338

索　引

持続可能性報告……………… 315
実現原則………………… 5, 95, 97, 98
実質的自己資本……………… 151
私的補助金…………………… 137
資本維持原則…………86, 117, 237, 238
資本市場性資本会社……………… 285
資本準備金……………… 152, 153
資本取引… 151, 160, 165, 176, 181, 334
シューベルト（D.Schubert） ………93
収益補助金………………… 141, 146
出資…………………………… 166
出資の払戻し……………… 167, 186
状況報告書………50, 77, 265, 272, 281, 284, 292, 310
商事貸借対照表…… 7, 10, 23, 93, 173
使用済核燃料棒除去………… 120, 121
消滅分割…………… 236, 237, 259
スタインバッハ（T.Steinbach）
……………………………… 53, 54
スタビノガ（M.Stawinoga）… 326, 327
成果作用的一時差異………25, 46, 53
成果中立的一時差異………25, 47, 55
成果補助金…………………… 136
正規の簿記の諸原則（GoB）
……………… 7, 8, 38, 58, 83, 99, 190
静態論……………………82, 123, 333
税務上の出資勘定
……………… 147, 175, 181, 219, 337
税務貸借対照表
…………… 7, 10, 23, 50, 91, 167, 171
専門委員会（HFA）… 29, 56, 157, 158
組織変更税法……………… 235, 238
組織変更法………………… 235, 236
存続分割…………… 236, 237, 259

【た行】

貸借対照表擬制項目………… 5, 118
貸借対照表法現代化法（BilMoG）

……………………………… 3, 45
ティーレ（S.Thiele）…… 155, 158, 161
低価原則………………………20
デッド・エクィテイ・スワップ（DES）
………………… 205, 206, 222, 229
デッド・メザニン・スワップ（DMS）
…………………………… 228, 231
デュール（U.L.Dürr）＆シュレッカー
（T.Schrecker）…………… 159, 162
典型的匿名組合………………… 128
ドイツ会計基準（DRS） ………28, 299
ドイツ会計基準委員会（DRSC）… 299
ドイツ経済監査士協会（IDW） 29, 51
ドイツ・コーポレート・ガバナンス
（DCGK）……………… 289, 316
ドイツ持続可能性規準（DNK）
…………… 289, 317, 318, 323, 339
ドイツ税理士協会（BStBK） … 56, 57
統合報告（IR）……………… 293
投資補助金……………… 137, 139
動態論……………………82, 123, 333

【な行】

内部統制システム… 285, 286, 291, 313

【は行】

配分引当金…………… 103, 118, 333
バウアー（D.C.Bauer）………… 159
非財務的業績指標
………… 277, 278, 291, 308, 315, 338
非典型的匿名組合……………… 177
ヒュールマン（S.Fuhrmann）………52
評価単位……………22, 121, 124
費用性引当金…… 81, 89, 111, 124
費用補助金…………………… 139
不確定債務引当金……49, 63, 66, 70, 84
不均等原則…………… 5, 86, 99, 117
負債の完全性原則…………86, 117, 118

350

附属説明書············ 3, 115, 272, 293
普通価値······················ 213, 214
部分価値··········· 17, 20, 102, 122, 210
分配規制··············33, 37, 45, 331
分離独立············· 236, 239, 259
ヘアーニング（A.Hoerning）
　·························· 160, 162
ヘアツィヒ（N.Herzig）＆ブリーゼマイ
　スター（S.Briesemester）·········14
ヘッカー（J.Hecker）··········· 159
ヘッジ取引·········22, 276, 287, 311
ベルナー（L.Woerner）···········99
ヘンリッヒス（J.Hennrichs）········94
法形式的観察法······63, 73, 93, 117, 333
補助金················21, 127, 139
ボルフ（S.Wolf）··············· 135

【ま行】

未決取引による偶発損失引当金
　·················· 22, 80, 90, 91
ミュラー（S.Müller）·········99, 101
ミュラー＆クライプル（M.Kreipl）···61
メルヒャー（W.Melcher）＆ベーゼマン
　（M.Wesemann）··············51
モクスター（A.Moxter）
　··················· 64, 94, 96, 98

【や行】

用心の原則······ 18, 66, 97, 99, 196, 332

【ら行】

利益移転契約················ 34, 40
履行額····················· 11, 23
利子制限······················30
利子、税金、減価償却控除前利益
　（EBITDA）··················30
リスク管理システム······ 285, 286, 313
リバース・デット・エクィテイ・スワッ
　プ（RDES）············ 227, 231
累積引当金············ 103, 119, 333
ルーデンバッハ（N.Lüdenbach）＆フラ
　イベルク（J.Feiberg）··· 58, 68, 118
ルューン（M.Lühn）········ 158, 163
連結状況報告書········ 265, 291, 315
ローアシェク（R.Rohatschek）＆シー
　マー（V.S.Schiemer）········ 159, 162

【著者略歴】

五十嵐邦正（いがらし・くにまさ）

1972年、一橋大学商学部卒業。1978年、一橋大学大学院商学研究科博士課程単位取得。福島大学経済学部専任講師・助教授及び日本大学商学部助教授を経て、1988年日本大学教授。1995年、一橋大学博士（商学）。1999～2001年、税理士試験委員。2002年、国税庁税務大学校講師。2008～2014年3月、日本金属工業株式会社社外監査役。2011年、株式会社モスフードサービス社外監査役。主な著書に『静的貸借対照表論の研究』『現代静的会計論』『現代財産目録論』『基礎財務会計』（第15版）『ドイツ会計制度論』『家計簿と会社の会計―会社ライフスタイル会計』『演習財務会計』（第7版）『資本会計制度論』『会計理論と商法・倒産法』（森山書店）など。

会計制度改革の視座

2014年6月10日　初版第1刷発行

著　者　　五十嵐邦正
発行者　　千倉成示
発行所　　株式会社 千倉書房
　　　　　〒104-0031　東京都中央区京橋2-4-12
　　　　　TEL 03-3273-3931／FAX 03-3273-7668
　　　　　http://www.chikura.co.jp／

印刷・製本　　藤原印刷株式会社

© IGARASHI Kunimasa 2014 Printed in Japan
ISBN 978-4-8051-1037-9　C3034

JCOPY〈(社)出版者著作権管理機構 委託出版物〉

本書のコピー、スキャン、デジタル化など無断複写は著作権法上での例外を除き禁じられています。複写される場合は、そのつど事前に、(社)出版者著作権管理機構（電話 03-3513-6969、FAX 03-3513-6979、e-mail : info@jcopy.or.jp）の許諾を得てください。また、本書を代行業者などの第三者に依頼してスキャンやデジタル化することは、たとえ個人や家庭内での利用であっても一切認められておりません。